REUTERS :||

The Reuters Financial Glossary

ロイター 編

ロイター・ジャパン株式会社 監訳

ロイター
最新金融
用語辞典

Pearson
Education
Japan

ピアソン・エデュケーション

序　文

　今日、多くの人々がビジネス、経済、金融に関わりを持ち、その専門用語に接する機会も増えています。この『ロイター最新金融用語辞典』最新版は、できるだけ容易に役立つ形で、そして楽しみながらそうした情報に接することができるよう、編纂されました。

　国際的なニュース・情報配信企業としてのロイターの名声は、金融市場の専門家の世界的なネットワークに支えられています。そうした専門家、特にロイターの記者は、世界中の市場やビジネスで使用されている用語を理解し、解説することを職務としています。

　こうした記者の助力を得て、3000項目にわたる主要な金融用語を明確かつ正確に定義し、本用語辞典は完成しました。

　この最新版では、用語を抜本的に見直し、改訂しました。また説明をより明確に現実的にするため、今回初めてイラストと事例を使用しました。もう一つの初の試みとして、当社のウェブサイト（www.reuters.com）を通じ、収録語を更新していきます（英語のみ）。このウェブサイトは、国際的な組織、取引所、その他の関連するサイトとリンクしています。

　この用語辞典は、市場における取引を職業としている方のみならず、市場の動きに興味を持ち眺めている方にとっても、お役に立つであろうと信じています。

ロイター編集主幹
ガート・ラインバンク

日本語版への序文

　日本のトレーダーや投資家をはじめ市場に携わる人々は、欧米をはじめ世界中の最新のニュースや情報を得るために、一世紀以上にわたってロイターを利用しています。ディーリング・ルームのロイター端末のみならず、NHKをはじめとするテレビ、あるいは日本の大手の新聞やインターネットなどで読まれているニュースの多くは、世界中のロイターの記者が発信した記事に基づいているのです。

　ロイターが日本に編集支局を開設してから130周年にあたる今年、これを記念し、『ロイター最新金融用語辞典』日本語版を出版する運びとなりました。

　1872年、中国と日本が初めて海底電信ケーブルで繋がれた年、イギリス人記者ヘンリー・コリンズが横浜、兵庫、長崎に、ロイターの支局を開設しました。このケーブルは、当時としては最先端の技術であり、上海と長崎を繋ぐことにより、日本は初めてロンドンを経由してヨーロッパと直接、高速通信ができるようになったのです。同じ年に日本で最初に建設された鉄道が、輸送における革命をもたらしたのと同様、海底電信ケーブルは、100年後の衛星や光ファイバーケーブルの発明に匹敵するほど、影響力が大きく劇的な革命を通信にもたらしました。

　金融市場で使用される用語を解説することは、世界経済の中心からニュースを発信するロイターの記者にとって、常に重要な役割の一つです。この用語辞典は当初、そのような記者向けに役立つツールとして作成されましたが、この度一般の方々にも提供することとなりました。

　「正確に、迅速に、客観的に」というロイターの報道精神は、1851年の設立時から一貫して大切にしてきた理念です。今日の読者が、インターネットにあふれる情報の中から、報道と観測の違い、事実と個人的見解の違いを見極める際に、この用語辞典がお役に立つことを願っています。

ロイター・ジャパン株式会社
代表取締役社長
リチャード・パパスコウ

A

A/S
デンマークの会社形態を表す名称で、A/SはAktieselskabetの略。

AAA/Aaa
トリプルA。格付け会社のムーディーズ社やスタンダード・アンド・プアーズ社が付与する格付けのうち最上級のもの。

AB
スウェーデンの会社形態を表す名称で、ABはAktiebolagの略。

Above the Line ➡ Below the Line

ABS
Asset-Backed Securitiesの略。アセットバック証券、資産担保証券。自動車ローンやクレジット・カード債権などの資産を担保とした証券。金融機関が多種類の債権をプールしたものを債券発行の担保として利用する証券化（セキュリタイゼーション）の過程を経て作り出される。図1参照。

Acceptance House ➡ アクセプタンス・ハウス、手形引受業者

Account ➡ アカウント

Account Trading ➡ アカウント・トレーディング

Accretion
アクリーション。原資産の償還期日までに元本に増額分が生じることを指し、広い範囲の金融商品に当てはまる。Amortizationの反対。

➡Amortization

Accretive
アクリーティブ。事業拡張や買収などを重ねて成長する企業を形容する言葉。

Accrued Interest ➡ 経過利子

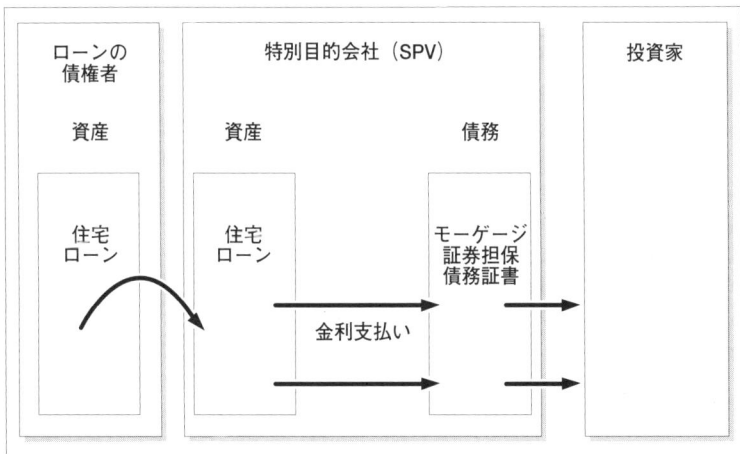

図1　ABS

A

Accumulation/Distribution Analysis ➡ 集積・分散分析

ACI

Association Cambiste Internationaleの略。国際外為ディーラー協会。各国に存在する外国為替ディーラー団体の多くを傘下に持つ専門的な組織。【www.aciforex.com】

Acid Test ➡ 当座比率

Acting in Concert

共同投資行為。企業買収に必要な株式の買占めや、発行済み株式の公開買付けを正当に実施するのに必要な最低数の株式の購入といった共通の目的のために、複数の投資家が協力して行動すること。共同投資行為は時に違法とみなされる。一般的にコンサート・パーティ（Concert Party）ともいう。

➡Warehousing

Active Fund Management ➡ ファンドのアクティブ運用

Active X ➡ アクティブX

Activity Indicators ➡ 経済活動指標

Actuals ➡ 現物

Actuary ➡ アクチュアリー、保険計理人

ADB

Asian Development Bankの略。アジア開発銀行。

ADR

American Depository Receiptの略。アメリカ預託証券。米国の株式市場で外国株が取引される際の一般的な形態。

AE

ギリシャの会社形態を表す名称で、AEはAnonymi Eteriaの略。

Affiliate

関連会社。ある会社が他の会社の議決権付き株式を過半数に満たない数だけ保有している場合、または両社が共に別の会社の子会社である場合は、その二社は互いにaffiliate（関連会社）である。

After-hours Dealing ➡ 時間外取引

AG

ドイツの会社形態を表す名称で、株式会社を指す。AGはAktiengesellschaftの略。

Against Actuals ➡ 現物受け渡し

Agent Bank ➡ エージェント・バンク

Aggregate Demand ➡ 総需要

Aggregate Risk ➡ 総リスク

Aggregate Supply ➡ 総供給

AGM

Annual General Meetingの略。年次株主総会。企業が年度末決算が終了してから一定の期間を置いて開催する会議で、年次報告書、貸借対照表、配当などについて株主の承認を求める。総会の場を利用して、新年度に入って数カ月の時点での事業見通しについて株主に説明するのが通例となっている。

➡年次報告書、貸借対照表

AIM

Alternative Investment Marketの略。AIM市場、英国代替投資市場。ロンドン証券取引所に正規上場する条件を満たせない小規模な企業やハイリスク企業のための英国の市場。【www.londonstockexchange.com/aim】

Alexander's Filter

アレクサンダーのフィルター。テクニカル分析の手法のひとつで、一定期間の騰落率から価格の上昇または下落の比率を計測する。十分な速度を伴った上昇率が買いシグナル、下落率が売りシグナルを示す。

➡テクニカル分析

All Ordinaries

All Ordinaries Share Price Indexの略。全普通株指数。All Ords（オール・オーズ）とも呼ばれるオーストラリアの株価指数。300以上の銘柄から構成される時価総額加重指数。図2参照。【www.asx.com】

➡時価総額加重指数

Alpha ➡ アルファ値

Alternative Investment Market ➡ AIM

American Depository Receipt ➡ ADR

American Option ➡ アメリカン・オプション

American Petroleum Institute ➡ API

AMEX

American Stock Exchangeの略。アメリカ証券取引所。【www.amex.com】

Amortization

部分償還。（固定資産の）減価償却。元本や債務を定期的に償還すること。買い入れや減債基金を通じて行う。Accretionの反対。また、固定資産の減価償却

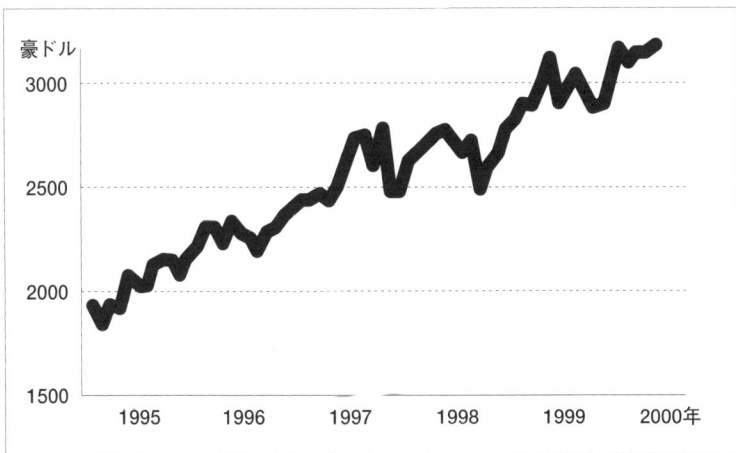

図2　All Ordinaries 株価指数

3

を指すこともある。

➡Depreciation

AN

ノルウェーの会社形態を表す名称で、ANはAnsvarlig Firmaの略。

Analyst ➡ アナリスト

Annual General Meeting ➡ AGM

Annual Rate ➡ 年率

Annual Report ➡ 年次報告書

Annualized Rate ➡ 年率換算

Annuity ➡ 確定給付

Anti-Trust Laws ➡ 反トラスト法

APEC

Asia-Pacific Economic Co-operationの略。アジア太平洋経済協力会議。

API

American Petroleum Instituteの略。米国石油協会。米国石油産業の業界団体。米国内の石油消費量や在庫状況など、主要データを毎週提供している。【www.api.org】

API Gravity

API比重。APIによって定められた特定の石油類の比重を示す測定基準で、品質に関する一定の指標として国際的に認められているもの。API比重の数値が高いほど、プレミアム石油精製品の歩留まりが高くなる。

➡API

ARA

オランダのアムステルダム（Amsterdam）、ロッテルダム（Rotterdam）、アントワープ（Antwerp）にまたがる地域を指す語。石油貨物がARA運賃込みで提供される場合、この地域内の港が利用できることを意味する。

Arbitrage ➡ 裁定取引、アービトラージ

Arithmetic Average ➡ 単純平均、算術平均

Around Par

アラウンド・パー。外国為替のフォワード取引で使用される用語で、提示されたレートの売値と買値がパーをはさんでいること。つまり買値がディスカウントで売値がプレミアムの状態を指す。

AS

チェコまたはスロバキアの会社形態を表す名称で、Akciova spolecnostの略。

ASA

ノルウェーの会社形態を表す名称で、ASAはAksjeselaskapの略。

ASEAN

Association of South East Asian Nationsの略。東南アジア諸国連合。域内の経済発展と安定化の実現を目的とする。メンバーはブルネイ、インドネシア、マレーシア、ミャンマー、フィリピン、シンガポール、タイ、ベトナム、ラオス。

Asian Development Bank ➡ ADB

Asian Option ➡ アベレージ・プライス・レート・オプション

Asia-Pacific Economic Co-operation ➡ APEC、アジア太平洋経済協力会議

Ask ➡ 売り値

Asset Allocation ➡ 資産配分

Asset Management ➡ 資産管理

Asset Stripping ➡ アセット・ストリッピング

Asset-Backed Securities ➡ ABS、アセットバック証券

Assets ➡ 資産

Assign

譲渡、オプションの権利行使。デリバティブ市場ではアサインメント（Assignment）はオプションを行使することを指す。

➡オプション

Associate

関連会社。共同事業や合弁事業に携わる複数の企業間に生じる関係。

Association Cambiste Internationale ➡ ACI

Association of South East Asian Nations ➡ ASEAN

At Best

アット・ベスト注文。注文を出した時点で最も有利な価格で取引することを指示する、顧客からの成り行き注文。

At Par

アット・パー。額面価格で（At Par）の意味で、有価証券が額面価格で取引されている状態を指す。

At the Money

アット・ザ・マネー。オプションの行使価格が、ベースとなる原商品の価格とほぼ同等のレベルにある状態を表す。「アット・ザ・マネー」のオプションは「イン・ザ・マネー（In the Money）」あるいは「アウト・オブ・ザ・マネー（Out of the Money）」のいずれかに変わることがある。原商品の価格に最も近い行使価格を表現する際に使われる。

➡イン・ザ・マネー、アウト・オブ・ザ・マネー

Audit ➡ 会計監査

Authorized Capital ➡ 授権資本

Average Price/Rate Option ➡ アベレージ・プライス・レート・オプション

B

B/S

Buy After Sellの略。売却後購入注文。売り注文を実行してから買いを実行することを指示する指値注文。2つの注文は1つのものとして扱われ、売り注文が先に実行される。約定した時点で買い注文が有効になる。

B2B

Business to Businessの略。企業間の電子商取引のこと。

BA

①ノルウェーの会社形態を表す名称で、BAはBergenset Ansvarの略。

②銀行引受手形。Bankers' Acceptancesの略で、期限付き手形（Time Drafts、タイム・ドラフツ）ともいう。無記名式の短期の手形で、額面以下で売却されて、引き受け銀行によって満期に額面価格で償還されるもの。

➡為替手形

Back Month ➡ 期先、バック・マンス

Back Office ➡ バック・オフィス

Backing and Filling ➡ 小幅往来

Backpricing ➡ バックプライシング

Back-to-back Loans

バック・ツー・バック・ローン。特定の通貨建ての融資と並行して、別の通貨建てでも融資を行うこと。為替リスクや規制を回避するために利用される。パラレル・ローン（Parallel Loans）ともいう。

Back-up Facility

バックアップ・ファシリティ。一般的にはコマーシャル・ペーパーの発行者が売れ残った分の資金調達難に陥った場合に備えて、流動性を提供するために銀行が設定する信用枠をいう。

Backwardation ➡ 逆ザヤ、直先逆転現象

Bad Debt ➡ 不良債権

Balance of Payments ➡ 国際収支

Balance of Trade ➡ 貿易収支

Balance Sheet ➡ 貸借対照表

Balanced Budget ➡ 均衡予算

Balloon Loan ➡ バルーン・ローン

Bandwidth ➡ 帯域幅

Bank Bill ➡ 銀行手形

Bank for International Settlements ➡ BIS

Bank of England ➡ BOE

Bank Return ➡ バンク・リターン

Bankruptcy ➡ 破産

Bar Chart ➡ バー・チャート

Barrels ➡ バレル

Barrels Per Day

日量バレル。油田、石油会社、産出国などの原油産出量を表す。精油所の原油の処理量や、精製能力、精製済み石油製品の生産量を表す際にも用いられる。国際的にbpdと表示される。

Barrier Option ➡ バリア・オプション

Base Currency ➡ 基準通貨

Base Metals ➡ 非鉄金属

Base Year/Base Date ➡ 基準年度／基準日

Basis Point ➡ ベーシス・ポイント

Basis Risk ➡ ベーシス・リスク

Basis Trading ➡ キャッシュ・アンド・キャリー取引

Basis ➡ ベーシス

Baud

ボー。モデムの伝送速度を表す単位。

Bear

ベア、弱気筋。価格が将来的に下落すると見込んで、より安い価格で買い戻すことを意図して金融商品を売却する市場参加者のこと。Bullの反対。

➡ブル

Bear Market ➡ 下げ相場、弱気相場

Bear Raid ➡ 売り崩し

Bearer Shares/ Bearer Forms ➡ 無記名株式・無記名式

Bearish ➡ 先安

Bed and Breakfast Deal ➡ ベッド・アンド・ブレクファスト取引

Beige Book ➡ Tan Book

Bells and Whistles

ベル・アンド・ウィッスル。投資家を勧誘したり発行コストを下げるため、またはその両方の目的のために有価証券に組み込まれる追加的な権利のこと。

Bellwether ➡ 指標

Below the Line

ビロー・ザ・ライン。企業の損益計算書の中で、他の項目の下に別建てで記載されている例外的な項目を指す。

➡特別項目

Benchmark ➡ ベンチマーク、指標

Beta ➡ ベータ値

Bhd

マレーシアの会社形態を表す名称で、BhdはBerhadの略。

Bid ➡ 買い値、ビッド

Bid-Ask Quote ➡ 気配値

Bid Market ➡ 売り手市場

Big Board

ビッグ・ボード。ニューヨーク証券取引所の通称。

➡NYSE

Big Figure

整数部分、大台の意味で、レートの整数部分のこと。ディーラーが価格を提示する際、外国為替市場ならばポイントのみを、短期金融市場ならば小数点以下の部分のみを示す場合がある。米国ではハンドル（Handle）と呼ばれる。

➡Handle

Bill of Exchange ➡ 為替手形
Binary Option ➡ バイナリー・オプション
Binomial Model ➡ バイノミアル・モデル、二項分布モデル
BIS

Bank for International Settlementsの略。国際決済銀行。G10各国の中央銀行によって構成される機関。国際金融市場の安定を支え、すべての銀行に営業上のリスクに見合った自己資本を確保させる。G10の中央銀行総裁らによる定期的な会合の場として機能する。また、BISは世界中の中央銀行に対して預金の受け入れや貸付けも行うことから、「中央銀行の中央銀行」としても知られる。
【www.bis.org】
➡中央銀行、G10

Black & Scholes Model ➡ ブラック・ショールズ・モデル
Black Market Economy ➡ 闇経済
Block Trading ➡ ブロック取引
Blue-Chip Stock ➡ 優良銘柄
Blue Sky Laws ➡ 青空法
BOBLs ➡ Bundesobligationen
BOE

Bank of Englandの略。イングランド銀行。英国の中央銀行。【www.bankof england.co.uk】
➡中央銀行

Bollinger Bands ➡ ボリンジャー・バンド
Bolsa

株式取引市場を意味するスペイン語。
➡証券取引所

Bond ➡ 債券
Bond Equivalent Yield ➡ 債券換算利回り
Bond indenture ➡ 債券信託証書
Bond Washing ➡ ボンド・ウォッシング
Book ➡ 売買記録
Book Building ➡ ブック・ビルディング方式
Book Entry ➡ 振替決済
Book Price ➡ 帳簿価格、簿価
Book Runner ➡ 事務幹事会社
Book Value Per Share ➡ BVPS
Bookmark ➡ ブックマーク
Borrowing Requirement ➡ 借り入れ必要額
BOT

Buoni Ordinari del Tesoroの略。イタリアの短期国債で、3カ月、6カ月、12カ月満期のものがあり、割引形式で発行される。

Bottom Fishing ➡ 底値買い

Bottom Line ➡ 当期損益

Bottom Up ➡ ボトム・アップ方式

Bought Deal ➡ 一括買い入れ、買い取り引受け

Bourse

　株式取引市場を意味するフランス語。

　➡証券取引所

BPD ➡ Barrels Per Day（bpd）

Brady Bonds ➡ ブレイディ債

Break-even Point ➡ 損益分岐点

Breakout ➡ ブレイクアウト

Brent ➡ ブレント原油

Bretton Woods ➡ ブレトン・ウッズ協定

Bridging ➡ ブリッジ・ローン

British Thermal Unit ➡ BTU

Broadband ➡ ブロードバンド通信

Broadening ➡ ブロードニング

Broken Date ➡ 特定期日渡し

Broker ➡ ブローカー

Brokerage ➡ 委託手数料。米国では証券会社を指すことも多い。

Browser ➡ ブラウザー

Bt

　ハンガリーの会社形態を表す名称で、BtはBeteti tarsasagの略。

BTAN

　Bons à Taux Annuel Normalisésの略。フランスの確定利付き国債で、満期が2年と5年のもの。

BTF

　Bons à Taux Fixe et Intérêts Précomptésの略。フランスの短期割引国債で、満期が13、26、52週間のもの。米国のキャッシュ・マネジメント・ビルに類似した4週間または7週間のBTFも不定期に発行される。

BTP

　Buoni del Tesoro Poliennaliの略。イタリアの確定利付き長期国債で、満期5年から30年のもの。

BTU

　British Thermal Unitの略。熱量の国際的な単位。英国熱量単位。

Buba ➡ Bundesbank

Bubble ➡ バブル

Budget ➡ 予算

Budget Deficit ➡ 財政赤字

Buffer Stock ➡ 緩衝在庫

BULIS

　ドイツの短期金融証券のこと。銀行貸出業務に関わる支払準備率の最低基準が

引き下げられたことを受けて、過剰流動性を吸収するための金融政策上の追加的措置として中央銀行が1993年に導入したもの。

➡支払準備率

Bull

ブル。強気筋。価格が将来的に上昇すると見込んで、より高い価格で売却することを意図して金融商品を購入する市場参加者のこと。Bear（ベア）の反対。

➡ベア

Bull Market

ブル・マーケット。上げ相場、強気相場。価格が長期間にわたって上昇し続けている相場。下げ相場、弱気相場の反対。

➡下げ相場、弱気相場

Bull Market Note

ブル・マーケット・ノート。変動利付き債で、逆イールドカーブ債とも呼ばれる。通常の変動利付き債は金利動向に連動してクーポンの高低が設定される。これに対してブル・マーケット・ノートの場合は、金利が下がれば高いクーポンを、上がれば低いクーポンが支払われる。

Bulldog Bond ➡ ブルドッグ債

Bullet Bond ➡ 普通社債

Bulletin Board ➡ 電子掲示板

Bullion ➡ 地金

Bullish ➡ 先高観

Bundesbank

ドイツ連邦銀行。フランクフルトを本拠とするドイツの中央銀行。中央銀行理事会は通常、2週間ごとの木曜日に開催され、「ディレクトレート」と呼ばれる役員会と11の州に設置された州中央銀行（Landeszentralbanken）総裁によって構成される。

➡中央銀行

Bundesobligationen（BOBL）

ドイツ連邦中期債。ドイツ連邦政府が発行する満期が2年から6年の中期国債で、カッセン（Kassen）とも呼ばれる。1988年以降、実質的にはシャッツェ（Schatze）がこれに取って代わった。

Bunds

ドイツ連邦政府が発行する債券で、満期が最長30年のもの。ブンズ。

➡債券

Bunker Fuel ➡ バンカー重油

Bunny Bond ➡ Multiplier Bond

Bushel

ブッシェル。容量の計測単位。英国では8インペリアル・ガロンまたは36.4リットル分のトウモロコシ、果実、液体などに該当する。米国では35.3リットルに該当する。一単位のブッシェルの重さは商品ごとに異なる。

Business Cycle ➡ 景気循環

Business Risk ➡ ビジネス・リスク

Butane ➡ ブタン

Butterfly Spread ➡ バタフライ・スプレッド

Buy-side

バイ・サイド。自己勘定で、あるいは他の投資家の委託を受けて投資を行うことを主要なビジネスとする金融機関を指す。セル・サイドの反対。

➡セル・サイド

BV

オランダの会社形態を表す名称で、BVはBesloten Vennootschapの略。

BVBA

ベルギーの会社形態を表す名称で、BVBAはBesloten Vennootschap met Beperkte aansprakelijkheidの略。

BVPS

Book Value Per Shareの略。一株当たり純資産。重要な財務指標で、株主資本から無形固定資産を差し引いて算出する。株価は一株当たり純資産に影響されることも多い。一般的に株主資本利益率が高い企業はそれが低い企業よりも取引される際のBVPSの倍数が大きくなる。

BVPS（一株当たり純資産）

純資産は総資産から総負債を差し引いたものに等しく、株主資本と同じもの。一株当たり純資産（BVPS）は純資産を発行済み株式数で割って求める。株価純資産倍率（Price/Book Ratio）は株価をBVPSで割ったものである。

株価純資産倍率は、投資家が会社の資産にどれだけ価値があると考えているかを示す究極の尺度である。通常は1以上の値を示すが、そうでない場合は企業が解散した後に残る価値（解散価値）よりも低く評価されていることを意味する。株価純資産倍率が1を大幅に下回る会社は、買収のターゲットとなる可能性が高い。新規に設備投資を行うよりその会社の株式を買収したほうが得かもしれないと競合他社が考えるからである。

株価純資産倍率は資本集約的な製造業にとって特に意味のある数値である。固定資産の少ないサービス産業の会社の株価純資産倍率は一般的に高くなる。

BVPSの公式：（資産－負債）／発行済み株式数
株価純資産倍率の公式：株価／BVPS

例：

1999年度の年次報告書によれば、ロイター社の総資産は26億5200万ポンド、総負債は20億5100万ポンドだった。差額にあたる6億100万ポンドがロイター社の純資産価値（または株主資本）である。

純資産価値＝2,652－2,051＝601百万ポンド
BVPS＝601百万／発行済み株式総数1,409百万株＝0.4265ポンド
株価純資産倍率＝12.92／0.4265＝30.29

C and F

Cost and Freightの略。運賃込みのこと。価格に商品の原価と運送料金の両方が含まれていることを指す用語。

➡CIF

CAC-40

CAC40種指数。フランスの代表的な株価指数で、40銘柄から構成される。ただし、100銘柄で構成されたより新しい指数であるCAC工業株指数（CAC-General）のほうが広く利用されている。これらの指数はともに時価総額加重指数である。CAC-40種指数の指数先物やオプションはパリのMATIF、MONEPの両市場で取引されている。図3参照。【www.bourse-de-paris.fr】

➡時価総額加重指数、MATIF、MONEP

Cache

キャッシュ。コンピュータ・ネットワークへの接続時間を省略するために、利用頻度の高いデータやページを利用者のパソコン内に保存するコンピュータ・プログラム上の機能。

Calendar Spread ➡ Horizontal Spread

Call ➡ コール・オプション、買付選択権

Call Money ➡ コール・マネー

Call Provision ➡ 繰り上げ償還条項

Callable ➡ コーラブル・ボンド、期限前償還請求権付き債券

Candlestick Chart ➡ ローソク足チャート

CAP

Common Agricultural Policyの略。共通農業政策。欧州連合（EU）の政策で、

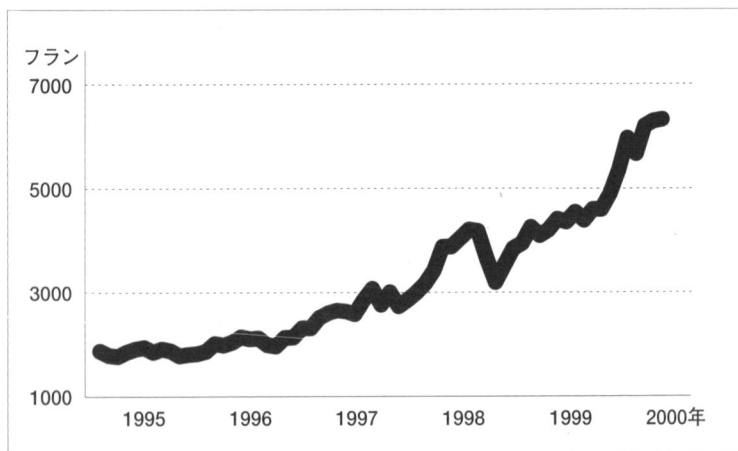

図3　CAC40種指数

適正価格での安定供給を確保すると同時に、農家の収入も保証保障することで域内の商品市場の安定化をはかるのが目的。価格維持メカニズムと輸出規制を複雑に組み合わせた形で施行される。

➡欧州連合、グリーン・レート

Cap

キャップ。金利デリバティブの一種で、保有者を金利上昇から守るように設計されたもの。権利行使期間中に基となる金利が行使レベルよりも高かった場合は、保有者は権利を行使して超過額に相当する現金支払いを受けることができる。キャップ契約の有効期間は通常は2年から5年である。このオプションはキャップの有効期間中は定期的に行使することができる。

➡デリバティブ、フロア

Capacity Utilization ➡ 設備稼働率
Capex ➡ Capital Expenditure
Capital ➡ 資本
Capital Account ➡ 資本勘定
Capital Adequacy ➡ 自己資本比率
Capital Allowances ➡ 資本引当金
Capital Asset Pricing Model ➡ CAPM
Capital Base ➡ 資本ベース
Capital Controls ➡ 資本規制
Capital Employed ➡ 投下資本
Capital Expenditure ➡ 設備投資
Capital Gain ➡ 売却益、キャピタル・ゲイン
Capital Goods/Equipment ➡ 資本財
Capital Intensive ➡ 資本集約的
Capital Investment ➡ 設備投資
Capital Loss ➡ 売却損、キャピタル・ロス
Capital Markets ➡ Capital
Capital Ratios ➡ 自己資本比率
Capital Risk ➡ キャピタル・リスク
Capitalization ➡ 市場価値
Capitalization Issue ➡ 無償交付、株式配当
Capitalization-Weighted Index ➡ 時価総額加重指数

CAPM

Capital Asset Pricing Modelの略。資本資産価格モデル。リスクと予想収益の関係を検証するモデル。リスクの大きい資産の収益率は無リスク金利とリスク・プレミアムの合計に等しいと仮定する。リスク・プレミアムとは株式のベータ値に市場全体の予想収益率と無リスク金利の差を乗じたもの。

Capped Note ➡ キャップ付き変動利付債
Carries ➡ キャリーズ
Carrying Charge ➡ 持ち越し費用、キャリング・チャージ

Cartel ➡ カルテル
Cash ➡ 現金
Cash and Carry Trade ➡ キャッシュ・アンド・キャリー取引
Cash Commodity ➡ 現物商品
Cash Cow ➡ キャッシュ・カウ
Cash Crop ➡ 換金作物
Cash Dividend ➡ 現金配当
Cash Equivalent ➡ 現金同等物
Cash Flow ➡ キャッシュ・フロー
Cash Flow Statement ➡ 現金収支
Cash Management Bills ➡ キャッシュ・マネジメント・ビル、出納管理
証券
Cash Markets ➡ 現物市場
Cash Ratios ➡ 現金比率
Cash Settlement ➡ 現金決済
CBOE

Chicago Board Options Exchangeの略。シカゴ・オプション取引所。上場オプ
ションを扱う世界最大の取引所で、株式オプションを専門に扱う。【www.
cboe.com】
➡オプション

CBOT

Chicago Board of Tradeの略。シカゴ商品取引所。世界最古の先物取引市場で、
金融商品や穀物の先物契約を専門に扱う。【www.cbot.com】
➡オプション

CCT

Certificati di Credito del Tesoroの略。通常は7年満期のイタリアの変動利付き
国債だが、過去に5年や10年満期のものも発行されている。最初のクーポン利
率は固定で、以降のクーポン利率は6カ月または1年物の短期国債の利回りと連
動するように設定されている。
➡クーポン、FRN、満期

CD

Certificate of Depositの略。譲渡性預金、譲渡性預金証書。銀行が発行する定
期預金証書のうち譲渡可能なもの。一定の期間と金利で銀行に預けられた資金
の証書を意味する。額面割引ではなく利付きの額面価格で建て値され、満期に
金利が支払われる。
➡満期、マネー・マーケット

CEDEL

Centrale de Livraison de Valeurs Mobilièresの略。セデル。電子化された振替
決済システムを通じて証券や資金の清算・決済および借り入れ・貸し付けを提
供する機関。CEDELは国際的な銀行で構成された組合が共同所有している。
【www.cedelinternational.com】

➡クリアリング・バンク、クリアリング・ハウス、決済機関、ユーロクリア

Centistoke

センチストーク。重油の重粘度の計測基準。

Central Bank Intervention ➡ 中央銀行による市場介入

Central Bank ➡ 中央銀行

CEO

Chief Executive Officerの略。最高経営責任者

Cereals ➡ 穀物（穀類）

Certificate of Deposit ➡ CD

Certificate of Indebtedness ➡ 債務証書

CFO

Chief Financial Officerの略。最高財務責任者。

CFTC

Commodities Futures Trading Commissionの略。商品先物取引委員会。米国の政府機関で、国内の先物やオプションの取引所およびその会員に対する監督権限を持つ。【www.cftc.gov】

➡先物、オプション

Channel Lines ➡ チャネル・ライン

Chapter 7

米国の連邦破産法の第7条（Chapter 7）。非任意破産について規定したもので、債権者が債務者の支払不能を宣言するよう裁判所に陳情の申し立てを行う。その結果、管財人としての全権を付与された裁判所の任命による代理人が、損失を防ぐために債務者の事業を運営する。チャプター・セブン。

➡支払い不能

Chapter 11

米国の連邦破産法の第11条（Chapter 11）。債務者は債務の支払いが不可能になっても裁判所に命じられるまでは事業の所有者として経営権を保持し続ける。この取り決めによって、債務者と債権者はかなり柔軟に会社更生手続きをすすめることができる。チャプター・イレブン。

➡支払い不能

Chart Points ➡ チャート・ポイント

Charting ➡ チャート分析、ケイ線分析

Chartist ➡ チャーティスト、テクニカル・アナリスト

Chatroom ➡ チャットルーム

Cheap

証券の価格が割高（Rich）か、割安（Cheap）かは、流通市場で現在取引されている類似証券との比較で判断される。計測には標準偏差を使用する。新規発行証券の場合は市場全体と比較して安価なときにチープであると表現される。

➡リッチ・チープ分析、標準偏差

Cheapest to Deliver ➡ CTD

Chinese Wall ➡ チャイニーズ・ウォール

Choice Price ➡ 単一価格

Churning ➡ 回転売買

Cia

スペインの会社形態を表す名称で、CiaはCompaniaの略。また、ポルトガルの会社形態を表す名称で、Compahniaの略。

Cie

フランスの会社形態を表す名称で、CieはCompagnieの略。

CIF

Cost, Insurance and Freightの略。運賃・保険料込み価格のこと。商品の価格に原価、保険料、運送料金が含まれていることを示す用語。

➡C and F

Circling ➡ 事前販売

Circuit Breakers ➡ サーキット・ブレーカー

City, the

ロンドンの金融街の通称。「ザ・シティ」。

Clean Price ➡ クリーン・プライス

Clearing Bank ➡ クリアリング・バンク、手形交換所加盟銀行

Clearing House ➡ クリアリング・ハウス、清算機関

Clearing System ➡ 決済機関

Closed-end Fund ➡ クローズド・エンド型ファンド

CME

Chicago Mercantile Exchangeの略。シカゴ・マーカンタイル取引所。金融先物商品を最初に上場させた取引所。短期金利先物と通貨先物を専門に扱う。

【www.cme.com】

➡先物

CMO

Collateralized Mortgage Obligationsの略。モーゲージ証券担保債務証書。モーゲージ担保証券の一種で、モーゲージプールからの支払いがひとつにまとめられ、そこから証券の保有者に対する元本や金利がクラスごとに支払われるもの。キャッシュ・フローの不確定性を解消するために開発された。満期が異なる多様なクラスの証券が発行され、モーゲージプールからの支払いは優先順位に従って証券の償還に充てられる。

➡証券化

Co（Co.）

広く使われる会社形態を表す名称で、Companyを略したもの。また、オランダの会社形態を表す名称でもある。

Cocktail Swap ➡ カクテル・スワップ、複合スワップ

Coffee, Sugar and Cocoa Exchange ➡ CSCE

Co-financing ➡ 協調融資

Collar ➡ カラー

Collateral ➡ 担保

Collateralized Mortgage Obligations ➡ CMO

Combined Option ➡ コンビネーション・オプション

COMEX

Commodity Exchange Inc.の略。商品取引所。金属先物を主として扱うニューヨークの取引所。

➡先物

Commercial Banks ➡ 商業銀行、市中銀行

Commercial Paper ➡ CP

Commission House ➡ コミッション・ハウス

Commission Merchant ➡ コミッション・マーチャント

Commitment Fee ➡ 約定料、コミットメント・フィー

Commitments of Traders ➡ コミットメント・オブ・トレーダーズ

Commodities Futures Trading Commission ➡ CFTC

Commodity Exchange Inc. ➡ COMEX

Common Stock ➡ 普通株

Competitive Bid Auction ➡ 競争入札

Compound Interest ➡ 複利

Compound Option ➡ コンパウンド・オプション、複合オプション

Compounding ➡ 複利計算

Concert Party ➡ Acting in Concert

Concerted Intervention ➡ 協調介入

Conditionality ➡ コンディショナリティ、融資条件

Consensus Estimates ➡ コンセンサス予想

CONSOB

Commisione Nazionale per la Societa e la Borsaの略。イタリアの企業や証券取引所を監督する公的機関。【www.consob.it】

Consolidated Balance Sheet ➡ 連結貸借対照表

Consolidation Phase ➡ 相場の値固め局面

Consortium ➡ 企業連合

Contango

順ザヤ、コンタンゴ。先物市場と現物市場との間に見られる通常の状態で、先物価格が現物価格を上回っていること。逆ザヤの反対。

➡先物、逆ザヤ

Contingent Option ➡ コンティンジェント・オプション

Continuation ➡ コンティニュエーション・パターン

Contract for Difference ➡ コントラクト・フォー・ディファレンス

Contract Grades ➡ 受け渡し適格

Contract Month ➡ 限月

Contrarian ➡ 逆張り投資家

Convergence ➡ 収れん

Conversion Ratio ➡ 転換比率

17

Conversion ➡ 転換
Convertible Bond ➡ 転換社債
Convexity ➡ コンベクシティー
Core Capital ➡ Tier One
Corp
Corporation（法人）の一般的な略。
Corporate Dealer ➡ コーポレート・ディーラー
Corporate Finance ➡ コーポレート・ファイナンス部門、企業金融
Corporate Settlement ➡ コーポレート・セトルメント
Correction ➡ 相場の調整
Correlation ➡ 相関関係
Cost and Freight ➡ C and F
Cost of Carry ➡ 持ち越し費用、キャリングコスト
Cost to Close ➡ 清算コスト
Cost, Insurance and Freight ➡ CIF
Counter Clockwise ➡ 逆ウォッチ曲線
Counter Trade ➡ 物々交換
Counter-Cyclical Stock ➡ 反循環株
Counterparty Risk ➡ Credit Risk
Country Risk ➡ カントリー・リスク
Coupon ➡ 表面利率、クーポン、利札
Coupon Stripping ➡ クーポン・ストリッピング
Coupon Swap ➡ Interest Rate Swap
Covariance ➡ コヴァリアンス
Covered Call Writing ➡ カバード・コール・オプション戦略
Covered Warrant ➡ カバード・ワラント
CP
Commercial Paperの略。コマーシャル・ペーパー（CP）。短期の無担保約束手形で、金額と満期日を特定して発行される。譲渡可能証券で、一般的には無記名のもの。運転資金の調達手段としては譲渡性預金証書（CD）と似ている。どちらを発行しても、同様の利回りを生み出すことから資金コスト面では大差ない。ただ、CD市場との競合を避けるためにCPは償還期限が30日以内のものが多くなっている。
　➡CD
CPI
Consumer Price Indexの略。消費者物価指数。小売り段階のインフレを計測する指数。
Crack Spread ➡ クラック・スプレッド
Crash ➡ 暴落
Credit Derivatives ➡ クレジット・デリバティブ
Credit Line ➡ 与信限度枠

Credit Rating ➡ 信用格付け

Credit Risk ➡ 信用リスク、与信リスク、クレジット・リスク

Credit Squeeze ➡ 信用ひっ迫

Credit Watch ➡ クレジット・ウォッチ

CRL

ポルトガルの会社形態を表す名称で、Cooperativa de Reesponsabilidade Limitadaの略。

Cross ➡ クロス

Cross Border ➡ クロス・ボーダー

Cross Default Clauses ➡ クロス・デフォルト条項

Cross Listing ➡ 重複上場

Cross Rate ➡ クロス・レート

Crude Oil ➡ 原油

CSCE

Coffee, Sugar and Cocoa Exchangeの略。コーヒー・砂糖・ココア取引所。コーヒー、砂糖、ココアの3商品の先物契約が取引されるニューヨークの先物取引所。

CTD

Cheapest To Deliverの略。最割安銘柄。現物市場で取引されている証券や商品の中で、先物のポジションに対して最も安いコストで受け渡しが可能なもの。

CTO

Certificati del Tesoro con Opzioneの略。イタリアの確定利付き中期国債で、償還期間は6年、3年以降は額面価格での売却が可能になる。年2回のクーポンの支払いがある。

Cum All ➡ 諸権利付き

Cum Dividend ➡ 配当付き

Cumulative Method ➡ 累積投票

Cumulative Preferred Stock ➡ 累積優先株

Currency Fixings ➡ 公式交換レートの値決め

Currency Limit ➡ 為替取引枠

Currency Risk ➡ 為替リスク

Currency Swap ➡ 通貨スワップ

Current Account ➡ 経常収支

Current Assets ➡ 流動資産

Current Coupon ➡ カレント・クーポン

Current Earnings ➡ 経常利益

Current Issue ➡ On-The-Run Issue

Current Liabilities ➡ 流動負債

Current Maturity ➡ 残存期間

Current Ratio ➡ 流動比率

Current Yield ➡ 直接利回り

Curve ➡ Yield Curve

CUSIP Numbers

キューシップ銘柄番号。米国の統一証券識別手続き委員会（Committee on Uniform Securities Identification Procedures）が発行する番号。財務省、連邦州、地方、企業がそれぞれ発行する証券に対して割り当てられた固有の識別番号。

Custody ➡ カストディー

Cyclical ➡ 循環

Cyclical Stocks ➡ 循環株

Cylinder ➡ Risk Reversal

D

Daily Price Limit ➡ 値幅制限

Daisy Chain ➡ デイジー・チェーン

Dated Brent ➡ デイテッド・ブレント

Dated Date ➡ 利息起算日

Dawn Raid ➡ 緊急購入

DAX

DAX株価指数。ドイツの株価指数の中で最も注目されている指数だが、構成銘柄が優良30銘柄に限定され、パフォーマンスの指標としてはベースが限定的と評されている。S&P500、CAC-40、FTSE100の各指数と同様に単純平均ではなく時価総額加重指数である。ただし、他の指数が市場価格の変化のみを表すのに対しDAXはドイツ株式の総合利回りを示すことを目的としている。特にDAXには配当収入が含まれ、指数と同じ比重で追加株式から得られる配当収入が元

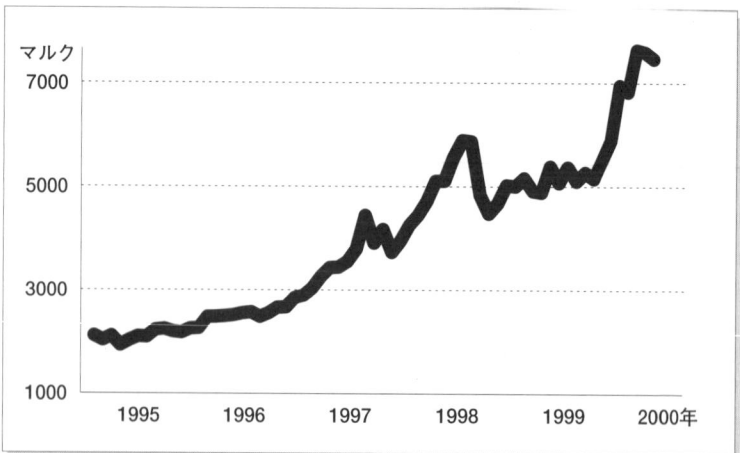

図4　DAX株価指数

本に再投資される。その結果、株価自体に変動がなくても指数が上昇することもあり得る。DAX30をベースとした先物・オプション契約はユーレックス市場（EUREX）に上場されている。図4参照。【www.exchange.de】

➡時価総額加重指数、EUREX

Day Traders ➡ デイ・トレーダー

Daycount Conventions ➡ デイカウント・コンベンション

DD

スロベニアの会社形態を表す名称で、Delniska Druzbaの略。

Dd

クロアチアの会社形態を表す名称で、Dionicko Drustvoの略。

DDM

Dividend Discount Modelの略。配当割引モデル。普通株式の適正価値は、将来的に予測されるキャッシュ・フローの（ディスカウント済みの）現在価値の合計であるとする考え方に基づく。債券の評価方法との比較が最も容易な株式評価モデルで、予想される株式配当が適切な比率でディスカウントされている。

➡配当

Deal Limit ➡ 取引限度

Dealer ➡ ディーラー

Debenture Bond ➡ 無担保債

Debt ➡ 債務証券

Debt Financing ➡ デット・ファイナンス

Debt for Equity Swap ➡ 対外債務の株式化、デット・エクィティ・スワップ

Debt Service Ratio ➡ デット・サービス・レシオ、債務返済比率

Debt/Equity Ratio ➡ 負債自己資本比率

Declaration Date ➡ Expiry Date

Default ➡ 債務不履行、デフォルト

Defensive Stock ➡ ディフェンシブ銘柄

Deferred Coupon ➡ ディファード・クーポン債、繰り延べクーポン債

Deficit ➡ 赤字

Deficit Financing ➡ 赤字財政

Deflation ➡ デフレ

Delivery Price ➡ 受け渡し価格

Delivery Versus Payment ➡ DVP

Delta ➡ デルタ

Delta Hedging ➡ デルタ・ヘッジ

Demerger ➡ 事業分離

Depletion

減耗償却。鉱山やガス田などの減耗資産の価値の消耗に対応する会計手続きのこと。有形資産の減価償却はDepreciation、無形資産の場合はAmortizationとい

う。

➡Amortization、Depreciation

Depository Receipts ➡ ADR

Depository Trust Corporation ➡ DTC

Deposits ➡ Fixed-Term Deposit

Depreciation

減価償却（有形資産の）。時間の経過などを原因とする資産価値の減少に対応
する会計手法。Depreciationは有形資産にのみ適用される用語で、Amortization
が無形資産に、Depletionが天然資源などの減耗資産に適用される。

➡Amortization、Depletion

Derivatives ➡ デリバティブ、派生商品

Detachable Warrant ➡ 分離可能ワラント

Devaluation ➡ 平価切下げ

Dilution ➡ 株式の希薄化・希釈化

Dilutive ➡ 希薄化

Dirty Float

ダーティ・フロート。通貨間の公定平価が明示されたり維持されることがない
為替管理システム。このような状況下では国家の通貨当局が為替相場に介入す
る。管理フロート制（Managed Float）とも呼ばれる。

Dirty Price

ダーティ・プライス。債券の現在価値で、経過利子を含むもの。Gross Priceと
もいう。

➡Clean Price

Discount ➡ 割安、ディスカウント

Discount Brokerage ➡ ディスカウント・ブローカー、格安ブローカー

Discount House ➡ ディスカウント・ハウス、割引商社

Discount Rate ➡ 公定歩合

Discount Window ➡ 窓口割引

Discount Yield ➡ 割引利回り

Discounted Flow ➡ 割引収益

Discretionary Account ➡ 売買一任勘定

Disinflation ➡ ディスインフレ

Disintermediation ➡ ディスインターメディエーション、非仲介

Disinvestment ➡ 負の投資

Distributed Profits ➡ 利益分配

Diversification ➡ 分散化

Dividend ➡ 配当

Dividend Cover ➡ 配当倍率

Dividend Discount Model ➡ DDM

Dividend Stripping ➡ ディビデンド・ストリッピング

Dividend Yield ➡ 配当利回り

DJIA

Dow Jones Industrial Averageの略。ダウ工業株平均株価指数。古くから利用されてきた米国株式市場の指標。世界最大の株式市場の株価のベンチマークであること、また米国経済の世界全体に占める重要性から、世界中の投資家が最も注目する指標となっている。ニューヨーク証券取引所（NYSE）に上場されている主要30銘柄で構成される。構成銘柄の株価の単純算術平均を算出したもの。図5参照。【www.averages.dowjones.com/home.html】

➡単純平均、NYSE

DNS

Domain Name Systemの略。ドメイン・ネーム・システム。サーバーのIPアドレスを「Reuters.com」といったアルファベットで記されるアドレスに変換するシステム。

Domain Name System ➡ DNS

Domain Name ➡ ドメイン名

Done

ダン。取引が成立したことを口頭で伝える際にディーラーが使う用語。

dot.com

ドット・コム。インターネット関連ビジネスに重点を置く企業を表す用語。

Double Top/Bottom ➡ 二重天井／二重底

Dow Jones Industrial Average ➡ DJIA

Dow Theory ➡ ダウ理論

Down and In

ダウン・アンド・イン・オプション。原資産の価格があらかじめ指定されたレベルまで下がった時点で発効するトリガー・オプション（Trigger Option）。バリア・オプション（Barrier Option）の一種。

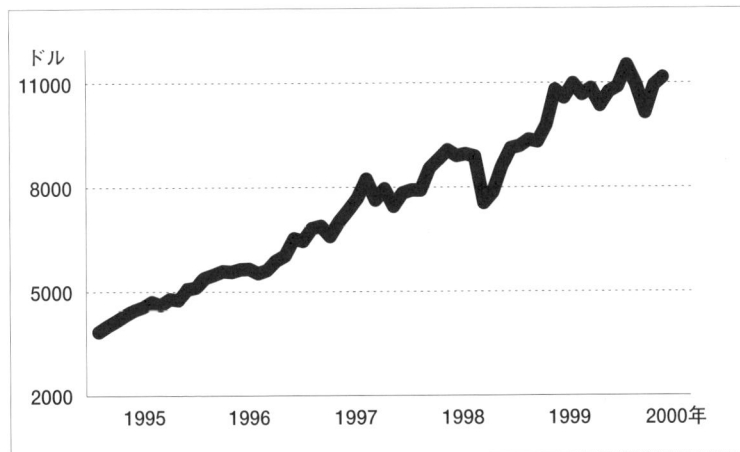

図5　ダウ工業株平均株価指数

23

➡オプション

Down and Out

ダウン・アンド・アウト・オプション。原資産の価格があらかじめ指定された
レベルよりも下がった時点でキャンセルされるノックアウト・オプション
（Knockout Option）。バリア・オプション（Barrier Option）の一種。
➡オプション

Downgrade ➡ 格下げ

Downsizing ➡ ダウンサイジング

Downstream ➡ 川下部門

Downtrend ➡ 下降トレンド、下落傾向

Dragon Bonds ➡ ドラゴン債

Drawdown ➡ 資金引き出し

DTB

Deutsche Terminborseの略。ドイツ金融先物取引所。元はドイツの先物・オプ
ション取引所で、スイスのオプション金融先物取引所（SOFFEX）と合併して
ユーレックス市場（EUREX）となった。
➡EUREX

DTC

Depository Trust Corporationの略。米国の証券預託機関。米国では証券業者名
義口座や名義口座に保管される株式は保護預りのためにDTCなどの中央預託機
関に預託することができる。【www.nscc.com】

Dual Currency Bond ➡ デュアル・カレンシー債、二重通貨建て債券

Dual Listing ➡ 二重上場

Dual Pricing ➡ 二重価格設定

Dubai Crude ➡ ドバイ原油

Due Diligence Process ➡ デュー・ディリジェンス

Duration ➡ デュレーション

Dutch Auction ➡ ダッチ・オークション、せり下げ競売、逆せり

DVP

Delivery Versus Paymentの略。支払い時現物引渡し取引。債券取引の通常の決
済方法で、債券の受け渡しと支払いが同日に行われること。

Dynamic Time and Sales ➡ ダイナミック・タイム・アンド・セールズ

E

Early Estimates ➡ Consensus Estimates

Early Redemption ➡ 期限前償還、早期償還

Earnings Per Share ➡ EPS

Earnings Report ➡ 決算報告

EASDAQ

イースダック市場。成長性の高い企業の株式を取引するための欧州全域を対象

とした取引所。米国のNASDAQをモデルに設立された。【www.easdaq.be】
→NASDAQ

EBIT

Earnings Before Interest and Taxの略。金利・税引き前利益。金利と税金を差し引く前の利益を指す。

EBITDA

Earnings Before Interest, Taxes, Depreciation and Amortizationの略。利払い・税金・償却前利益。金利、税金、有形・無形固定資産の減価償却費を差し引く前の利益を指す。

EBRD

European Bank for Reconstruction and Developmentの略。欧州復興開発銀行。中欧および東欧の計画経済国家の自由主義経済への移行を支援する目的で、主要先進国が設立した銀行。【www.ebrd.com】

EBT

Earnings Before Taxの略。税引き前利益を指す。

ECB

European Central Bankの略。欧州中央銀行。EMU内のユーロ圏（Euroland）の金融政策を決定する銀行。欧州中央銀行制度（European System of Central Banks）の一部。単一通貨ユーロが導入された時点で欧州通貨機構（EMI）に取って代わった。【www.ecb.int】
→EU、EMU、ユーロ圏

ECN

Electronic Communications Networkの略。電子証券取引ネットワーク。電子証券取引市場は複数のECNによって構成されている。

ECOFIN

Economics and Finance Councilの略。EU財務相理事会。EU各国の経済・財務担当大臣が開く定期的な会合で、EU域内の経済・財政政策を調整するための主要な協議の場となっている。
→EU

E-Commerce

Electronic Commerceの略。電子商取引、Eコマース。コンピュータ・ネットワーク経由で行われる多様な形態の商取引を総称する用語。

Econometrics → 計量経済学

Economic and Monetary Union → EMU

Economic Indicators → 経済指標

Economic Risk → 経済的リスク

Ecu

European Currency Unitの略。欧州通貨単位、エキュ。欧州の複合通貨。EU加盟国間の貿易に占める比重、域内GDPに占める比率、外貨準備の比較優位に応じて各国通貨の比重を算定したバスケットを基準としたもの。1999年にユーロ（Euro）に取って代わられた。

➡Euro

EDSP

Exchange Delivery Settlement Priceの略。清算価格。先物取引所が個々の先物契約について指定する公式な終値のこと。値洗いや、満期に伴う現金決済に必要な額の計算、また先物ポジションの解消などに利用される価格。

➡先物、時価評価

Effective Exchange Rate ➡ 実効為替レート

Efficient Market Hypothesis ➡ 効率的市場仮説

EFTA

European Free Trade Associationの略。欧州自由貿易連合。メンバーはオーストリア、フィンランド、アイスランド、ノルウェー、スウェーデン、スイス。リヒテンシュタインは準メンバー。加盟国間の自由貿易を振興する目的で設立されたもので、EUとは関税同盟を結んでいる。【www.efta.int】

➡EU

EGM

Extraordinary General Meetingの略。臨時株主総会のこと。

EIB

European Investment Bankの略。欧州投資銀行。EUの長期資金調達機関。メンバー国間の地域開発の振興を主要な目的とし、特にマクロ経済的な視野に立って後進地域に援助を提供する。また、EUと関係のある発展途上国向けにソフト・ローンを供与する。【www.eib.org】

➡EU

Electronic Communications Network ➡ ECN

Eligible Bills ➡ 割引適格手形

Elliott Wave Theory ➡ エリオットの波動理論

E-mail

電子メール、Eメールのこと。

Embargo ➡ 禁輸措置

Emerging Markets ➡ 新興経済地域

EMI

European Monetary Instituteの略。欧州通貨機構。欧州中央銀行（ECB）の前身。

➡ECB

EMS

European Monetary Systemの略。欧州通貨制度。EU加盟国が参加する制度。その前身となったのが、スネーク（Snake）と呼ばれる制度だった。

➡EU、ERM

EMTN

European Medium-Term Notesの略。ユーロMTN。ユーロ市場で発行されるミディアム・ターム・ノートのこと。

➡MTN

EMU

Economic and Monetary Union in Europeの略。欧州連合（EU）の経済通貨統合。人、モノ、資本、サービスの自由な移動が可能な単一市場を欧州に作り出すプロセス。1999年にはEMUの第三段階として統一通貨ユーロが導入され、欧州中央銀行（ECB）が創設された。

➡ECB、EU、Euro

Encryption ➡ 暗号化

Enhanced Scrip Dividend ➡ 付加価値付きの無償新株発行、スクリップ配当

Enlarged Access ➡ 増枠融資制度

Enterprise Value ➡ EV

Enterprise Zone ➡ エンタープライズ・ゾーン

EOE

European Options Exchangeの略。ヨーロピアン・オプション取引所。オランダのオプション取引市場で、株式オプションを専門に扱う。【www.wex.nl】

➡オプション

EPS

Earnings Per Shareの略。普通株一株あたりの株主帰属利益（純利益）。

➡P/E Ratio

Equity ➡ 株式、持ち分、株主資本

Equity Financing ➡ 株式発行による資金調達、エクイティ・ファイナンス

Equity Options ➡ 株式オプション

Equity Risk Premium ➡ 株式リスク・プレミアム

EPS（Earnings Per Share）

純利益を発行済みの普通株式数で割って求める。前年度の帰属利益が1000万ポンドで、発行済み株式数が200万株の会社の場合、EPSは5ポンドとなる。ヒストリカルまたは実績基準EPSは、最新の会計年度や四半期の一株当たり純益を指す。予想EPSは、アナリストによる予測のこと。複数の予測の平均値または中間値のことをコンセンサス予想という。EPSは株価収益率（Price/Earnings Ratio、PER）の主要な構成要素である。

公式：純利益／発行済み株式数

例：

ロイター社の1999年度の純利益は4億2500万ポンド、年度末時点の発行済み株式数は14億900万株だった。
ロイター社1999年度EPS＝425/1409＝0.302ポンド＝30.2ペンス
予想（バーラ社提供のコンセンサス予想によるもの）：
ロイター社2000年度EPS：27.6ペンス
ロイター社2001年度EPS：30.6ペンス

27

ERA

Exchange Rate Agreementの略。合成為替予約。シンセティック・フォワード契約をベースにした通貨デリバティブの一種で、スポット価格ではなく2つのフォワード・レートに基づいて決済されるもの。

ERM

Exchange Rate Mechanismの略。為替相場メカニズム。ユーロ導入に先立って、EU構成国の通貨変動を制限することを目的としたシステム。1979年に策定されたルールに従って、各国通貨は固定された中心レートの上下に設定された範囲内で変動することが容認された。

➡EU、Euro

EU

European Unionの略。欧州連合。マーストリヒト条約の発効にともない設立された。それまでの欧州共同体に、共通の外交・安全保障政策と司法・内務という2分野における協力体制が新たに加わった。【www.europa.eu.int】

EUREX

European Derivatives Exchangeの略。ユーレックス市場。1998年、ドイツ金融先物取引所（DTB）とスイス・オプション金融先物取引所（Soffex）の合併によって誕生した。【www.eurexchange.com】

➡DTB、SOFFEX

EURIBOR

Euro-Denominated Interbank Offered Rateの略。欧州銀行間出し手金利。欧州の短期金融市場における短期金利のベンチマークとなっている。

Euro

ユーロ。1999年にEMUの第三段階に参加したユーロ圏（Euroland）11カ国によって導入された欧州統一通貨。ユーロはエキュ（Ecu）に取って代わった。

➡Ecu、EMU、ユーロ圏

Euro STOXX

ダウ・ジョーンズ社のユーロSTOXX 50の略。ユーロSTOXX株価指数。欧州16株式市場を網羅するダウ・ジョーンズ社の200以上の指数のひとつ。欧州の株式市場のベンチマークとして利用される。欧州の優良銘柄によって構成された指数。【www.dowjones.com/corp/index_directory.htm】

Eurobond ➡ ユーロ債

Euroclear

ユーロクリア。1968年に設立されたブリュッセルを本拠とする国際的な清算機関。電子化された振替決済システムを通じて証券や資金の清算・決済、借り入れ・貸し付けを提供する。モルガン・ギャランティ・トラスト社によって運営されている。【www.euroclear.com】

➡CEDEL

Eurocredits/Euroloans ➡ ユーロクレジット
Eurocurrency ➡ ユーロカレンシー
Euro-Denominated Interbank Offered Rate ➡ EURIBOR

Eurodeposits ➡ ユーロ預金
Eurodollar ➡ Eurocurrency
Euroland ➡ ユーロ圏
Euromarkets ➡ ユーロ市場
European Bank for Reconstruction and Development ➡ EBRD
European Central Bank ➡ ECB
European Current Unit ➡ Ecu
European Derivatives Exchange ➡ EUREX
European Free Trade Area ➡ EFTA
European Investment Bank ➡ EIB
European Monetary Institute ➡ EMI
European Monetary System ➡ EMS
European Option ➡ ヨーロピアン・オプション
European Options Exchange ➡ EOE
European Union ➡ EU
Eurostat ➡ ユーロスタット
Eurotop 100/300 ➡ ユーロトップ100指数・300指数
EV

Enterprise Valueの略。事業価値、企業価値。時価総額に純負債を加算したもの。EV/EBITDAは上場企業の価値を評価するための最も一般的な指標だが、それは分子にあたるEVに企業の債務が含まれる（つまり買収時の総コストのみならず、レバレッジ効果も評価対象にできる）一方、分母にあたるEBITDAは地域限定的な規制などに起因する諸要素を除外して企業の核となる収益力に重点を置いているからである。

➡EBITDA
EVA

Economic Value Addedの略。経済付加価値。企業の収益性を評価する一般的な手法で、コンサルタント会社のスターン・スチュワート社考案によるもの。総資本コストを税引き営業利益から差し引いて算出する。

Even Lot ➡ 売買単位
Ex

Excludingの略。～落ち、～後の、～抜きの意味。Ex-cap、Ex-div、Ex-rightsというように使われる。それぞれ、株式を購入する際の増資権利落ち、配当権利落ち、権利落ちを意味する。Ex-divはCum Dividendの反対。

➡Cum Dividend
Ex-All ➡ エクス・オール
Exceptional Item ➡ 例外的項目
Excess Portfolio Returns ➡ ポートフォリオの超過収益
Exchange ➡ 取引所
Exchange Controls ➡ 為替管理
Exchange Delivery Settlement Price ➡ EDSP

Exchange for Physical ➡ 現物受け渡し
Exchange Rate Agreement ➡ ERA
Exchange Rate Mechanism ➡ ERM
Exchange-Traded Contract ➡ 上場先物・オプション
Ex-Dividend ➡ 配当落ち
Exercise Price ➡ Strike Price
Exercise

オプション契約で付与された権利を行使すること。オプションを行使する旨を売り手に通告する。売り手にはオプション保有者との間ですでに合意されている条件に従う義務があるため、通告を受けて原資産を購入したり売却したりする。

➡Assign

Exit Bond ➡ エグジット・ボンド、卒業債
Exotic ➡ エキゾティック金融商品、マイナー通貨
Expiry Date ➡ 期限満了日、満期日、行使期間満了日
Exponential Moving Average ➡ 加重移動平均
Export Enhancement Programme ➡ 輸出振興計画
Export Quota ➡ 輸出枠
Exposure

エクスポージャー。借り手や国家に対して供与された信用の総額。単一の借り手に対するオーバー・エクスポージャーを避けるために、銀行などでは制限が設けられることもある。取引行動においては、市場価格が変動することで利益や損失に結び付く可能性があることを意味する。

Ex-Rights ➡ 権利落ち
Extended Fund Facility ➡ 拡大信用供与制度
Extendible Bond ➡ 延長可能債券
Extranet ➡ エクストラネット
Extraordinary Item ➡ 特別項目
Extrapolation ➡ 外挿法

F

FA

インドネシアの会社形態を表す名称で、Firmaの略。

Face Value ➡ 額面価格
Facility Fee ➡ ファシリティ・フィー
Failure Swing

フェイリャー・スウィング。テクニカル分析の用語で、特にRSIに関連したもの。トップ・フェイリャー・スウィングは相場が上昇傾向にありRSIが70を越えているときに、次のピークが前回のピークを下回ることを指す。同様に、ボトム・フェイリャー・スウィングは相場が下落傾向にありRSIが30以下のとき

に、次のピークが前回のピークを上回ること。

→テクニカル分析

Fair Average Quality → FAQ

Fair Value → 適正価格、公正価値

Fallen Angels

フォールン・エンジェル（堕天使）。発行当初は投資適格レベルを上回っていたものの、その後信用度が低下した債券のこと。

Fannie Mae

ファニー・メイ、米連邦住宅抵当金庫。Federal National Mortgage Association （FNMA）の略。米連邦政府が支援する株式会社で、主に、モーゲージの原債務者からモーゲージを購入してモーゲージ市場に資金を提供する。購入したモーゲージは投資ポートフォリオまたはプールにまとめられてFNMA会員のために保有される。モーゲージ購入資金は民間投資家向けに債券を発行することで調達する。【www.fanniemae.com】

FAO

Food and Agriculture Organizationの略。食糧農業機関。国連の専門機関の1つで、農林水産業を対象に扱う。

FAQ

Fair Average Qualityの略。平均中等品質。農産物を販売する際に用いられる用語で、特定の等級ではなく平均的な等級に該当すること。

FASB

Financial Accounting Standards Boardの略。財務会計基準審議会。会計基準を統括する米国の機関。【www.rutgers.edu/Accounting/raw/fasb/index.html】

FCM

Futures Commission Merchantの略。先物取次業者。米国の商品先物取引委員会（CFTC）に認可された個人または法人で、他者からの委託注文を受けて取引執行を取り次ぐ業者。

Fed

Federal Reserve Boardの略。連邦準備理事会。

→連邦準備制度

Fed Funds

フェッド・ファンド。米国の商業銀行が連邦準備銀行に預けている支払準備高のこと。この資金は義務付けられている所要準備を満たしていない他の銀行に貸し出し可能で、その際の金利をフェッド・ファンド・レート（FFレート、Fed Funds Rate）という。FFレートは公定歩合と並ぶ米国の主要金利である。

→連邦準備制度

FDIC

Federal Deposit Insurance Corporationの略。連邦預金保険公社。会員銀行に預けられた預金に対して一定額まで保証を与える米国の連邦機関。銀行間の合併を支援したり破綻を回避するためにも働く。【www.fdic.gov】

Federal Energy Regulatory Commission → FERC

Federal Home Loan Mortgage Corporation ➡ Freddie Mac

Federal Open Market Committee ➡ FOMC

Federal Reserve Board

連邦準備理事会。Federal Reserve System（連邦準備制度）の運営主体。米国の金融政策を統括し、銀行業界を監督する。理事は14年の任期を務めるが、各大統領の人事権を尊重するために議長の任期は4年となっている。理事会の政府決定機関である連邦公開市場委員会（FOMC）が米国の金利政策を決定する。

➡連邦準備制度、FOMC

Federal Reserve System

連邦準備制度。米国の中央銀行制度。連邦準備理事会、12地区の連邦準備銀行、そして各行の全加盟銀行によって構成される。連邦準備銀行はアトランタ、ボストン、シカゴ、クリーブランド、ダラス、カンザス・シティ、ミネアポリス、ニューヨーク、フィラデルフィア、リッチモンド、サンフランシスコ、セイントルイスの各市に置かれている。【www.federalreserve.gov】

➡連邦準備理事会、FOMC

Feeds ➡ 飼料

FERC

Federal Energy Regulatory Commissionの略。連邦エネルギー規制委員会。米国エネルギー省内の政府機関。各州の天然ガス・パイプラインやガスの価格に関わる規制を担当する。【www.ferc.fed.us/】

Fibonacci Numbers ➡ フィボナッチ数列

FIBOR

Frankfurt Interbank Offered Rateの略。フランクフルト銀行間取引金利。フランクフルト金融市場で銀行同士が資金を貸し借りする際に適用される金利。FIBORは融資や変動利付き債の金利設定、また特定の金利デリバティブ商品の現金決済価格を計算する上で重要な指標となる。

Fiduciary Money ➡ 信託基金

File Transfer Protocol ➡ FTP

Fill or Kill ➡ FOK

Final Dividend ➡ 最終配当、期末配当

Financial Accounting Standards Board ➡ FASB

Financial Centre ➡ 金融センター

Financial Intermediation ➡ 金融仲介業

Financial Year ➡ 会計年度

Fine Ounce

ファイン・オンス。純金のトロイ・オンスを指し、別記がなければ1000分の995の純度と認められるもの。

Firm Order ➡ 確定注文

First Coupon ➡ 初回利払い

First Notice Day ➡ 最初の受け渡し通知日

Fiscal Balance ➡ 財政収支
Fiscal Policy ➡ 財政政策
Fix
　フィックス。値決め。外国為替や商品の市場で公式価格が決定されるプロセス。多くの場合、毎日実施される。
Fixed Assets ➡ 固定資産
Fixed Capital ➡ 固定資本
Fixed Exchange Rate ➡ 固定為替相場
Fixed Income ➡ 確定利付き証券
Fixed Price Offer ➡ 固定価格再オファー
Fixed/Floating Bonds ➡ フィクスト・フローティング債
Fixed-Term Deposit ➡ 定期預金
Flags/Pennants
　フラッグとペナント。三角保ち合い。テクニカル分析の用語で、相場の行き過ぎた上昇や下落の後に起こる一時停止を示す値動きのパターン。相場はしばらく狭いレンジにとどまった後、再び基本トレンドの方向へ動き出す。三角保ち合いはテクニカル分析の中でも最も信頼のおける保ち合いパターンで、トレンドの反転が起こることは稀である。図6参照。
　➡テクニカル分析
Flat
　フラット。横ばい。価格が上がりも下がりもしない状態。また、デフォルトした債券など経過利子抜きで取引される債券を指す。
Flight to Quality
　質（優良資産）への逃避。投資家行動のひとつで、政情不安や経済情勢の悪化が予測されるときに、より安全で品質の高い国債などの証券を購入すること。

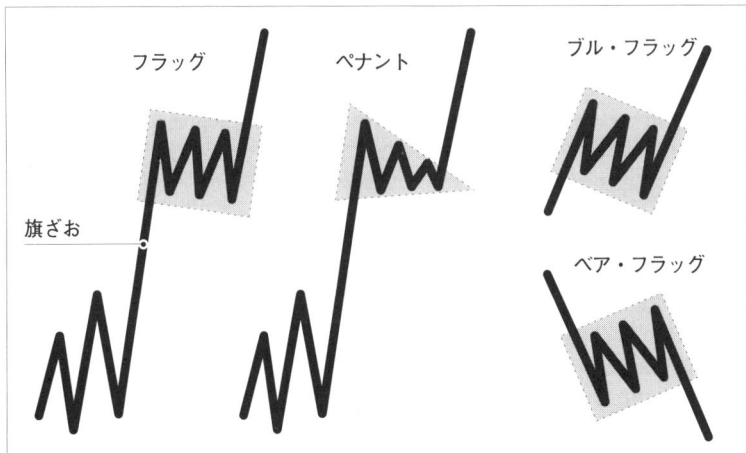

図6　フラッグとペナント

Floating Exchange Rates ➡ 変動為替相場
Floating Rate Bond ➡ 変動利付き債券
Floating Rate Note ➡ FRN
Floor

フロア。金利デリバティブの一種で、保有者を金利の低下から守るもの。保有者はベースとなる金利の方が低い場合には行使レートと金利の差額を現金で受け取る。通常の行使期間は2年から5年。このようなオプションは期間満了までに定期的な間隔（例えば6カ月おき）で行使できる。

➡キャップ

Floor Broker ➡ フロア・ブローカー
Flotation

証券発行、新規証券の募集。企業の資本調達手段。最も一般的には非公開企業が初めて株式を公開することを表す。Going Public（公開企業になる）、またはIssuing an IPO（IPOを実施する）ともいう。

➡IPO

FNMA ➡ Fannie Mae
FOB

輸出港本船渡し価格。海運用語でFree On Boardの略。価格がFOBで表示される場合は商品と船積みのコストは含むが、輸入港での貨物運賃は含まない。

FOK

即時売買注文。Fill or Killの略。売買を指示する指値注文で、即時に執行されない場合は取り消されるもの。

FOMC

Federal Open Market Committeeの略。連邦公開市場委員会。12人のメンバーによって構成される米国連邦準備理事会の政策決定委員会。米国の公定金利や金融政策を決定する。【www.federalreserve.gov/FOMC/】

Food and Agriculture Organization ➡ FAO
Force Majeure

不可抗力。フォースマジュール。契約書に書き込まれる条項のひとつで、地震、台風、あるいは深刻な労働争議などコントロールの範囲外の突発的な事象が発生した場合に、契約の主体を契約上の責務から免除する。

Forecast ➡ 予想
Foreign Acceptances ➡ 外国手形
Foreign Bond ➡ 外国債券
Foreign Exchange ➡ FX
Forex

フォレックス。外国為替市場を指す用語として広く使われている。

➡FX

Forex Club

フォレックス・クラブ。ACI傘下の外国為替ディーラー団体で構成された各国組織の総称。各国の組織はACIの憲章や細則の範囲内で独立した権限を持つ。

➡️ACI

Forward Margin ➡️ 先渡しマージン

Forward Market ➡️ フォワード市場

Forwards ➡️ フォワード契約、先渡し契約

FRA

Forward Rate Agreementの略。金利先渡し取引。金利デリバティブの一種で、投資家や借り手は短期投資商品や融資について事前に決められた一定期間後の金利を設定できる。

➡️デリバティブ

Franc Zone ➡️ フラン圏

Freddie Mac

フレディー・マック。連邦住宅貸付抵当公社。Federal Home Loan Mortgage Corporationの略。米国の複数の貯蓄機関が株式を所有する会社組織。貸し手から担保付き住宅ローンを購入し、それらをまとめたプールを担保に証券を発行して一般投資家に販売する。【www.freddiemac.com】

Free Delivery ➡️ フリー・デリバリー

Free to Trade ➡️ W/I

Free Trade Zone ➡️ 自由貿易地域

Frictional Unemployment ➡️ 摩擦的失業

FRN

Floating Rate Noteの略。変動利付き債。定期的な利払いが行われる中期債務証券で、表面利率が固定されていないもの。表面利率は、LIBORなどの短期金利と連動する形で変動する。

➡️クーポン、LIBOR

Front Office ➡️ フロント・オフィス

Front-end Fees ➡️ フロント・エンド・フィー、幹事手数料

Frozen Assets ➡️ 凍結資産

FTP

File Transfer Protocolの略。ファイル転送プロトコル。コンピュータ間で電子的な情報ファイルをやり取りする際の標準的な方法。

FTSE 100

FT100種指数。ロンドン証券取引所の株価のベンチマークとなる指数。「Footsie（フッツィー）」の名で親しまれ、出来高の70%を占める時価総額の大きい英国企業100銘柄で構成されている。時価総額加重指数で、LIFFEで取引される指数先物やオプション契約のベースとなる。図7参照。【www.ftse.com】

➡️LIFFE、LSE

Fuel Oil ➡️ 燃料油、重油

Fully Diluted EPS ➡️ 希薄化後一株当たり利益

Fund ➡️ 信託資金、ファンド

Fund Manager ➡️ ファンド・マネジャー

F

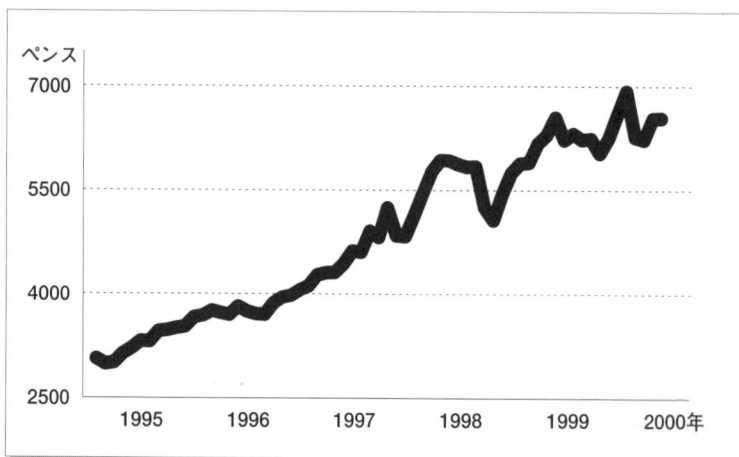

図7　FT100種指数

Fundamental Analysis ➡　ファンダメンタルズ分析、基礎要因分析
Fungible ➡　代替可能
Future Value ➡　将来価値
Futures ➡　先物
Futures Commission Merchant ➡　FCM
FX

外国為替市場。Foreign Exchangeの略。様々な受け渡し日で様々な通貨を交換する市場。多くの場合、取引は12カ月未満で、スポット（直物）、フォワード、先物、オプションなどの形態を取る。為替相場は、ある通貨を購入する際に必要となる別の通貨の単位数を意味する。

➡現物市場、オプション、先物、フォワード契約

FX Swap ➡　通貨スワップ
FXA

Forward Exchange Agreementの略。為替のフォワード契約、先渡し為替契約。通貨デリバティブの一種で、契約の開始日のフォワード・レートと決済日のスポット・レートの差に基づいて決済されるもの。

➡デリバティブ、FRA

G

G3

Group of Threeの略。先進3カ国。世界の先進工業国。ドイツ、日本、米国を指す。

G7

Group of Sevenの略。先進7カ国。世界の先進工業国が政策を協議する場。カナ

ダ、フランス、ドイツ、イタリア、日本、英国、米国で構成される。ロシアが会合に出席した場合は同じグループを「G8」とも呼ぶ。

G10

Group of Tenの略。先進10カ国。G7諸国にベルギー、オランダ、スウェーデン、スイスの4カ国が加わったグループ。11カ国で構成されるものの、呼称はG10のまま。安定した世界経済システムの構築のため、金融・財政政策面の調整を行うことを目標とする。

➡G7

G24

Group of 24の略。24の発展途上国によって構成された非公式なグループ。

G30

Group of 30の略。グループ・オブ・サーティ。経済や金融市場の課題に関する討論や研究を行う、産業界のリーダー、銀行経営者、中央銀行関係者、学者などによって構成されるグループ。

GAAP

Generally Accepted Accounting Principlesの略。一般会計原則。ギャップ。一般に認められた会計基準。会計業務を定義づける方法論やルールを指す。

GAB

General Arrangements to Borrowの略。一般借り入れ取り決め。IMFに対して特別信用を供与する、G10諸国の取り決め。GABの実施には構成各国の共同の合意を必要とする。通貨や支払い面で困難に直面したGAB構成国に対して、IMFの通常の資金とは別勘定で信用が供与される。

➡G10、IMF

Gamma ➡ ガンマ

Gann Angles

ギャン・アングル。テクニカル分析で、市場価格の最高値と最安値からトレンドラインを引く際の特定の角度を指す。ギャン・アングルの中で最も重要なのは45度線で、時間と価格の間に完全にバランスが取れた状態を示す角度とされている。通常、45度線を破る動きは大規模な反転を意味する。

➡テクニカル分析

Gap ➡ ギャップ

Gapping

ギャッピング。資産と債務の満期を意図的にミスマッチさせ、借り入れは短期、貸し付けは長期で行うこと。

Gaps

ギャップ、窓。テクニカル分析の用語で、チャート上に現れた空白部分を指す。数種類の異なるギャップが存在し、上向きのギャップは相場の強さを、下向きのものはその逆を示す。ブレークアウェイ（突破）ギャップは主要な価格パターンの終了に伴って現れ、重要な変化の開始を示唆する。図8参照。

➡テクニカル分析

Garman Kohlhagen Model ➡ ガーマン・コールハーゲン・モデル

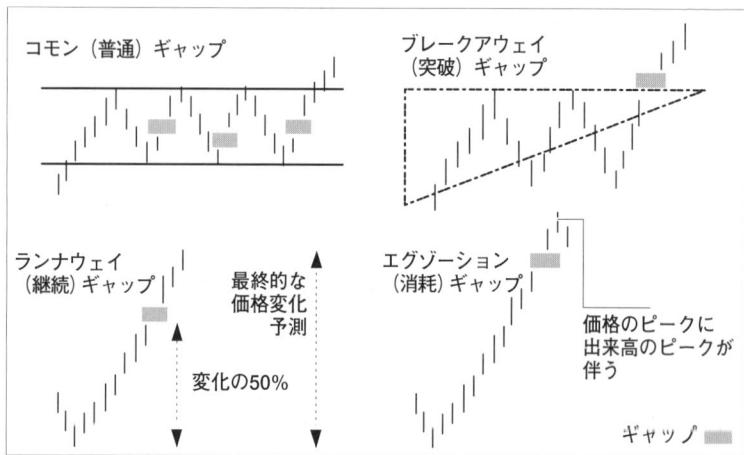

図8　ギャップ

Gas to Oil Ratio ➡ ガス油比

GATT

General Agreement on Tariffs and Tradeの略。関税と貿易に関する一般協定。関税の調和化に関する国際協定。【www.wto.org】

➡WTO

GDP

Gross Domestic Productの略。国内総生産。国内で生産されるすべての商品やサービスの価値。国外の投資や収益からの所得は含まれない。

➡GNP

GDP Deflators

GDPデフレーター。インフレ率指標のひとつで、名目GDPの推定値よりも正確な、「実質的な」GDPの価値を算出する際に利用される物価指数。

GDR

Global Depository Receiptsの略。グローバル預託証券。複数の国で発行された預託証券。

➡ADR

Gearing

ギャリング比率。企業が保有する債務に対する株主資本の比率。企業の債務支払い能力を表す。株主資本に対する債務の比率が高いほどギャリングは高くなる。高いギャリングを示す企業はビジネスの浮き沈みに影響を受けやすいことから、株主にとってよりリスクが高いことを意味する。デリバティブ市場では、オプションや先物契約の購入に要した現金の額を原資産の価値と比較した数値を指す。レバレッジ（Leverage）ともいう。

➡デリバティブ

Geisha Bond ➡ ゲイシャ債

Golden Handcuffs

General Accounting Office

会計検査院。米国の政府機関の監査を担当するとともに、より広い政策の評価
も行う。院長はController Generalと呼ばれる。

General Agreement on Tariffs and Trade ➡ GATT
General Arrangements to Borrow ➡ GAB
General Obligation Bonds ➡ 一般財源債
GIF

Graphics Interchange Formatの略。コンピュータ間の画像の送受信を容易にす
るデータ圧縮形式のこと。

Gilt-edged

ギルト・エッジ証券、優良証券。リスクの低い証券を表す用語。英国や南アフ
リカの国債はギルト（Gilt）と呼ばれる。

Ginnie Mae

Government National Mortgage Association（GNMA）の略。ジニー・メイ、
政府住宅抵当金庫。米国連邦政府が全額出資する国有機関。モーゲージ市場の
流動性を高めるために、連邦政府による保険や保証が付いたモーゲージのプー
ルを担保とした証券について、支払い保証を行うことをその主要な役割とす
る。ジニー・メイの支払い保証はGNMAパス・スルー証券（GNMA Pass-
Through Certificates）として知られる。【www.ginniemae.gov】
➡証券化

Given

ギブン。買い呼値に応じる売り注文があった時に、主にブローカーのスピー
カーを通して聞こえてくるディーラー用語。

GmbH

ドイツの会社形態を表す名称で、有限責任会社を指すGesellschaft mit
beschränkter Haftungの略。

GNMA ➡ Ginnie Mae
GNP

Gross National Productの略。国民総生産。一国の経済が生産した商品やサー
ビスの総額で、海外投資や収益からの所得も含む。
➡GDP

Go Long/Short ➡ ロング、ショート
Going Public

株式を公開する。公開企業となる。非公開企業が株式取引所に株式を上場して
一般投資家に販売すること。「Flotation（新規証券の募集）」または「Issuing
an IPO（IPOを実施する）」ともいう。
➡Flotation、IPO

Gold Standard ➡ 金本位制
Golden Handcuffs

ゴールデン・ハンドカフ。純金の手錠。企業が有能な社員を引き止めるために
提供する金銭的な報酬で、通常は数年にまたがって提供されるもの。

39

Golden Hello
ゴールデン・ハロー。黄金の挨拶。企業に就職した時点で社員に支払われる金銭的な報酬。

Golden Share
ゴールデン・シェア。黄金株。多様な形態のものがあるが、基本的には企業が買収の危機にさらされたときに経営権を維持することを指す。典型的な手段としては、経営権の維持に必要な議決権をゴールデン・シェアに付与して、潜在的な乗っ取り屋から会社を守る方法がある。

➡Share、Stock

Good Delivery ➡ 適格受け渡し
Good Till Cancelled ➡ GTC
Goodwill ➡ のれん代、営業権
GOR ➡ ガス油比
Government National Mortgage Association ➡ Ginnie Mae
Grace Period ➡ 支払い猶予期間
Grades ➡ グレード
Grains ➡ 穀物（穀類）
Graphical User Interface ➡ GUI
Graphics Interchange Format ➡ GIF

Green Rates
グリーン・レート。EUの共通農業政策（Common Agricultural Policy、CAP）の対象となる農家への支給額を評価する際に用いられる会計通貨のこと。CAPの下では農家は農産物会計単位に基づいて支払いを受ける。グリーン・レートは会計単位で表示される支給額を各国通貨建ての支払いに換算するために考案された。政府だけが改定することができるため、市場レートよりも安定している。1999年のユーロ導入に伴ってグリーン・レートは大幅に削減された。現在では統一通貨圏外の国だけに適用されている。

➡CAP、Euro、European Union

Greenmail
グリーンメール。買収の標的となった企業が、乗っ取り屋に買収工作を断念させる目的で支払う金銭を指す米国の用語。通常は自社株式を高い値段で買い戻すことを意味する。

Greenshoe Option
グリーンシュー・オプション。追加発行条項。一般投資家の需要が予想以上に強い場合に証券の追加発行を認める、引受契約に含まれる条項。

Grey Market ➡ グレー・マーケット
Gross Domestic Product ➡ GDP
Gross National Product ➡ GNP
Gross Price ➡ Dirty Price
Gross Profit ➡ 総利益
Grossing Up ➡ グロス・アップ方式

GTC

Good Till Cancelledの略。注文が執行されるかキャンセルされるまで有効な指値注文。

GUI

Graphical User Interfaceの略。コンピュータ開発者が、メニューやアイコンなど画像で表されるナビゲーション・ツールをソフトウェア（プログラム）に組み込むのを可能にする。

Hacker ➡ ハッカー

Haircut ➡ ヘアカット

Handle ➡ Big Figure

Hang Seng

ハンセン指数。Hang Seng Index（HIS）の略。香港証券取引所（IIKSE）のベンチマークとなる株価指数。HKSEの売買高の70%を占める優良33銘柄によって構成されている。図9参照。【www.hangseng.com】

Hard Currency ➡ 交換可能通貨、ハード・カレンシー

Head and Shoulders

ヘッド・アンド・ショルダーズ。三尊。テクニカル分析の用語で、相場の反転を示唆する主要パターンの中で最も信頼されているもの。大きな戻し（Head、頭）と、それより小幅で必ずしも左右対称ではない戻し（Shoulders、両肩）で構成される。このパターンの両肩の付け根を結んで首の線（ネックライン）を引き、終値がその線を確実に下回ることで反転が確認される。これが逆さになったパターンをInverse Head and Shoulders（逆ヘッド・アンド・ショルダー

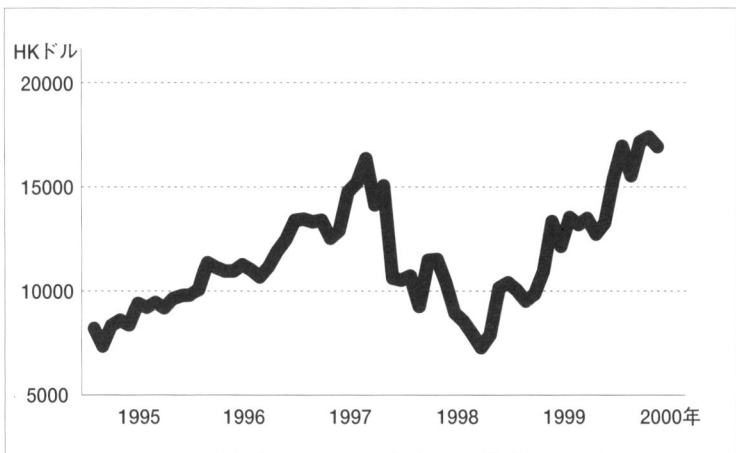

図9　ハンセン指数

41

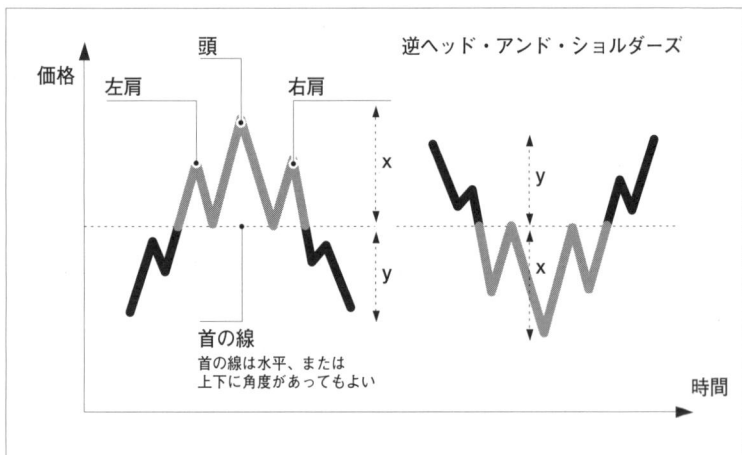

図10 ヘッド・アンド・ショルダーズ

ズ、逆三尊）という。図10参照。

➡テクニカル分析

Heating Oil ➡ 軽油、ヒーティングオイル

Heaven and Hell Bonds ➡ 天国地獄債

Hedge Funds ➡ ヘッジ・ファンド

Hedging ➡ ヘッジ取引

Hermes

Hermes Kreditversicherungs Agの略。輸出信用保証を提供するドイツの国家機関。

Herstatt Risk ➡ ヘルシュタット・リスク

High Low Open Close

4本値。高値・安値・始値・終値。たいていの価格表示やチャートに含まれる最も重要な4種類の価格情報。高値は証券や商品が最も高い価格で取引されたレベル、安値は最も低い価格レベル。証券によっては1日、年間、または価格の記録が始まって以来の、高値・安値であったりする。始値と終値は、特定期間の取引開始時または終了時の価格レベルを指す。相場を理解するのに本当に必要なのはこれら4つの価格情報だけだと主張するテクニカル分析家もいる。

High Tech Stock ➡ ハイテク株

Historical Cost ➡ 取得原価

Historical Volatility

ヒストリカル・ボラティリティ。過去の価格や利回り推移に基づいてボラティリティを計算した数値。

➡ボラティリティ

Hits ➡ ヒット件数

Holder of Record ➡ 登録原簿上の証券所有者

Holding Company ➡ 持ち株会社

Horizontal Spread

ホリゾンタル・スプレッド。オプション取引手法のひとつ。ボラティリティの変化を見込んで、行使価格が同じで行使期間満了日が異なる契約を売買すること。カレンダー・スプレッド（Calendar Spread）とも呼ぶ。
➡オプション

Hostile Bid ➡ 敵対的買収

Hot Stock

ホットストック。価格が急激に上昇したり下落したりする株式。

HTML

Hypertext Mark-up Languageの略。ウェブ上の文書を作成する際に使用されるコンピュータ言語。

HTTP

Hypertext Transfer Protocolの略。情報の送受信の方法を規定するインターネット・プロトコル。

Hydrocarbons ➡ 炭化水素

Hydrocracking ➡ 水素化分解

Hyperinflation ➡ ハイパー・インフレーション

Hyperlink

ハイパーリンク。文書やウェブサイトに埋め込まれたリンクのことで、別の文書やウェブサイトへの移動を可能にする。

Hypertext Mark-up Language ➡ HTML

Hypertext Transfer Protocol ➡ HTTP

I/S

デンマーク、ノルウェーの会社形態を表す名称で、Interessentskabの略。

IADB

Inter-American Development Bankの略。米州開発銀行。融資や技術供与を通じて発展途上国の経済的・社会的発展を援助する。【www.iadb.org】

ICC

International Chamber of Commerceの略。国際商工会議所。世界中の商工会議所、商業・金融団体を傘下に置く。国際的な商業上の紛争を解決するための仲裁裁判所を有する。【www.iccwbo.org】

ICCO

International Cocoa Organizationの略。国際ココア機関。ココアの生産者と消費者に協議の場を提供する業界団体。【www.icco.org】

ICO

International Coffee Organizationの略。国際コーヒー機関。コーヒーの輸出国と輸入国が協議する場。【www.ico.org】

IDA

International Development Associationの略。国際開発協会。世界銀行の関連機関で、最貧国の開発プロジェクトや計画に対して有利な条件で融資を行う。
【www.worldbank.org/ida/】
➡世界銀行

IDB

Inter-Dealer Brokerの略。インター・ディーラー・ブローカー。マーケット・メーカーの委託を受けて取引を行うブローカーのこと。

IEA

International Energy Agencyの略。国際エネルギー機関。石油の需給を監視し、消費者レベルの石油備蓄を監督する目的でOECDによって設立された機関。
【www.iea.org】
➡OECD

IFC

International Finance Corporationの略。国際金融公社。発展途上国の民間企業への援助を目的とする世界銀行の関連機関で、IFC自体も含めた内外の資本の導入を働きかける。 【www.ifc.org】
➡世界銀行

Illiquid ➡ 非流動的

ILO

International Labour Organizationの略。国際労働機関。国連の専門機関で労働問題を担当する。

IMF

International Monetary Fundの略。国際通貨基金。国際収支の悪化に直面した加盟国に対して融資を行う国際機関。特定の条件を満たしていることと、厳格な政策上のコミットメントを約束することを前提に融資を提供する。IMFには国際金融システム、為替レートの安定および世界貿易に関する幅広い監督権限が認められている。融資の引き出し権や議決権に対応する出資割り当て額の仕組みを基に、ブレトン・ウッズ協定によって設立された。加盟各国が出資している。 【www.imf.org】
➡ブレトン・ウッズ協定

IMM

International Monetary Marketの略。国際通貨市場。シカゴ・マーカンタイル取引所（CME）の一部。
➡CME

Implied Volatility

インプライド・ボラティリティ。予想変動率。オプション価格から推定されるボラティリティを指す。変動の方向までは示されない。ボラティリティは年率で示される。
➡ボラティリティ

IMRO

Investment Management Regulatory Organizationの略。投資顧問規制機構。英国の投資顧問・投資信託業界の監督機関。【www.imro.co.uk】

In Strike

イン・ストライク。ダウン・アンド・イン（Down and In）、アップ・アンド・イン（Up and In）などのトリガー・オプションがその水準に達すると通常のオプションに転換される、事前に設定された水準のこと。

In the Money

イン・ザ・マネー。オプションの原資産の現在値がコール（購入）する権利の行使価格よりも高い、あるいはプット（売却）する権利の行使価格よりも安い時、そのオプションは「イン・ザ・マネー」と表現される。また、行使期限まで「イン・ザ・マネー」の状態が続くことが予想されるオプションを「ディープ・イン・ザ・マネー（Deep in the Money）」ということもある。

➡アウト・オブ・ザ・マネー、アット・ザ・マネー

Inc.

Incorporationの略。会社法人の設立。米国やカナダの会社形態を表す名称。定款が定められ、会社としての営業が認められる手続き。社名の最後に「Inc.」を明示して、企業の法律上の名称に反映させなければならない。

Income Statement ➡ Profit and Loss Account

Income Stock ➡ Blue-Chip Stock

Income ➡ 所得

Incomes Policy ➡ 所得政策

Independent Petroleum Exporting Countries ➡ IPEC

Index ➡ 指数

Index Tracking ➡ 指数連動型運用

Indexing ➡ インデックス運用

Index-linked Bonds ➡ 指数連動債

Indications of Interest ➡ IOI

Indicators ➡ 経済指標

Industrial Production ➡ 鉱工業生産

Inflation Risk ➡ インフレ・リスク

Inflation ➡ インフレーション

Initial Margin ➡ 当初証拠金

Initial Public Offering ➡ IPO

Inland Revenue Service ➡ IRS

Inland Revenue

内国歳入庁。徴税を担当する英国の政府機関。

INSEE

Institut National de la Statistique et des Etudes Economiques（French National Statistics Institute）の略。フランス国立統計経済研究所。経済指標を集計して発表するフランスの政府機関。【www.insee.fr】

Insider Trading ➡ インサイダー取引

Insolvency ➡ 支払い不能、債務超過

Institutional Investors ➡ 機関投資家

Intangibles ➡ 資産

Integrated Oil Company ➡ 総合石油会社

Integrated Producer ➡ 総合生産者

Integrated Services Digital Network ➡ ISDN

Inter-American Development Bank ➡ IADB

Interbank Market ➡ 銀行間市場、インターバンク市場

Inter-Dealer Broker ➡ IDB

Interest Bearing ➡ 利付き証券

Interest Cover ➡ 金利負担率、インタレスト・カバレッジ・レシオ

Interest Rate Differential ➡ 金利格差

Interest Rate Risk ➡ 金利リスク

Interest Rate Swap ➡ Swap

Interest Rate ➡ 金利

Interim Dividend ➡ 中間配当

Internal Rate of Return ➡ IRR

International Accounting Standards Committee
  国際会計基準委員会。会計基準を策定し、公表する国際的な委員会。100カ国
  以上の会計関連団体によって構成される。【www.iasc.org.uk】

International Bank for Reconstruction and Development ➡ 世界
  銀行

International Chamber of Commerce ➡ ICC

International Cocoa Organization ➡ ICCO

International Coffee Organization ➡ ICO

International Development Association ➡ IDA

International Energy Agency ➡ IEA

International Finance Corporation ➡ IFC

International Labour Organization ➡ ILO

International Monetary Fund ➡ IMF

International Monetary Market ➡ IMM

International Organization of Securities Commissions ➡ IOSCO

International Petroleum Exchange ➡ IPE

International Securities Market Association ➡ ISMA

International Share Offering
  国際的な株式発行。国内企業の株式が引受シンジケート団を介して国際的に売
  り出されること。新株発行と売り出しの両方があり得る。

International Sugar Organization
  国際砂糖機関。砂糖の輸出国と輸入国によって構成される団体。【www.
  isosugar.org】

International Swap and Derivatives Association ➡ ISDA

International Wheat Council

国際小麦理事会。小麦の生産国と消費国によって構成される団体。

Internet ➡ インターネット

Internet Service Provider ➡ ISP

Interpolation ➡ 内挿法

Intervention ➡ 市場介入

Intraday

「その日のうちに」という意味の用語で、金融市場では通常は価格を指すのに用いる。日中価格は取引の開始から終了までの間のある時点での価格のこと。日中の価格変化はティック、5分、30分、1時間の間隔で表示されるのが一般的である。

Intraday Limit ➡ 日中取引制限

Intranet ➡ イントラネット

Intrinsic Value ➡ 本質的価値

Introduction ➡ イントロダクション

Investment Bank ➡ 投資銀行

Investment Fund ➡ 投資信託

Investment Grade ➡ 投資適格債

Invisible Supply ➡ 市場外供給

Invisibles ➡ 貿易外取引

IOI

インディケーション・オブ・インタレスト（IOI）、購入意欲。Indications of Interestの略。これから発行される証券に対する投資家の購入意欲を表す。

IOSCO

International Organization of Securities Commissionsの略。証券監督者国際機構。50カ国以上の証券業界監督組織によって構成される。証券市場の発展と業界規則の遵守を広めることを目的とする。【www.iosco.org】

IP Address ➡ IPアドレス

IPアドレス

ネットワーク上の個々のコンピュータに割り当てられた識別番号。

IPE

International Petroleum Exchangeの略。国際石油取引所。エネルギー・デリバティブ商品を扱う欧州の代表的な市場で、ブレント先物商品の上場市場。
【www.ipe.uk.com】
➡ブレント原油

IPEC

Independent Petroleum Exporting Countriesの略。独立石油輸出国。OPECに属さない石油輸出国によって構成された非公式な組織。
➡OPEC

IPO

Initial Public Offeringの略。株式新規公開、新規公募。未公開企業の株式が一般投資家向けに初めて売り出されること。企業が新たに資本を調達したり、取引所への上場を果たすために実施する。通常、発行企業は価格を設定し引き受け会社を介して株式を発行する。Flotation（新規証券の募集）、Going Public（株式を公開する）ともいう。

➡Flotation、Going Public

IRR

内部収益率。キャッシュ・フローの規模やタイミングをも考慮した投資収益の計算手法。計算式は債券の最終利回り計算式と構造が同じ。

IRS

内国歳入庁。Internal Revenue Serviceの略。徴税を担当する米国の連邦機関。【www.irs.gov】

ISDA

International Swap and Derivatives Associationの略。国際スワップ・デリバティブ協会。店頭デリバティブ市場の国際組織。業界の課題を協議する場を提供し、デリバティブ業務におけるベスト・プラクティスを推進する。【www.isda.org】

ISDN

Integrated Services Digital Networkの略。高度な技術を利用した通信ネットワークで、データをデジタル信号に変換して、電話回線を通じてより高い伝送速度で送信することを可能にする。

Islamic Development Bank

イスラム開発銀行。加盟53カ国と非加盟国内に存在するイスラム教コミュニティの経済・社会的発展を支援する国際的な銀行。【www.isdb.org】

ISMA

International Securities Market Associationの略。国際証券市場協会。証券業界の自主監督機関・業界団体。ユーロ債市場の構築を付託されて発足した国際債券ディーラー協会（Association of International Bond Dealers）を前身とする。【www.isma.co.uk】

ISP

Internet Service Providerの略。インターネット接続業者。利用者をインターネットにつなぐ遠隔コンピュータ・ネットワーク。

Issue Date ➡ Dated Date
Issue Price ➡ 売り出し価格、発行価格
Issued Capital/Share Capital ➡ 発行済み株式資本
IT

Information Technologyの略。情報通信関連技術。

J

J Curve ➡ Jカーブ

Jカーブ

通貨下落に対する貿易収支の反応を表す用語。輸入コストの上昇に伴って貿易収支はまず悪化し、その後為替コストの低下によって輸出量が拡大した時点で黒字へ好転する。

Java

サン・マイクロシステムズ社が開発したコンピュータのプログラム言語。自動的に起動するアプリケーションを作ることができる。

JD

スロヴェニアの会社形態を表す名称で、Javna Druzbaの略。

JPEG

Joint Photographic Experts Groupの略。ジェイ・ペグ。画像を電子的に保存・転送するためのファイル化の形式。

Junk Bonds ➡ ジャンク・ボンド

K

K/S

デンマークの会社形態を表す名称で、Kommanditselskabの略。

Kairi

乖離。直近の終値と単純移動平均との差をパーセンテージで表したテクニカル分析の指標。トレンドを示す指標として、または割高・割安のシグナルとして活用できる。

➡買われ過ぎ、売られ過ぎ、テクニカル分析

Kassen ➡ Bundeskassenobligationen（BOBL）

Kerb Market ➡ 場外市場

Keynsian Economics ➡ ケインズ経済学

Kft

ハンガリーの会社形態を表す名称で、Korlatolt felclosscgu tarsasagの略。

KG

ドイツ、スイスの会社形態を表す名称で、それぞれKommanditgessellschaft、Kollectivgessellschaftの略。

Kicker ➡ キッカー

KK

日本の会社形態を表す名称で、株式会社の略。

Kkt

ハンガリーの会社形態を表す名称で、Kozkereseti tarasagの略。

KmG

スイスの会社形態を表す名称で、Kommanditgessellschaftの略。

J

K

Knockout Option ➡ ノックアウト・オプション、停止条件付きオプション

L

L/C

Letter of Creditの略。信用状。契約上の義務が履行された時点で支払いを行うことを、銀行が顧客企業に代わって約束するもの。流通市場で取引される。
➡流通市場

Labour Market ➡ 労働市場
Ladder Option ➡ ラダー・オプション
Lagging/Leading Indicators ➡ 遅行・先行指標
Lambda ➡ ラムダ
LAN

Local Area Networkの略。同じビルなど小規模な地域内の利用者をつなぐコンピュータ・ネットワーク。

Last Notice Day ➡ 最終通知日
Last Trading Day ➡ 最終取引日
Laundering ➡ 資金洗浄、マネー・ロンダリング
LBMA

London Bullion Market Associationの略。ロンドン貴金属市場協会。貴金属を取引するトレーダーの業界団体。【www.lbma.org】

LBO ➡ Leveraged Buyout
LCE

London Commodity Exchangeの略。ロンドン商品取引所。ソフト・コモディティの先物・オプションを扱う欧州の代表的な取引市場。1996年にロンドン国際金融先物取引所（LIFFE）と合併した。

➡LIFFE

Lda

ポルトガル、ブラジル、スペインの会社形態を表す名称で、Limitadaの略。

LDC

Lesser（Less）Developed Countryの略。後発発展途上国。経済構造が農業を基盤とし、工業のGDPへの寄与度が10％以下の発展途上国を指す用語として過去に使われていた。その後、より広義な意味合いを持つ「Emerging Markets（エマージング・マーケット、新興経済地域）」に取って代わられた。

➡新興経済地域

Lead Manager/Underwriter ➡ 主幹事・引受主幹事
Leads and Lags

リーズ・アンド・ラグス。為替レートの先行きの予測に応じて、輸出入の支払いや受け取りを早めたり、遅らせたりすること。通貨の下落が予想される場合には、輸出業者は支払いを遅らせ、輸入業者は支払いを早める。

K
L

LEAPS

Long-Term Equity Anticipation Securitiesの略。個別銘柄に対応した長期的なオプション契約で、執行期間が最長で2年のもの。

Lender of Last Resort ➡ 最後の貸し手

Lending Margin ➡ 貸出マージン

Letter of Credit ➡ L/C

Letter Stock ➡ 非登録私募証券

Leverage ➡ Gearing

Leveraged Buyout ➡ レバレッジド・バイアウト

Liabilities ➡ 債務

Liability Management ➡ 資産管理

LIBID

London Interbank Bid Rateの略。ロンドン銀行間取り手金利。ライビッド。銀行が互いに預金を受け入れる際の金利。

LIBOR

London Interbank Offered Rateの略。ロンドン銀行間出し手金利。ライボー。銀行間で短期資金を貸し出す際の金利。LIBORは、融資や変動利付き債の金利を決める際の基準金利。

Licensed Warehouse ➡ 指定倉庫

Lien

リーエン。先取特権。未払いの債権を回収するために資産を差し押さえる権利。

LIFFE

London International Financial Futures and Options Exchangeの略。ロンドン国際金融先物取引所。短期金利先物商品を扱う欧州の代表的な市場。ロンドン商品取引所（LCE）とロンドン流通オプション取引所（London Trading Options Market）がLIFFEと合併したことで、ソフト・コモディティの先物・オプション取引と、株式オプションも扱うようになった。【www.liffe.com】

LIMEAN

London Interbank Mean Priceの略。ロンドン銀行間仲値金利。

Limit Order ➡ 指し値注文

Limit Up/Down ➡ ストップ高／ストップ安

Limited Liability ➡ 有限責任

Line Chart ➡ 線グラフ

Liquid ➡ 流動性

Liquidity Margin ➡ 流動性マージン

Liquidity Risk ➡ 流動性リスク

Listed Stock ➡ 上場株式

Listing Requirements ➡ 上場基準

LLC

米国の会社形態を表す名称で、Limited Liability Companyの略。

Lloyd's

Lloyd's

ロイズ。ロンドンを本拠とする保険市場。資本金は「ネーム（Name）」と呼ばれる会員によって提供されている。

LLP

米国の会社形態を表す名称で、Limited Liability Partnershipの略。

LME

London Metal Exchangeの略。ロンドン金属取引所。金属先物・オプション取引における欧州の代表的な市場。LMEは世界的な金属需給の動向を示す基準となっており、そこで決定される公式価格は生産者と消費者が長期契約を結ぶ際に利用される。【www.lme.co.uk】

LNG

Liquefied Natural Gasの略。液化天然ガス。

Load ➡ 販売手数料

Loan Loss Provisions ➡ 貸し倒れ引当金

Local Area Network ➡ LAN

Locals ➡ ローカルズ

Loco ➡ 現場渡し、ロコ

London Bullion Market Association ➡ LBMA

London Club ➡ ロンドン・クラブ

London Commodity Exchange ➡ LCE

London International Financial Futures and Options Exchange ➡ LIFFE

London Metal Exchange ➡ LME

London Stock Exchange ➡ LSE

Long

ロング。価格の上昇を見込んで、ピークに達したところで売却する意図で資産を購入する投資家を「ロング」の状態にあるという。Shortの反対。
➡Short

Long Bond ➡ ロング・ボンド

Long Dated Forwards ➡ 長期先渡し取引

Long Hedge

ロング・ヘッジ。買いヘッジ。現物市場での価格上昇に対する安全策として先物やオプション契約を購入すること。Short Hedgeの反対。
➡ヘッジ取引

Long Position

ロング・ポジション。価格上昇を見込んだ資産の購入、または購入が売却を上回る状態にあるポジションを指す。ロング・ポジションは、対応する金額での売却を行うことで解消できる。
➡Short Position

Long Ton

1トンを2,240ポンドとする量り方で、メートル法の1.016トンに該当する。英国

52

トン。

Lookback/Forward Option

ルックバック／フォワード・オプション。オプションの一種で、過去にさかのぼって行使価格を再設定する権利を保有者に付与するもの。コール・オプションの場合はルックバック期間内に原資産が達した最安値に、プット・オプションの場合は最高値に再設定される。

➡オプション

Loss Limit

ロス・リミット。ディーラーが保有するポジションに許された損失の上限額。それを越えた場合は、損切りやポジションの解消・縮小が求められる。

Louvre Accord ➡ ルーブル合意

LP

米国の会社形態を表す名称で、Limited Partnershipの略。

LPG

Liquefied Petroleum Gasの略。液化石油ガス。

LSE

London Stock Exchangeの略。ロンドン証券取引所【www.londonstockexchange.com】

Ltd

英国の会社形態を表す名称で、Limitedの略。一般的にplc（public limited company）が代用される。オーストラリア、カナダ、およびニュージーランドでは公開企業を指す。

Ltee

フランス系カナダの会社形態を表す名称で、Limiteeの略。

M&A

Mergers & Acquisitionsの略。企業合併・買収

Maastricht Treaty ➡ マーストリヒト条約

Macauley Duration ➡ Duration、デュレーション

MACD

Moving Average Convergence/Divergenceの略。このテクニカル分析手法では、2本の加重移動平均線を用いてゼロを基準とする線を上下に移動する2本の線を描く。2本の線が交差するときに「売り」や「買い」のシグナルとなる。また、両方の線がゼロの基準線から上下どちらかに大幅に移動したときにはそれぞれ買われ過ぎや売られ過ぎのシグナルになる。

➡テクニカル分析

Macro-economics ➡ マクロ経済学

Maintenance Call ➡ Margin Call

Maintenance Margin ➡ 維持証拠金

L

M

Majority Interest ➡ 過半数株主持ち分

Majority Rule ➡ マジョリティ・ルール

Majors ➡ メジャー、国際石油資本

Managed Currency ➡ 管理通貨

Managed Float ➡ Dirty Float

Management Buyout ➡ MBO

Management Group ➡ 引受幹事団

Mandate

マンデート。委任。契約。資金の借り手があらかじめ合意された条件の下で主幹事に融資や債券発行を実施する許可を与えること。

Margin ➡ 委託証拠金、委託保証金

Margin Account ➡ 信用取引口座

Margin Call ➡ 追い証、追加証拠金

Margin Trading ➡ 信用取引

Mark to Market ➡ 時価評価、値洗い

Markdown ➡ 下口銭、定価引き下げ

Market Capitalization ➡ 時価総額

Market Economy ➡ 市場経済

Market If Touched ➡ MIT

Market Maker ➡ マーケット・メーカー

Market Order ➡ 成り行き注文

Market Risk ➡ Systematic Risk

Market Trend ➡ 相場のトレンド

Market-Value Weighted Index ➡ 時価総額加重平均指数

Markup ➡ 上口銭、定価引き上げ

Master Agreement ➡ 基本契約

Matador Bond ➡ マタドール債

Matched Book

マッチド・ブック。貸借の一致。銀行やトレーダーの帳簿上で債務と資産の満期日が一致していること。また、資金の調達コストが運用から得られる金利収入と等価であることを指す。

MATIF

Marché à Terme International de Franceの略。パリ国際金融先物取引所。フランスの金融先物市場。【www.matif.fr】

Maturity ➡ 満期、償還期間

Maturity Value ➡ 償還価額

MBO

Management Buyoutの略。マネジメント・バイアウト。経営陣による自社買収。企業の経営陣が自社株式の一部または全部を購入して、独立した法人にすること。経営陣は取引の主体としての役割を担うが、通常は資金のすべてを拠出するわけではない。

MBS

Mortgage-Backed Securityの略。モーゲージ担保証券。抵当証書担保付き証券。複数のモーゲージ（不動産担保付きローン債権）をまとめてプールしたもの、またはパッケージ化したものを担保とする証券。担保となるモーゲージ・プールの毎月の元本や金利の支払い分が証券の保有者に移転される。

➡証券化

M-commerce

Mコマース。電子商取引（E-Commerce）の一種で、携帯電話（Mobile Phones）経由で行われる商品の売買を指す。

➡E-Commerce

Mean ➡ 中間値、平均値

Median ➡ 中央値

Medium-Term Notes ➡ MTN

Merchant Bank ➡ Investment Bank

MERCOSUR

Mercado Comun del Sur（Southern Common Market）の略。メルコスル。南米共同市場。中南米の貿易圏で、加盟国間の自由貿易と協調を推進するもの。アルゼンチン、ブラジル、パラグアイ、ウルグアイが設立時の加盟国。チリとボリビアが準加盟国として参加している。【www.mercosur.org】

Merger ➡ 合併

Metric Ton ➡ メートル法の1トン

Mezzanine Finance

メザニン・ファイナンス。優先債務よりも高い金利が支払われるものの、長期的な期待収益が株式よりも低いという点で債券と株式の中間に位置する資金調達手段。投資家や貸し手に最も都合の良い方法で、大規模ファイナンス、特にマネジメント・バイアウト（MBO）によく利用される。

Mibtel

ミブテル株価指数。イタリア株式市場の全銘柄によって構成されるベンチマーク指数。MIB30株価指数はミラノ優良銘柄指数のこと。図11参照。【www.mibtel.it】

Micro-economics ➡ ミクロ経済学

Middle Office ➡ ミドル・オフィス

MIF

Mercato Italiano Futuresの略。イタリア先物取引所のこと。イタリアの金融先物市場。

Mine

マイン。ディーラー用語。カウンターパーティが提示した売り値での取引に同意したことを意味する。購入額を示さなければ有効ではない。購入の意図を確認するもの。

Minimum Price Movement ➡ 最小変動単位

Minority Interest ➡ 少数株主持ち分

M

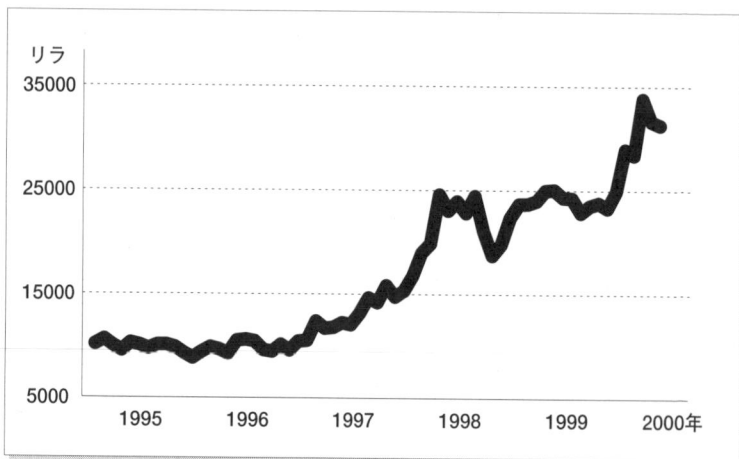

図11　ミブテル株価指数

Mismatch

ミスマッチ。調達と運用の満期が異なること。また、帳簿上のショートとロングのポジションが見合わない場合。

➡Matched Book

Mismatch Note

ミスマッチ・ノート。クーポンの更改金利と基準金利の期間が異なる中期証券のこと。例えば6カ月物のLIBORを指標金利としながら、金利が月次ベースで更改される中期証券などを指す。

➡LIBOR

MIT

Market If Touchedの略。マーケット・イフ・タッチド注文。「MIT」と記載される。相場が特定の価格に達した場合に売買を執行することを指示する注文。

Mixed Economy　➡　混合経済

MMC

Monopolies and Mergers Commissionの略。独占合併委員会。独占状態が生じないように合併案件を検証する英国の監督機関。

➡Monopoly

Mode

モード。一連の値の中で頻発する値を指す。最頻値、並数。

MOFs

Multi-Option Facilitiesの略。マルチ・オプション・ファシリティ。借り手に多様な短期・長期商品を活用した資金調達手段を提供する。銀行からの借入金、コマーシャル・ペーパー、ユーロ・ノートなどが含まれる。多様な通貨による調達も可能にする。

Momentum　➡　モメンタム

MONEP

Marché des Options Négociables de Parisの略。パリ・オプション取引所。株式・指数オプションを専門に扱う取引所で、パリを本拠とする。【www.onep.fr】

Monetarism ➡ マネタリズム

Monetary Policy Committee ➡ MPC

Monetary Policy ➡ 金融政策

Money Centre Bank

マネー・センター・バンク。一般の消費者ではなく、政府や組織や他の銀行を相手に資金の貸し借りを行う大手銀行のこと。

Money Flow Index ➡ マネー・フロー指数

Money Market Yield ➡ マネー・マーケット利回り

Money Markets ➡ 短期金融市場、マネー・マーケット

Money Supply ➡ 通貨供給量、マネー・サプライ

Moneyback Option

マネーバック・オプション。行使期間満了の時点で元のプレミアムが払い戻されるオプション契約。

➡オプション

Monopolles and Mergers Commission ➡ MMC

Monopoly ➡ 独占的支配

Moody's ➡ ムーディーズ社

Moral Persuasion ➡ 道義的説得

Moratorium ➡ モラトリアム、支払い停止

Mortgage Pool ➡ モーゲージ・プール

Mortgage-Backed Security ➡ MBS

Most Favoured Nation ➡ 最恵国待遇

Moving Average ➡ 移動平均

Moving Average Convergence/Divergence ➡ MACD

Moving Average Crossover ➡ 移動平均線のクロスオーバー

Moving Strike Option

ムービング・ストライク・オプション。オプションの一種で、行使期間満了までの行使価格が単一ではなく時間とともに変化するもの。

MPC

Monetary Policy Committeeの略。金融政策委員会。金利政策を決定するイングランド銀行（英中央銀行）の金融政策委員会のこと。

MSCI Indices

MSCI指数。Morgan Stanley Capital International Indicesの略。世界の株式市場を比較するのに利用される地域、国、産業ごとのパフォーマンス指標。それぞれの指数の策定には厳格で一貫した方法論が採用される。代表的な指数であるEAFE指数をはじめとして、国際株式ファンドの収益性を測る際に広く利用されている。MSCI指数はラスパイレス加重算術平均の手法を用いて計算されている。【www.msci.com】

M

➡単純平均

MTN

Medium-Term Notesの略。ミディアム・ターム・ノート。期間が約5年の債券で、コマーシャル・ペーパーと類似の借り入れプログラムで発行される。ユーロ市場で発行されるものは「ユーロMTN」と呼ばれる。

MTS

Mercato Telematico Secondarioの略。電子流通市場。イタリア中央銀行の監督下にあるコンピュータ画面を介したシステムで、イタリア国債の売り値と買い値を表示するもの。

Multinational ➡ 多国籍企業

Multiples ➡ P/E Ratio

Multiplier Bond

マルチプライヤー・ボンド。クーポンを再投資することができる債券。借り手側は新たなキャッシュフローを得られる利点がある。バニー・ボンド（Bunny Bonds）とも呼ばれる。

Municipal Notes ➡ 地方債

Mutual Fund/Unit Trust ➡ ミューチュアル・ファンド

N/O

Normal Orderの略。ノーマル・オーダー。通常注文。特定の価格での売り買いを指示する通常の注文。例えば現在の市場価格よりも高い価格で売り、低い価格で買うことを指示する注文のこと。

NAFTA

North American Free Trade Agreementの略。北米自由貿易協定。米国、カナダ、メキシコ間の自由な貿易を目指した協定。【www.nafta-sec-alena.org】

Naked Position

ネイキッド・ポジション。ヘッジなしで保有されるロングまたはショートのポジション。

Naked Warrant

ネイキッド・ワラント。債券から分離されて単独で発行されるワラントを指す。既発債の買い取り選択権に該当するためにプレミアムを支払う必要がなく、発行者にとってはコスト削減となる。

NAPM

National Association of Purchasing Managementの略。全米購買部協会。米国の団体で、毎月発表する企業活動の指数は広く金融市場の注目を集めている。【www.napm.org】

NASD

National Association of Securities Dealersの略。全米証券業協会。米国の証券ブローカーやディーラーが属する団体で、会員の法的・倫理的な行動基準を定

める自主規制機関。【www.nasd.com】

NASDAQ

National Association of Securities Dealers' Automated Quotations Systemの略。
ナスダック。全米証券業協会・店頭銘柄気配自動通報システム。全米証券業協
会（NASD）が所有・運営する株式市場。ニューヨークを本拠とする電子市場
で、多くの代表的なハイテク企業が上場されている。その指数であるナスダッ
ク総合株価指数はダウ工業株30種平均（DJIA）と並ぶベンチマークとなってい
る。図12参照。【www.nasdaq.com】

➡ハイテク株、DJIA

National Accounts ➡ 国民勘定
National Association of Purchasing Management ➡ NAPM
National Association of Securities Dealers ➡ NASD
**National Association of Securities Dealers' Automated Quotations
System** ➡ NASDAQ
National Debt ➡ 国家債務
Natural Gas Liquids ➡ 天然ガス液
Natural Gasoline ➡ 天然揮発油
Nautical Mile ➡ 海里
Navigator Bonds ➡ ナビゲーター債
Near Money ➡ 準通貨
Nearbys ➡ 期近物
Negative Carry

ネガティブ・キャリー。ポジションの調達コストが運用収益を上回っている状
態。

Negative Stock Split ➡ Reverse Stock Split

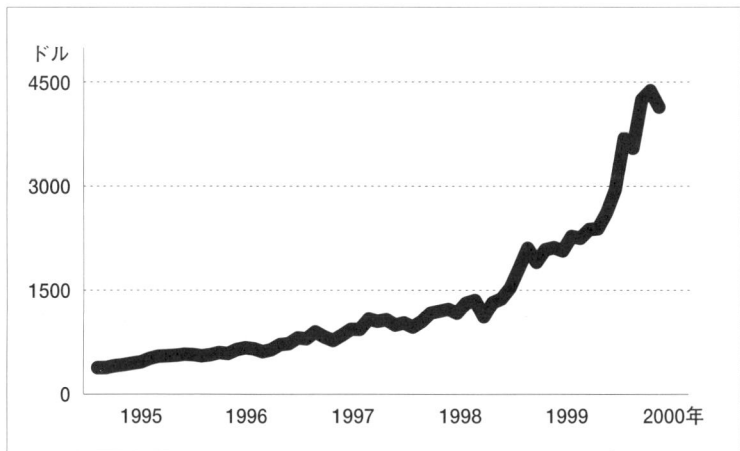

図12　ナスダック

Negotiable ➡ 譲渡可能、交渉可能

Net

ネット。税金など、なんらかの負担が差し引かれた後の正味の数字を指す。

Net Asset Value ➡ 正味資産価値、純資産価値

Net Cash Flow ➡ ネット・キャッシュ・フロー

Net Earnings ➡ 当期利益

Net Position ➡ ネット・ポジション

Net Present Value ➡ Present Value

Net Profit ➡ 純利益

Net Transaction ➡ 手数料込み取引

Net Worth ➡ 自己資本

Netback ➡ ネットバック

Netting

ネッティング。差金決済。債権・債務の相殺。保有する債券・債務を差額で決済することができる仕組み。例えばカウンターパーティに対する信用エクスポージャーを軽減して決済リスクを最小限に抑えるために、受取り勘定と支払い勘定を相殺すること。

Neutral ➡ 中立相場

New Economy ➡ ニュー・エコノミー

New Issue ➡ 新規発行

New York Mercantile Exchange ➡ NYMEX

New York Stock Exchange ➡ NYSE

NIF

Note Issuance Facilityの略。ノート・イシュアンス・ファシリティ。借り手が通常3カ月から6カ月満期の短期証券を発行することができる契約。引受銀行は売れ残った証券を購入するか、スタンドバイ・クレジットを供与することによって、借り手の資金調達を保証する。

Nikkei 225 ➡ 日経225種平均

Nil Paid Rights

ニル・ペイド・ライツ。未払い権利。株主割当増資の際、発行価格は一般的に既発証券の市場価格より低い価格に設定される。当該株式を市場価格を下回る価格で買えることから、株式割り当て通知書（allotment letter）に市場価値が生じ、新株の払い込み期限までの間権利として取引できる。

No Par Value ➡ 無額面株式

No-load

ノー・ロード。ミューチュアル・ファンドの販売の際に手数料が徴収されないことを指す。

Nominal Interest Rates ➡ 名目金利

Nominal Value ➡ 額面価格

Nominee Account ➡ 証券業者名義口座

Non-competitive Bid Auction ➡ 非競争入札

Non-negotiable ➡ 譲渡不可能

Non-performing Loan ➡ 不良債権

Non-Voting Stock ➡ 無議決権株

North American Free Trade Agreement ➡ NAFTA

Note Issuance Facility ➡ NIF

Notional Bonds ➡ 標準物

Notional Principal ➡ 名目元本

NPV ➡ Present Value

NV

オランダの会社形態を表す名称で、Naamloze Vennootschapの略。

NYMEX

New York Mercantile Exchangeの略。ニューヨーク・マーカンタイル取引所。貴金属や原油の先物・オプション商品を扱う。【www.nymex.com】

NYSE

New York Stock Exchangeの略。ニューヨーク証券取引所。【www.nyse.com】

O

O/N

Overnightの略。オーバーナイト、翌日返済。スワップや預金の取引で起算日の翌日が満期日であること。オーバーナイト取引のスワップ価格はその短期間の金利差によって決定される。

O/N Funds

翌日払い貸付け。商業銀行が中央銀行に対する支払い準備義務を満たすためにインターバンク市場で実施するオーバーナイトの資金取引を指す。

O/N Limit

オーバーナイト・リミット。ディーラーがオーバーナイトで維持することを許可されたポジションの限度のこと。解消する必要のないポジション枠。

OAPEC

Organization of Arab Petroleum Exporting Countriesの略。アラブ石油輸出国機構。石油業界における経済的な協調関係の促進を目的とする。メンバーはアルジェリア、バーレーン、エジプト、イラク、クウェート、リビア、カタール、サウジアラビア、シリア、アラブ首長国連邦。

OAT

Obligations Assimilables du Tresorの略。フランスで発行される国債で、満期は7年から30年、金利は固定または変動金利。

OCO

One Cancels the Otherの略。二者択一注文のことで、現在の市場価格を挟む値段で2つの買い注文、あるいは売り注文が指定された指値注文のこと。一方の注文が執行された時点で他方がキャンセルになる。

Odd Coupon

オッド・クーポン。最初または最後のクーポンの利払い期間が通常の期間よりも長いか短い場合を指す。

Odd Date ➡ Broken Date

Odd Lot Trade ➡ 端株取引

ODR

Ordinary Drawing Rightsの略。通常の引出権。特別引出権（SDR、Special Drawing Rights）と類似のもの。IMFの加盟国に対しても提供される。ただし、SDRが加盟国が保有する金やドルにならぶ通貨準備であるのに対してODRは信用供与の形をとる。

➡SDR

OECD

Organization of Economic Co-operation and Developmentの略。経済協力開発機構。加盟国の金融の安定と経済成長を促進する目的で設立された。【www.oecd.org】

Off Balance Sheet ➡ オフ・バランス金融、簿外金融

Offer ➡ Ask

Offer Document ➡ 買収申入れ書

Offer for Sale/Subscription

オファー・フォー・セール。証券の新規上場には主に2つの方法がある。オファー・フォー・セールはスポンサーとなる仲介業者が新規発行または発行済み証券の購入を公開で促すこと。オファー・フォー・サブスクリプションあるいは直接募集（Direct Offer）の場合は、発行者が一般投資家に新規発行する証券への応募を直接募ること。

➡新規発行

Offer Market ➡ 買い手市場

Offshore Fund

オフショア・ファンド。投資家が居住する国の税制度が適用されないオフショア市場で設定されたファンド。

Off-The-Run Issue

オフ・ザ・ラン銘柄（Off-The-Run Issue）。指標銘柄となっている既発債券で、同じ満期を持つもののうち、直近発行されたものでない債券を指す。オン・ザ・ラン銘柄（On-The-Run Issues）と比べて広い呼値スプレッドで取引される傾向がある。

➡On-The-Run Issue

Oils ➡ 油糧種子

Oligopoly ➡ 寡占的支配

OM Stockholm

ストックホルム・オプション取引所。スウェーデンの先物・オプション取引所で、スウェーデン株式の指数先物やオプション、金利デリバティブを扱う。【www.aso.se】

Omega ➡ オメガ
On Balance Volume（OBV）

テクニカル分析の手法で、取引日ごとの出来高に値を付与したもの。OBVと価格との間に生じた乖離がトレンドを逸脱するようなOBVの変化を伴う場合には、買いや売りのシグナルと解釈される。

➡テクニカル分析

On-The-Run Issue

オン・ザ・ラン銘柄。最も新しく発行された債券で、既発債と比べて狭い呼値スプレッドで取引される。

OPEC

Organization of Petroleum Exporting Countriesの略。石油輸出国機構。世界の代表的な石油産油国と輸出国によって構成された団体。OPECが決定する生産枠割当ては石油価格に大きな影響を与える。加盟国はアルジェリア、インドネシア、イラン、イラク、クウェート、リビア、ナイジェリア、カタール、サウジアラビア、アラブ首長国連邦、ベネズエラ。【www.opec.org】

Open Interest ➡ 未決済取引残高、建て玉
Open Market Operations ➡ 公開市場操作
Open Outcry

オープン・アウトクライ。買い手と売り手が立会い場に一堂に会して、買い値や売り値を互いに声に出して叫び合う取引の方式。

Open Position

オープン・ポジション。反対売買や手仕舞いをせずに残っている建て玉のこと。未決済建て玉。

Open-end Management Company ➡ オープン・エンド型投資会社
Operating Margin ➡ 営業利益率
Operating Profit ➡ 営業利益
Operational Balances ➡ 中央銀行当座預金残高、準備預金口座残高
Option ➡ オプション
Option Holder ➡ オプションの買い手
Option Premium ➡ オプション・プレミアム
Option Series ➡ オプション・シリーズ
Option Strategies ➡ オプション戦略
Option Writer ➡ オプションの売り手
Optional Dividend ➡ オプション配当
Order Driven

オーダー・ドリブン。投資家からの売買注文が付け合わされて価格が形成される市場をオーダー・ドリブン市場という。例としてはニューヨーク証券取引所（NYSE）があげられる。

➡NYSE、Quote Driven

Ordinary Capital ➡ 普通株資本金
Ordinary Drawing Rights ➡ ODR

Ordinary Share Capital ➡ 普通株
Organization of Arab Petroleum Exporting Countries ➡ OAPEC
Organization of Economic Co-operation and Development
➡ OECD
Organization of Petroleum Exporting Countries ➡ OPEC
Oscillator ➡ オシレーター
OSE
　Osaka Securities Exchangeの略。大阪証券取引所。【www.ose.or.jp】
OTC
　Over The Counterの略。店頭取引。取引所の立会い場などを経由せずにディーラーと投資家が直接、電話やコンピュータ・ネットワークを経由して行う取引。
Out of the Money
　アウト・オブ・ザ・マネー。コールオプションの場合は原資産の現在値行使価格よりも低い場合、プットオプションの場合は、原資産価格が行使価格よりも高い場合を指す。また、行使期限まで「アウト・オブ・ザ・マネー」の状態が続くことが予想されるほど、行使価格と原資産価格が乖離している状態を「ディープ・アウト・オブ・ザ・マネー（Deep Out of the Money）」と表現することもある。
　➡At the Money、In the Money、オプション
Outright Purchase ➡ 買い切り
Overbought ➡ 買われ過ぎ
Overnight ➡ O/N
Oversold ➡ 売られ過ぎ
Oversubscribed ➡ 応募超過
Overvalued ➡ 割高
Oy
　フィンランドの会社形態を表す名称で、Osakeyhitoの略。

P/E Ratio（PER） ➡ 株価収益率
Pac Man Defence
　パックマン・ディフェンス。会社乗っ取りに対抗するために米国で利用される戦略のひとつで、標的となった企業が逆に買い手企業を買収しようというもの。人気ビデオ・ゲームの名前に由来する。
Paid Up Capital ➡ 払込み資本
Panamax
　パナマックス。パナマ運河の航行を許可された船舶。通常は積載量が65,000英重量トン以下の艦船を指す。

Paper

ペーパー。証券を指す俗語。

Paper Barrel ➡ ペーパー・バレル

Paper Chain ➡ Daisy Chain

Paper Profit ➡ 未実現利益

Par Bond

パー・ボンド。額面価格で発行される債券のこと。また、債務を借換えする際に返済負担を軽減するために額面価格で既発債と交換される債券。

Par Value ➡ 額面価格

Parallel Loans ➡ Back-to-back Loans

Pari Passu

パリ・パス（均等、同順位）条項付きで発行された証券は同じクラスの既発証券と同じ順位を持つ。

Paris Club ➡ パリ・クラブ

Parity ➡ 平価

Participation ➡ 参加融資

Participation Certificate ➡ 参加証券

Partly Paid ➡ 分割払い証券

Passing the Dividend

配当の支払いが見送られること。資金不足など多様な理由によるが、企業が業績回復の途上である場合にも起こり得る。

Passive Management ➡ パッシブ運用

Pass-Through Certificate ➡ パススルー証券

Patterns ➡ パターン

Pay Date ➡ 配当支払い日

Paydown ➡ ペイダウン

Payer of Fixed ➡ 固定支払い

Paying Agent ➡ 支払い代理人

Payment Date ➡ 支払い日

Payout Ratio ➡ 配当性向

Payrolls ➡ 非農業部門雇用者数

PDF

Portable Document Formatの略。アドビ社が開発した、文書を作成時の形式のまま電子的に送信するための文書化形式。

Peaks/Troughs ➡ 山／谷

PEG Ratio ➡ PEGレシオ

PEGレシオ

Price Earnings Growth Ratioの略。株式の予想株価収益率（PER）を、一株当たり利益の予想成長率で割って算出する。1960年代の大物相場師ジム・スレイターが考案したもので、彼が投資を決める際の主な基準として使っていたもの。計算で使う株価収益率と一株当たり利益にはコンセンサス予想の数値を利

用する。

➡ コンセンサス予想

Pennants ➡ Flags/Pennants

Penny Stocks ➡ 安値株式

PER ➡ P/E Ratio

Performing Loan ➡ 健全債権

Perpetual Note ➡ 永久債

Petro Dollars ➡ オイル・ダラー

Pfandbriefe ➡ ファンドブリーフ債

PHLX

Philadelphia Stock Exchangeの略。フィラデルフィア証券取引所。米国の株式
取引所で、通貨デリバティブも扱う。【www.phlx.com】

Physical Market ➡ Spot Market

PIBOR

Paris Interbank Offered Rateの略。パリ銀行間出し手金利。銀行間で短期資金
を貸し出す際の金利。

Pip

ピップ。値動きはPips（ピップ）やPoints（ポイント）単位で表される。通
常、ピップはポイントと同義で使用されるが、1ポイントの10分の1を示す場合
もある。

➡Point

Pit ➡ ピット

Placing ➡ 私募、プレースメント

Plain Vanilla

プレーン・バニラ。特別な権利が付与されていない標準的な金融・デリバティ
ブ商品を指す。

➡エキゾティック金融商品

Planned Economy ➡ 計画経済

Platinum Share

プラチナ・シェア。ゴールデン・シェア（黄金株）と類似のもの。親会社が管
財人、財産管理人、または清算人の管理下に置かれることが予想される場合に
活用するのがひとつの方法である。プラチナ・シェアは経営が比較的安定した
子会社の存続を確保するのに利用することができる。

Platt's

プラッツ。石油市場のデータとニュースの提供に特化した、石油価格を配信す
る国際的な報道機関。スタンダード・アンド・プアーズ・インフォメーショ
ン・グループの子会社。【www.platts.com】

Plaza Agreement ➡ プラザ合意

Plc

英国の会社形態を表す名称で、public limited companyの略。

Ploughed Back ➡ 利益の再投資

PMI

　Purchasing Manager's Indexの略。購買担当者景気指数。全国の購買担当役員に対する月次調査を基にした経済活動の代表的な指標。現在、数ヵ国で集計されている。

　➡経済指標

Point

　ポイント。値動きはPoint（ポイント）単位で表される。

　➡Pip

Point and Figure Chart

　ポイント・アンド・フィギュア・チャート。時間や出来高に関係なく純粋に価格変動だけを示した価格チャート。価格の上昇を「X」のコラムに、下落を「O」のコラムに表したもの。コラムは随時、前のコラムの右側に追加されていく。ポイント・アンド・フィギュア・チャートは手書きのため、あまり広く利用されていない。図13参照。

　➡テクニカル分析

Poison Pill

　ポイズン・ピル、毒薬条項。敵対的買収をしかけてきた相手の裏をかくために、標的となった企業が取る行動。例えば高利回りの債券を発行したり、買収が成功した場合は株式を大幅なディスカウントで購入できる権利を株主に付与したり、企業年金基金に巨額の長期的コミットメントを負う約束をしたりすること。

Political Risk ➡ 政治リスク

POP

　Public Offering Priceの略。公募価格。新規発行証券の公募価格で、企業に代わって引受会社が決定する。引受会社の手数料が価格に組み込まれている。

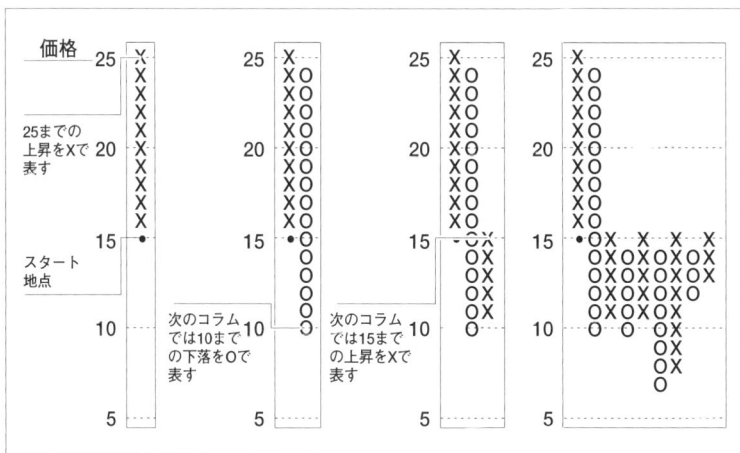

図13　ポイント・アンド・フィギュア・チャート

Portable Document Format ➡ PDF

Portfolio ➡ ポートフォリオ、運用資産

Portfolio Manager ➡ ポートフォリオ・マネジャー

Position

ポジション。建て玉、持ち高。特定の金融商品の持ち高で、買いと売りの残高のこと。

➡Short、Long、Flat

Position Limit ➡ ポジション限度額

Positive Carry ➡ ポジティブ・キャリー

PPP

Purchasing Power Parityの略。購買力平価。多様な国の生活水準を比較する方法。国民総生産を単一の通貨に換算する為替変換によって生じる誤差を取り除こうとしたもの。

Praecipuum

プレシピューム。証券発行の際に主幹事会社に支払われる幹事手数料の一部で、新規発行の元本総額を基に算出される。主幹事先取手数料。

Precious Metals ➡ 貴金属

Pre-Emptive Rights ➡ 株主割当増資

Preference Share ➡ 優先株

Preferential Issue ➡ 従業員向けの優先株式発行

Pre-Market Trading ➡ 立会い前取引

Pre-Marketing ➡ 事前販売

Premium ➡ プレミアム

Prepayment ➡ 途中償還

Present Value ➡ 現在価値

Presold ➡ 事前販売済み

Price Channel

プライス・チャネル。テクニカル分析の用語。ある値があらかじめ設定された乖離限度の価格帯（プライス・チャネル）を越えて動くことにより、買いや売りのシグナルと判断される。チャネル・チャートは単純移動平均の両側に描かれる2つの帯によって構成される。チャネルは出来高チャートにも応用でき、買われ過ぎ・売られ過ぎの指標として利用可能。

➡移動平均、テクニカル分析

Price Driven

プライス・ドリヴン。マーケット・メーカーが提示する呼び値によって価格が形成される取引のこと。クオート・ドリブン（Quote Driven）ともいう。

➡Order Driven

Price Earnings Growth Ratio ➡ PEG Ratio

Price Earnings Ratio ➡ PER

Price Indicators ➡ 価格指標

Price Volume Index

プライス・ボリューム・インデックス。テクニカル分析の指標のひとつ。基本的には売買高加重RSIを指し、市場における資金の流出入の勢いを計測するもの。

➡RSI、移動平均、テクニカル分析

Primary Commodities ➡ 一次産品

Primary Dealer ➡ プライマリー・ディーラー

Primary Markets ➡ 発行市場、起債市場

Primary Offer ➡ IPO

Prime Bank

有力銀行を指す。

Prime Rate ➡ プライム・レート、最優遇貸出金利

Principal ➡ 元本

Print Money

紙幣を増刷する。政府がマネー・サプライを増やすことを意味する。実際に紙幣を増刷することや、債券を新規発行して中央銀行に購入させるなど、いくつかの方法がある。

Prior Charges ➡ 先順位支払い義務

Private Placement ➡ 私募発行、第三者割当て

Privatization ➡ 民営化

Pro Rata Sinking Fund

プロラタ減債基金。既発証券が定時償還される際に、すべての投資家が同等の割合で償還を受ける減債基金のこと。一般的に記名証券にしか適用されない。比例配分型減債基金。

➡買入基金、減債基金

Profit and Loss Account ➡ 損益計算書

Profit Margin ➡ 純利益率

Profit-Taking ➡ 利食い

Programme-trading ➡ プログラム売買

Promissory Note ➡ 約束手形

Prompt Date ➡ 決済期日

Prospectus ➡ 目論見書

Protectionism ➡ 保護主義

Provisions ➡ 引当金

Proxy ➡ 委任状

PSBR

Public Sector Borrowing Requirementの略。公共部門借入所要額。英国で政府の歳入・歳出の差額がマイナスになる、つまり借り入れが必要なことを指す。この差額がプラスの場合は公共部門借入返済額（PSDR、Public Sector Debt Repayment）という。

PSDR ➡ PSBR

Pte

シンガポールの会社形態を表す名称で、privateの略。

Pty

オーストラリアの会社形態を表す名称で、proprietaryの略。

Public Offering Price ➡ POP

Public Placement ➡ 公募

Public Sector Borrowing Requirements ➡ PSBR

Public Sector Debt Repayment ➡ PSDR

Publicly Traded Fund ➡ Closed-end Fund

Purchase Fund ➡ 買入基金

Purchase Price ➡ 購入価格

Purchasing Manager's Index ➡ PMI

Purchasing Power Parity ➡ PPP

Purgatory and Hell Bond ➡ 煉獄地獄債

Put ➡ プット・オプション

Put Call Parity ➡ プット・コール・パリティ

Put Through ➡ Cross

Put/Call Ratio ➡ プット・コール比率

Puttable ➡ プッタブル・ボンド、償還請求権付き債券

Q

Qualified Accounts ➡ 限定意見付きの会計報告

Quantitative Analysis ➡ 定量分析

Quick Ratio ➡ 当座比率

Quotation ➡ 建て値、気配

Quote Driven

クオート・ドリブン。登録されたマーケット・メーカーが買い値と売り値、また場合によってはこれらの価格で取引を執行する際の最良の株式数の提示を義務付けられている市場をクオート・ドリブンと表現する。例としては、ロンドンのSEAQシステムや米国のNASDAQ市場などがあげられる。

➡NASDAQ、Order Driven、SEAQ

Quoted Currency ➡ 建て値通貨

R

R&D

Research & Developmentの略。研究と開発のこと。

Rally ➡ 持続的上昇

RAN

Revenue Anticipation Notesの略。歳入見込み証券。

➡地方債

Range Forward ➡ Risk Reversal

Ranking ➡ ランキング

Rate of Change ➡ ROC

Rate of Return ➡ 収益率

Ratio Analysis ➡ 比率分析、レシオ分析

Real Interest Rates ➡ 実質金利

Real Yield ➡ Real Interest Rates

Realized Gain ➡ 実現利益

Realized Loss ➡ 実現損失

Real-time Data ➡ リアルタイム・データ

Receivables ➡ 受け取り債権、売り掛け債権

Receiver ➡ 保全管財人

Recession ➡ 景気後退、リセッション

Record Date ➡ 配当基準日

Rectangle

レクタングル。テクニカル分析のパターンの一種で、価格が2本の平行するトレンドラインの間を横ばいに推移してトレンドの一時停止を意味する。レクタングルは主要トレンドの調整期を表し、一般的にはそのトレンドが持つ方向性を維持する形で収束する。取引レンジ（Trading Range）、もみ合い圏（Congestion Area）ともいう。

➡テクニカル分析

Red Book

レッド・ブック。英国の政府予算に付随する年次報告書。政府が発行するもので、公表済みの政策に関する詳細情報が記載されている。

Red Herring ➡ レッド・ヘリング

Redemption Warrant ➡ 償還可能ワラント

Redemption Yield ➡ 償還利回り

Redemption ➡ 償還

Rediscount ➡ 再割引

Refinancing ➡ 借り換え、リファイナンス

Refinery ➡ 精油所

Refining ➡ 精製過程

Refunding ➡ 借り換え

Registered Form ➡ 記名証券

Registrar ➡ 登録機関

Reinvestment Risk ➡ 再投資リスク

Relative Performance ➡ 相対的パフォーマンス

Relative Strength ➡ 相対的強弱度

Relative Strength Index ➡ RSI

Repo ➡ Repurchase Agreement

Repo Rate ➡ レポ・レート
Reporting Dealer ➡ リポーティング・ディーラー
Repurchase Agreement ➡ レポ取引、買い戻し条件付き取引
Required Return ➡ 要求収益率
Rescheduling ➡ 債務の返済繰り延べ、リスケジュール
Reserve Currency ➡ 準備通貨
Reserve Requirements ➡ 支払準備率、預金準備率
Reserves ➡ 準備金、積立金
Resistance ➡ 上値抵抗線
Retail Price Index ➡ RPI
Retained Earnings ➡ 利益剰余金
Retracement

リトレースメント。テクニカル分析で目標価格を判断する際に利用される価格
変化幅の比率。相場は通常、例えば33％、50％、67％といった予測可能な比率
で以前の動きを再現する。ダウ理論によれば33％と67％はそれぞれ最小、最大
のリトレースメントを指す。ギャン理論では50％のリトレースメントが最も重
要とされる。また、フィボナッチ数列ではこれらの数字を厳密にもとめて61.8
％、38％、50％のリトレースメントを算出している。
➡ダウ理論、テクニカル分析

Return on Assets ➡ ROA
Return on Capital Employed ➡ ROCE
Return on Equity ➡ ROE
Revaluation ➡ 平価切上げ
Reversal ➡ 相場の反転
Reversal Day

リバーサル・デー。テクニカル分析の用語。重要なリバーサル・デーはチャー
ト上の主要な転換点を示すものだが、価格がこれまでのトレンドと反対方向に
大幅に動くまでは確認されたことにならない。トップ・リバーサル・デー
（Top Reversal Day）は上昇トレンドの中で新高値をつけた後、取引が前日よ
りも低い終値で引けた時点と定義される。同様にボトム・リバーサル・デー
（Bottom Reversal Day）は新安値をつけた後、前日よりも高い終値で引けた
時点を指す。また、アイランド・リバーサル（Island Reversal）は上向きの
ギャップが形成された後、数日間は狭い価格レンジでの取引となり、さらにそ
の後に下方への突破が生じることをいう。その結果、価格動向は孤島のような
形となりトレンドに反転が起きたことを示唆する。
➡ギャップ、テクニカル分析

Reverse Stock Split ➡ 株式併合
Reverse Takeover ➡ 逆買収、リバース・テークオーバー
Revolving Line of Credit ➡ 回転信用貸出枠
Rich Cheap Analysis ➡ リッチ・チープ分析
Rights Issue ➡ 株主割当増資、株主割当発行

Risk ➡ リスク

Risk Management ➡ リスク・マネジメント

Risk Reversal ➡ リバーサル

Risk-Return Relationship ➡ リスクと収益の関係

ROA

Return on Assetsの略。資産収益率、資産利益率。企業の収益性は、資産収益率を計測することで直接判断できる。ROAには収入と資産の定義が異なる3つの比率がある。総資産収益率（ROTA、Return on Total Assets）は、総資産（固定資産と流動資産）に対する過去12カ月間の帰属利益（純利益）の比率を計算してパーセンテージで表したもの。企業が収益を得るうえで資産をどれだけ有効に活用しているかを計測する。固定資産収益率（Return on Fixed Assets）は固定資産のみに対する帰属利益の比率をパーセンテージで表したもの。企業が収益を得る上で土地や機材などの長期資産をどれだけ有効に活用しているかを計測する。純資産収益率（RONA、Return on Net Assets）は一般的な比率であり、株主資本に対する帰属利益を計測する。

➡資産、株主資本

ROC

Rate of Changeの略。変化率。テクニカル分析の指標で、最新の終値を特定期間の価格と比較した比率。五日ごとの変化率オシレーターの場合は、最新の終値を五日前の終値で割ったものに100をかけて計算する。100が基準値となる。

➡オシレーター、テクニカル分析

ROCE

Return on Capital Employedの略。投下資本利益率、使用総資本利益率。株主が利用できるすべての資金調達源からのリターンを指す。営業利益を投下資本

R

ROA

会社の総資産に対する純利益の割合をパーセンテージで表したもの。会社の経営陣が収益を生み出すのに資産をどの程度有効に利用しているかを示す指標。借り入れによる資金調達を考慮せずに単に株主資本からどれだけの収益が生み出されたかを示すROEよりも、総資産収益率のほうが経営効率の指標としては優れている。巨額の資産を抱える銀行などに特に適した指標である。

経営効率を判断する際に純利益ではなくEBIT（Earnings Before Interest and Taxes、利払い・税金前利益）を採用することを提唱するアナリストもいるが、それは経営陣が金利動向や税率に影響を与える術を持たないことが理由となっている。

公式：ROA＝純利益／総資産*100

例：

ロイター社の1999年度の総資産は26億5200万ポンド、純利益は4億2500万ポンドだった。

ロイター社の1999年度ROA＝425／2652*100＝16.03%

ROCE

ROCEは投下された総資本に対する営業利益（EBIT）の比率をパーセンテージで表したもの。投下資本は株主資本に長期負債を加算したものに等しく、別の言い方をすれば、会社が利用しているすべての長期資金のことを意味する。この比率は会社が利用しているすべての資金源（株式と債務）のリターンを計測するもので、ROA（総資産収益率、流動負債を含む）にとてもよく似ている。

公式：ROCE＝EBIT／投下総資本*100

例：

ロイター社の1999年度の営業利益は5億3200万ポンドで、株主資本は6億100万ポンド、長期負債は2億8400万ポンドだった。
ロイター社1999年度ROCE＝532／(601 + 284 = 885)*100＝60.11％
ロイター社は1998年度中に株主資本を減額したため、ROCEは例外的に高率になっている。今後は株主資本が再び増加するのに伴ってROCEも徐々に通常のレベルに戻るはずである。

の比率で割って計算する。
➡営業利益

ROE

Return on Equityの略。自己資本利益率、株主資本利益率。株主資本に対する利益の比率。直近の公表された12カ月の株主帰属利益（純利益）を、同期間の平均の株主資本で割って計算する。

Rolling Settlement ➡ ローリング決済
Rollover ➡ 借り換え、ロールオーバー・ローン
Rollover Date ➡ ロールオーバー期日
RONA ➡ ROA
ROTA ➡ ROA
Round Lot Trade ➡ 売買単位
Round Turn ➡ 反対売買

RPI

Retail Price Indexの略。小売物価指数。米国の消費者物価指数（CPI）の英国版。

RSI

Relative Strength Indexの略。相対強度指数。テクニカル分析で使われるオシレーターの一種で、現在の価格と過去の一定期間の価格とを比較することで証券や相場のモメンタムを計測する。他のモメンタム指標と違って誤差が排除されるので、広く使われる指標となっている。買われ過ぎや売られ過ぎのシグナルの確認に使われると同時に、指数と価格との間に乖離が生じた場合には警告の役目も果たすもの。図14参照。

ROE

会社の株主資本に対する利益の比率をパーセンテージで表したもの。経営陣が
株主資本をどの程度有効に利用しているかを示す際に最も広く使われる指標で
ある。

最大のメリットは、業態が大きく異なる会社の収益性の比較を可能にする指標
であること。平均以上のROEさえ確保できれば、保有株が利益率の低い小売
業、利益率の高いテクノロジー企業のいずれに属するかは投資家にとってあま
り重要ではない。

ROEの最大の欠陥は会社の資金繰りの債務面を考慮に入れないため、一定の収
益をあげる際に付随するリスクが計測できない点である。ROEが高くなる理由
には高い収益と低い自己資本のどちらもあり得るので、負債自己資本比率
(Debt/Equity Ratio)によって表される会社のレバレッジにも注目しておく
必要がある。

健全な会社の場合、ROEは10%から25%の範囲の値を示す。たいていの投資
家はROEが二桁台の会社、あるいは少なくとも国債などの無リスク投資よりも
ROEが高い会社をもとめる。ROEの高い会社の場合、その市場セグメントに競
合他社が参入してくることが多く、二桁台のROEを維持するには成長を続け、
コストを切り詰める必要がある。

公式:ROE=帰属利益/株主資本*100

例:

ロイター社の1999年度の純利益は4億2500万ポンドで、株主資本は6億
100万ポンドだった。
ROE=425/601*100=70.71%
この例外的に高いROEは、ロイター社が1998年度中に多額の現金を株主に還
元した結果、株主資本が12億8900万ポンド減少したことに起因する。このよ
うな配当支払いが実施される以前の10年間では、ロイター社のROEは50%〜
26%の範囲内で推移していた。

➡モメンタム、テクニカル分析

RUF

Revolving Underwriting Facilityの略。リボルビング・アンダーライティング・
ファシリティ。借り手が必要に応じて短期証券を発行することができる資金調
達手段で、市場からの資金調達が困難なときのために引受契約が組み込まれた
もの。

➡NIF

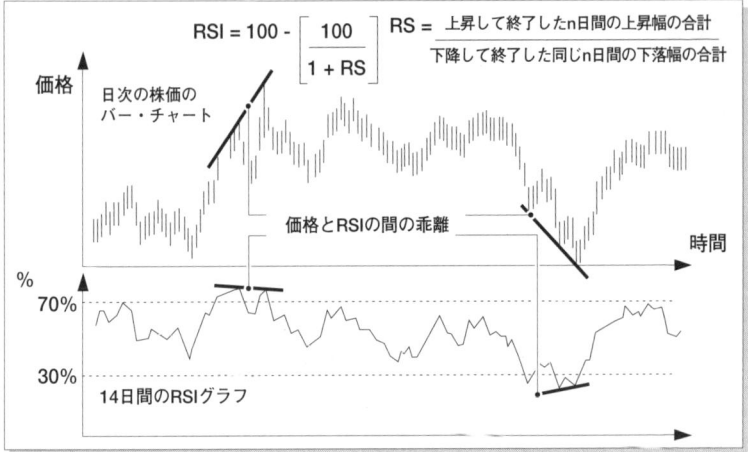

$$RSI = 100 - \left[\frac{100}{1 + RS}\right]$$

$$RS = \frac{\text{上昇して終了したn日間の上昇幅の合計}}{\text{下降して終了した同じn日間の下落幅の合計}}$$

図14　RSI

S

S&P

Standard & Poor'sの略。スタンダード・アンド・プアーズ社。代表的な信用格付け会社。借り手の信用力に関するS&P社の評価は広く資本市場の注目を集める。【www.standardandpoors.com】

S&P500

米国の代表的な株価指数。S&P500種株価指数。ニューヨーク証券取引所で取引されている全銘柄の時価総額の80％に該当する時価総額加重平均指数である。NYSEに上場された企業を中心とする500銘柄によって構成される。指数先物や先物オプションはシカゴ・マーカンタイル取引所（CME）で、また指数オプションはシカゴ・オプション取引所（CBOE）で、それぞれ取引されている。図15参照。【www.spglobal.com】

➡CBOE、CME、NYSE

S/B

Sell After Buy Limit Orderの略。購入後売却注文。単一のものとして扱われる2つの注文で、指値買い注文が先に扱われる。それが執行された時点で売り注文が有効になる。

➡B/S

S/L

Stop Loss orderの略。ストップ・ロス注文（損失限定注文）。あらかじめ設定された価格に達した場合にのみ執行される「買い」か「売り」の指値注文のこと。通常は既存のポジションの損失を限定するために出される。いったんストップ・ロスの価格レベルに達すると、特に相場の乱高下が激しい場合は、次

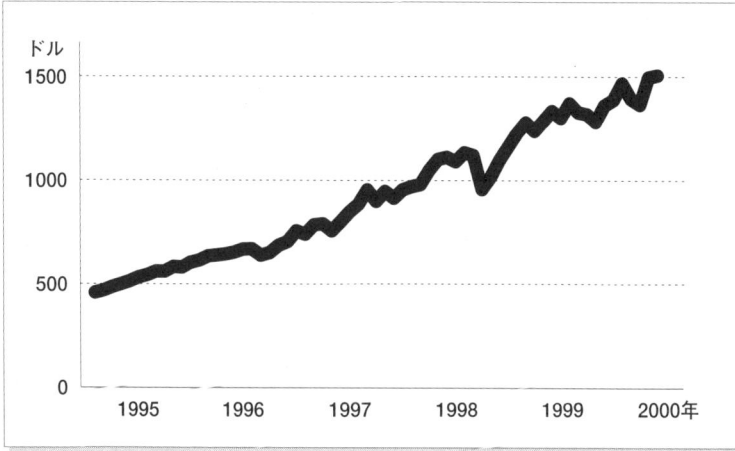

図15　S&P 500

に提示される市場価格で執行されることが多い。

S/N

Spot/Nextの略。スポット・ネクスト。スワップ取引・預金取引のオーバーナイト物で、約定日の翌々営業日に資金の受け渡しが実行される先日付取引。

➡スワップ

SA

①フランスの会社形態を表す名称で、Societe Anonymeの略。この用語はベルギーとスイスでも使われている。

②スペインの会社形態を表す名称で、Sociedad Anonimaの略。

③イタリアの会社形態を表す名称で、Societaの略。

SA de CV

メキシコの会社形態を表す名称で、Sociedad Anonima de Capital Variableの略。

SAE

スペインの会社形態を表す名称で、Sociedad Anonima Espanolの略。

Safe Haven Currency　➡　避難先通貨

SAFE

Synthetic Agreement for Forward Exchangeの略。合成為替予約（ERA）と為替のフォワード契約（FXA）の総称。

➡ERA、FXA

SAL

スペインの会社形態を表す名称で、Sociedad Anonima Loboralの略。

Sallie Mae

Student Loan Marketing Associationの通称。サリー・メイ。奨学金融資金庫。株式が公開されている米国の株式会社で、流通市場で取引される奨学金融資を保証する。【www.salliemae.com】

Sample Grade ➡ 見本等級

Samurai Bond ➡ サムライ債

SARL

①ポルトガル、ブラジルの会社形態を表す名称で、Sociedad Anonima de Responsibiliade Limitadaの略。

②フランスの会社形態を表す名称で、Societe a Responsibilitee Limiteeの略。これはルクセンブルクでも使用されている。

SAS

イタリアの会社形態を表す名称で、Societa in Accomandita Sempliceの略。

SC

フランスの会社形態を表す名称で、Societe en Commanditeの略。ルクセンブルクでも使用されている。

Scaledown

スケールダウン。下落相場の過程で一定の価格幅で買い下がっていくこと。買い下がり。Scaleupの反対。

➡Scaleup

Scaleup

スケールアップ。上昇相場の過程で一定の価格幅で売却していくこと。売り上がり。Scaledownの反対。

➡Scaledown

Scalpers ➡ Day Traders

Scatter Chart

スキャッター・チャート。散布図表。市場で取引されている2つの異なる商品の相関関係を一方の値を他方の値に対して記入することで表すテクニカル分析のチャート。一方の商品の価値がx軸に、他方の商品の価値がy軸に表される。スキャッター・チャートは他の分析手法と同じグラフ上では併用できず、リミット・マインダーも設定できない。

➡テクニカル分析

SCL

スペインの会社形態を表す名称で、Sociedad Cooperativa Limitadaの略。

Screen Trading ➡ 電子取引

Scrip Issue ➡ 株式配当、無償交付

SDR

Special Drawing Rightsの略。特別引出権。国際的な準備資産で、IMF（国際通貨基金）加盟国が既存の準備資産を補完するために利用する。主要な取引通貨で構成される通貨バスケットを基準としたもの。

➡IMF、ODR

SEAQ

Stock Exchange Automated Quotationの略。SEAQシステム。ロンドン証券取引所で株式の売買に利用されるシステム。

Search Engine ➡ 検索エンジン

Seasonal Adjustment ➡ 季節調整

Seasoned Offer

シーズンド・オファー。すでに株式を上場している企業が再び資本市場を利用
すること。証券の売り出し、公募増資、第三者割当てなどの形を取る。

Seat ➡ 会員権

SEC

Securities and Exchange Commissionの略。米証券取引委員会。証券業のすべ
ての関連法の監督と行政をとりしきる米連邦監督機関。完全な情報公開の促進
を主目的とする。【www.sec.gov】

SEC Filings

SEC登録。米国の企業は業務活動に関する情報を様々な文書形式で証券取引委
員会（SEC）に提出することを義務付けられている。このような文書の中に
は、該当する株式取引所に提出されるものもある。

Secondary Market ➡ 流通市場

Secondary Metals ➡ 二次金属

Secondary Offering

証券の売り出し。即発行の証券を流通市場で再度大量販売すること。通常は当
初この取引案件を市場に持ち込んだ証券会社によって実施される。

Sector Analysts ➡ 業界アナリスト

Sector Fund ➡ セクター・ファンド

Sector Index ➡ 業種別株価指数

Secular Trend ➡ 長期トレンド

Securities and Exchange Commission ➡ SEC

Securities and Futures Association ➡ SFA

Securitization ➡ 証券化、セキュリタイゼーション

Seignorage ➡ 通貨発行特権

Selloff

売り急ぎ。厳しい相場の圧力によって価格が下げている状況下で、さらなる損
失を避けるために売りを出すこと。

Sell-side

セル・サイド。取引仲介を主要なビジネスとする金融機関のことを指す。Buy-
sideの反対。

　➡Buy-side

Senate Finance Committee

米上院財務委員会。税金やその他の財源法案に責任を負う米国上院議会の重要
な委員会。

Senior Secured Debt ➡ 優先担保付き債務

Senior Unsecured Debt ➡ 優先無担保債務

Server ➡ サーバー

Settlement Date ➡ Value Date

Settlement Price ➡ EDSP

Settlement Risk ➡ 決済リスク

SFA

Securities and Futures Associationの略。証券先物業協会。金融サービス業界の中で特に証券・先物セクターの企業に対する規制を担当する英国の政府機関。

【www.sfa.org】

Share

株式。持ち分。企業の所有権を表象するもので、企業収益の一部を受け取る権利を指す。Stockともいう。

➡普通株、優先株

Share Discount ➡ シェア・ディスカウント

Share Dividend ➡ 配当

Share Premium ➡ シェア・プレミアム

Share Register ➡ 株式名簿

Shareholder ➡ 株主

Shareholder Value ➡ 株主価値

Shares Per Warrants Ratio ➡ 一ワラント当たり株式比率

Shareware ➡ シェアウェア

Sharpe's Ratio ➡ シャープ・レシオ

Shelf Registration

発行登録。一括事前登録制度。新規発行を事前に登録しておく米国の制度。発行文書をあらかじめ準備しておくことによって発行を迅速化する。

Shell Company

ペーパー・カンパニー。株式取引所で価格は提示されるものの、営業活動していない企業のこと。あるいは価格提示のない休眠会社。

Shogun Bond ➡ ショーグン債

Short

ショート。売り持ち。価格が下落したときに買い戻せると見込んで資産を売却した投資家を「ショート」の状態にあるという。ロングの反対。

➡Long

Short Bill ➡ 短期手形

Short Dated Forwards/Deposits ➡ 短期フォワード取引／預金取引

Short First Coupon

ショート・ファースト・クーポン。あらたに発行された債券の最初の利払いの際に、通常の半年複利や年複利の利払いよりも額が少ないこと。

Short Hedge ➡ ショート・ヘッジ

Short Margin Account ➡ 空売り証拠金勘定

Short Position

ショート・ポジション。売り持ちポジション。価格の下落を見込んで資産を売却したこと、あるいは売却が購入を上回る状態にあるポジションを指す。ショート・ポジションを解消する際には同量の金額の購入を行う。ショート・ポジションから買い戻しに転じることを「ショートをカバーする

（Shortcovering）」という。また、ロング・ポジションを持たないで市場で売り込むことを空売り（Short-Selling）という。

➡Long Position

Shortcovering

ショート・カバー。買い戻し。ショート・ポジションを手仕舞うために以前売却した証券や資産を買い戻すこと。Bear Covering（ベア・カバリング）ともいう。

➡Short Position

Short-Selling

空売り。価格の下落を見込んで保有していない証券を売却すること。つまり、売却する前にロング・ポジションを構築していないことを意味する。ショート・ポジションをカバーするために買い戻しに転じることを、市場では「ショートをカバーする（Shortcovering）」という。

➡Shortcovering

SICAV

Societe d'Investissement a Capital Variableの略。ミューチュアル・ファンドや投資信託と類似したフランスやルクセンブルグのオープン・エンド型の会社型投資信託。

SICOVAM

Societe Interprofessionelle pour la Compensation des Valeurs Mobilieresの略。パリ証券取引所の清算機関。SICOVAMが証券取引を決済し、フランス中央銀行が現金を決済する。【www.sicovam.com】

Sideways Market/Movement ➡ 膠着相場

Sight Draft ➡ Bill of Exchange

Sight Money ➡ Call Money

Signalling ➡ シグナリング

SIM

イタリアの会社形態を表す名称で、Societa di Intermediazione Mobiliareの略。

Simple Interest ➡ 単利

Simple Moving Average ➡ 単純移動平均

Sinking Fund ➡ 減債基金

SL

スペインの会社形態を表す名称で、Societa Limitadaの略。

SMI

Swiss Market Indexの略。スイス市場指数。バーゼル、ジュネーブ、チューリッヒの各株式取引市場に上場されたスイスの主要20社の24銘柄（無記名証券など）によって構成される。構成銘柄の時価総額によって加重されたチェーン指数である。ユーレックス市場（Eurex）で取引される指数オプションの原資産となっている。

SNC

イタリアの会社形態を表す名称で、Societa in Nome, Collectivoの略。

Society for Worldwide Interbank Financial Telecommunication
➡ SWIFT

SOFFEX
Swiss Options and Financial Futures Exchangeの略。スイス・オプション金融先物取引所。ドイツ金融先物取引所（DTB）と合併してユーレックス市場（Eurex）となった。

➡EUREX

Soft Loan ➡ ソフト・ローン

Softs
ソフト。砂糖、コーヒー、ココアなどのソフト・コモディティを指す。

Sogo Shosha
総合商社。日本の大規模な商社のこと。

Solvency ➡ 支払い能力

Sour Crude ➡ サワー・オイル

Sour Gas ➡ サワー・ガス

Sovereign Issue ➡ ソブリン債

SpA
イタリアの会社形態を表す名称で、Societa per Azioniの略。

Special Drawing Rights ➡ SDR

Specialist
スペシャリスト。取引所に上場された単数および複数の特定銘柄の値付けを行うマーケット・メーカーを指す。立会い場のフロアで活動し、ブローカー業務からの手数料やディーラーとして提示する建て値のスプレッドから収入を得る。

Speculation ➡ 投機

Speculator ➡ 投機筋

Speedline ➡ スピードライン

Spin Off ➡ スピン・オフ

Sponsor ➡ スポンサー

Spontaneous Lending ➡ 新規融資

Spot Market ➡ 現物市場

Spot Month ➡ 期近物

Spot Next ➡ S/N

Spread
価格差。サヤ。スプレッド。買い値と売り値の差。通常はこの差が大きければ市場に流動性が不足していることを意味する。また、満期だけが異なる、または満期以外が異なる2つの確定利付証券の利回りの差を指すこともある。先物のスプレッドの場合は、同じ市場または異なる市場の限月間に生じる価格差を意味する。

Spread Trading ➡ スプレッド取引

Square Position ➡ Flat

Squeeze ➡ スクウィーズ

SRL

イタリアの会社形態を表す名称で、Societa Responsibilita Limitataの略。

Stag

スタグ。新規発行が割り当てられた時点での発行価格よりも高い値で売却することを意図して証券を購入する者を指す。

Standard & Poor's ➡ S&P

Standard Deviation ➡ 標準偏差

Standby Credit

スタンドバイ・クレジット。貸し手となる銀行団やIMFとその加盟国との間の取り決めによって、必要に応じて一定額の融資を一定期間だけ引き出せるようにすること。

Standby Loan

短期的な国際収支上の困難に対処することを目的としたIMFによる基本的な国家融資で、通常は1、2年以上にわたって供与される。融資条件はマクロ経済的な政策に重点が置かれる。

Statement of Cash Flows

現金収支表。企業がその業務、投資、金融活動を通じて得たキャッシュ・フローが明記された財務報告書。Flow of Funds Statement、Source and Applications of Funds Statementともいう。

Ste Cve

ベルギーの会社形態を表す名称で、Societa Cooperataiveの略。

Stochastics

ストキャスティックス。テクニカル分析のモメンタム指標で、横ばい状態の相場でトレンドの変化を特定するのに利用する。ファスト（Fast）とスロー（Slow）の2種類がある。

➡テクニカル分析

Stock

株式。持ち分。企業の所有権を表象するもので、企業収益の一部を受け取る権利を指す。Shareともいう。

➡普通株、優先株

Stock Average ➡ 株価平均

Stock Broker ➡ 株式ブローカー

Stock Dividend ➡ 株式配当

Stock Exchange Automated Quotation ➡ SEAQ

Stock Exchange ➡ 証券取引所

Stock Index Fund ➡ 株価指数ファンド、株価インデックスファンド

Stock Index ➡ 株価指数

Stock Lending ➡ 証券貸借

Stock Option ➡ 株式オプション

Stock Split ➡ 株式分割

Stop Loss/Stop Limit Order ➡ S/L

Straddle

ストラドル。オプションの取引手法の一種で、同じ行使価格と満了日を持つコールとプットを合成したもの。

Straight Bond ➡ Bullet Bond

Strangle

ストラングル。オプション戦略の一種で、異なる行使価格と同じ満了日を持つコールとプットを合成したもの。

Street Name ➡ 証券業者名義口座

Strike Price ➡ 行使価格

Structural Adjustment ➡ 構造調整

Student Loan Marketing Association ➡ Sallie Mae

Subordinated Debt ➡ 劣後債

Subsidiary ➡ 子会社

Sunshine Laws ➡ サンシャイン法

Super Voting Share

スーパー・ボーティング・シェア。拡大議決権付き株券。米国以外ではあまり見られない株式資本構成で、発行時点から特定の株主に拡大された議決権を付与するもの。

Supply/Demand ➡ 需給

Supply-Side Economics ➡ サプライサイド経済学

Support ➡ 下値支持線

Supranational ➡ 超国家機関

Surplus ➡ 黒字

Sushi Bond ➡ スシ・ボンド

Suspension ➡ 取引の一時停止、売買停止

SVTs

Specialistes en Valeurs du Tresorの略。フランスのプライマリー・ディーラー団体。1987年に設立されたフランスの団体。国債市場でプライマリー・ディーラーやマーケット・メーカーを務める銀行やブローカーによって構成される。

Swap ➡ スワップ

Swaption ➡ スワップション

Sweet Crude ➡ スウィート原油

SWIFT

Society for Worldwide Interbank Financial Telecommunicationの略。スイフト。銀行間で行われる国際的な資金移動を執行する際の標準的なネットワークを運営する機関。【www.swift.com】

SWIFT Codes

スイフト・コード。SWIFTのネットワーク上で銀行間の国際的な資金移動が執行される際の指示書をコード化したもの。
➡SWIFT

Swing Line ➡ つなぎ信用枠

Swiss Market Index ➡ SMI
Switch ➡ スイッチ
Syndicate ➡ 引受シンジケート団（シ団）
Syndicated Loan ➡ シンジケート・ローン、協調融資
Systematic Risk ➡ システマティック・リスク
Systemic Risk ➡ システミック・リスク

T/N

トム・ネクスト。翌々日返済。Tomorrow/Next、Tom/Nextの略。スワップ取引や預金取引で、起算日の翌営業日（スポット）が受け渡し日であることを指す。T/Nスワップ・レートは短期間の金利差により決定される。

Takedown

テイクダウン。発行市場で証券の割り当てを引き受けること。

Takeover ➡ 企業買収
Takeover Bid ［TOB］ ➡ 株式公開買い付け

Taking a Position

ポジションを取る。「ロング」か「ショート」のポジションを取るために買いや売りを行うこと。

Tan Book

タン・ブック。地区連銀経済報告。米連邦準備制度理事会が6週間おきに公表する米国経済の見通しに関する調査報告書。Beige Book（ベージュブック）ともいう。

Tangibles ➡ 資産

Tankan

短観（企業短期経済観測調査）。日本銀行による四半期ごとの企業調査で、幅広い企業データを含む。主要製造業の業況判断DI（ディフュージョン・インデックス）は業況が上向くと予想する会社の比率から悪化すると予想する会社の比率を差し引いたもので、注目を集めている。DIの数値が小さいほど将来の展望は暗い。「短観」は日銀が金融政策を策定する際に重要な参考資料となる。

Tankoku

短国（短期国債）。日本の短期国債のことで、満期が3カ月と6カ月のもの。過去に巨額の発行が行われた10年物の国債の借り替えを円滑化するために1986年に導入された。

Taxation Risk ➡ 税務リスク

TCP/IP

Transmission Control Protocol/Internet Protocolの頭字語。コンピュータ・ネットワーク上のデータや情報の送受信を統括する重要なプロトコル（取り決め）のこと。

Technical Analysis ➡ テクニカル分析

TED Spread

Treasury Eurodollar Spreadの略。TEDスプレッド。米財務省短期証券とユーロドル先物契約の金利差。この金利差を利用したスプレッド取引のことで、広く行われている。

➡スプレッド取引

Tender

入札引受。すべての割り当てが同じ価格で実施される証券市場の入札方法。また、商品取引では先物契約に対応する現物商品の受け渡し通知を指す。

Tender Price

入札価格。投資家が新規発行される証券に対して提示する希望購入価格のこと。通常、発行者は入札価格の限度額をあらかじめ設定しておく。

Tenderable Grades ➡ 受け渡し適格等級

Term CD

譲渡性定期預金。満期が2年から5年の譲渡性預金証書のこと。

➡CD

Term Repo

ターム・レポ。期間30日以上のレポ取引で、同期間のポジションをヘッジするために利用される。

➡レポ取引

Term Sheet ➡ 条件概要書

Terminal

ターミナル。パイプラインまたはタンカーで運搬された石油・ガスの陸上の備蓄施設。

Terminal Market ➡ 最終受け渡し市場

Terminal Value ➡ 最終価値

Theta ➡ シータ

Thin Market ➡ 閑散相場

Three Box Reversal

スリー・ボックス・リバーサル。テクニカル分析のポイント・アンド・フィギュア・チャートで最もよく使われるもので、その日の高値と安値のみを対象としたもの。

➡Point and Figure Chart、テクニカル分析

Throughput ➡ 処理量

Tick

ティック。金融商品の価格が変化する際の最小単位。

➡ベーシス・ポイント

Ticker Symbol ➡ ティッカー・シンボル

Ticker Tape ➡ ティッカー・テープ

Tier One

基本的項目。コア・キャピタル。国際決済銀行（BIS）が設定した商業銀行の

自己資本比率規制ではリスクアセットに対して準備する必要のある8%の資本のうち少なくとも半分はこのコア・キャピタルでなければならないとされている。これは株式と公表準備金によって構成される。その他の部分を構成するのがTier Two（補完的項目）である。これには非公表準備金、貸倒引当金、期限付き劣後債等の資本調達手段が含まれる。

➡BIS、自己資本比率

Tier Two ➡ Tier One

TIFFE

Tokyo International Financial Futures Exchangeの略。東京金融先物取引所。金利や通貨の先物を扱う。【www.tiffe.or.jp】

Tigers

タイガーズ。インドネシア、マレーシア、台湾、タイを含む東南アジアの急速に発展する経済地域の総称で、90年代に使われた。

Time Decay ➡ Theta

Time Deposit ➡ CD

Time Draft ➡ Bill of Exchange

Time Series ➡ 時系列

Time Value ➡ 時間的価値

TOCOM

Tokyo Commodities Exchangeの略。東京工業品取引所。日本最大の商品取引所。【www.tocom.or.jp】

Tokyo International Financial Futures Exchange ➡ TIFFE

Tokyo Stock Exchange ➡ TSE

Tombstone

証券の発行公告。新聞広告などを通じて企業が行う証券新規発行の詳細に関する公示のこと。シンジケート団を構成した投資会社や金融機関などの社名が列記される。公募のためではなく記録上のものとして掲示される。図16参照。

TomNext ➡ T/N

Top Down ➡ トップ・ダウン型投資

Top Line ➡ トップ・ライン

Top Reversal

トップ・リバーサル・デー。上昇トレンドの中で新高値をつけ、終値が前日（場合によっては過去2日間）の終値を下回った日。

Total Return ➡ 総収益率

Touch ➡ タッチ

Tracking Share

トラッキング・シェア。子会社業績連動株。親会社が特定部門に向けて発行する株式。親会社の株式とは独立で取引されるが、議決権は付与されない。社員に対する報償の支払いや買収資金の調達を可能にする。社員に自社株を与えることができるので、新興企業に社員を引き抜かれるリスクを抱えた有名企業では行われることが多い。

Trade Balance ➡ 貿易収支
Trade Barrier ➡ 貿易障壁
Trade Bill ➡ Bill of Exchange
Trade Weighted ➡ 貿易加重平均

This announcement appears as a matter of record only.　　　　　February 10, 2000

BMW Group

BMW US Capital Corp.
Wilmington, Delaware, United States of America

USD 250,000,000
7.375% Notes due 2003
Issue Price: 101.177%

USD 400,000,000
Floating Rate Notes due 2003
Issue Price: 100.010%

unconditionally and irrevocably guaranteed by

Bayerische Motoren Werke Aktiengesellschaft
Munich, Federal Republic of Germany

ABN AMRO		**HypoVereinsbank**
Bank of America International Limited	**Bayerische Landesbank Girozentrale**	**BNP Paribas Group**
Credit Suisse First Boston	**DG BANK** Deutsche Genossenschaftsbank AG	**Dresdner Kleinwort Benson**
Merrill Lynch International	**Nomura International**	**Warburg Dillon Read**

図16　Tombstone

Trading Floor ➡ Floor

Trading House ➡ トレーディング・ハウス

Trading Post ➡ 取引ポスト

Trading Range ➡ 取引レンジ

Trading Volume ➡ 出来高

Tranche

トランシュ。「ひと切れ」を意味するフランス語。部分（Portion）、割り当て（Allocation）、割賦（Installment）などの意味で広く使われる。

Transaction Fees ➡ 取引手数料

Translation Risk ➡ 為替リスク

Treasury Bill ➡ 短期国債

Treasury Bond ➡ 長期国債

Treasury Note ➡ 中期国債

Trend Reversal ➡ Reversal Day

Trendline ➡ 傾向線、トレンドライン

Triangles ➡ 三角保ち合い

Trigger Option

トリガー・オプション。バリア・オプションの一種。
➡アップ・アンド・イン・オプション、ダウン・アンド・イン・オプション

Trigger Price ➡ トリガー価格

Triple A Rated ➡ AAA/Aaa

Triple Top/Bottom

トリプル・トップ、トリプル・ボトム。三尊に似たテクニカル分析の価格パターンだが、3段の山または谷がほぼ同じ水準に現れるもの。
➡Head and Shoulders、テクニカル分析

Triple Witching

トリプル・ウィッチング。株価指数先物、株価指数先物オプション、個別株オプションの行使期間満了日が四半期ごとに同時に訪れること。米国の株式市場では特にボラティリティを増大させることが多い。

Trustee ➡ 受託者

TSE

Tokyo Stock Exchangeの略。東京証券取引所。【www.tse.or.jp】

Turnover

総売上高。Sales（売上）またはRevenue（収益）ともいう。企業が主力事業である商品やサービスを提供することで得た収入額を指す。

Two-Way Market

ツー・ウェイ・マーケット。双方向市場。ディーラーによって「買い」と「売り」両方の気配値が活発に提示される市場のこと。

UCITS

Undertakings for Collective Investments in Transferable Securitiesの略。証券投資信託事業。欧州共同体の域内で販売されるユニット・トラストなどあらゆる投資信託を総轄する規則。

UNCTAD

United Nations Conference on Trade and Developmentの略。国連貿易開発会議。開発途上国の生活水準を引き上げるために、それらの国の国際貿易条件の向上を促進する組織。以前は主要な商品価格安定化協定を協議する場だった。
【www.unctad.org】

Undercapitalized ➡ 過少資本

Underlying ➡ 原資産

Undersubscribed ➡ 応募不足

Undervalued ➡ 割安

Underwriter ➡ 主幹事

Underwriting ➡ 引受業務

Unemployment ➡ 失業

Uniform Resource Locator ➡ URL

Unit Trust ➡ ミューチュアル・ファンド

United Nations Conference on Trade and Development ➡ UNCTAD

Unlimited Liability ➡ 無限責任

Unlisted Stock ➡ 未上場株

Unmatched Book

アンマッチド・ブック。帳簿上の資産と債務の満期が一致しないこと。特に、債務の平均的な満期が資産のそれよりも短いことを指す。

Unrealized Gain/Profit Loss ➡ 未実現損益

Unweighted/Weighted Indices ➡ 非加重/加重指数

Unwinding a Position ➡ ポジション解消、手仕舞い

Up and In

アップ・アンド・イン・オプション。原資産の価格が事前に設定したレベルまで上昇した時点で有効になるトリガー・オプションのこと。
➡オプション

Up and Out

アップ・アンド・アウト・オプション。原資産の価格が事前に設定したレベルまで上昇した時点でキャンセルされるノックアウト・オプションのこと。
➡オプション

Upgrade ➡ 格上げ

Upstream

アップストリーム。原油や天然ガスを探鉱し、井戸元で掘削・生産して、パイプラインまたはタンカーの荷揚げターミナルに輸送するまでの工程を指す。

Uptrend/Downtrend ➡ 上昇トレンド・下降トレンド
URL

Uniform Resource Locatorの略。ウェブ・ページのアドレスのこと。

Uruguay Round ➡ ウルグアイ・ラウンド
US Street Method

米国ストリート・メソッド。財務省を除く米国の市場参加者によって用いられる標準的な最終利回りの計算方法。クーポンの支払い頻度に関わらず、利回りが年2回複利計算される。

US Treasury Bill

米財務省短期証券。TB。米国財務省が発行する記名式短期証券で、満期は3カ月、6カ月、最大で12カ月までのもの。定期的に販売され、マネー・マーケットでは絶大な地位を占めている。市場性のある米国財務省証券の3分の1近くが短期証券によって占められる。公開市場操作を通じた短期証券の購入・販売が、米国金融政策の重要部分を形成している。

US Treasury Bond

米財務省長期証券。Tボンド。米国財務省が発行する長期証券で、満期が10年以上のもの。市場性のある米国財務省証券の15%を占める。財務省中期証券（Tノート）同様、年2回の利払いが実施される利付き証券としても知られる。

US Treasury Note

米財務省中期証券。Tノート。米国財務省が発行する証券で、満期が2年から10年のもの。繰上償還できない証券で、市場性のある米国財務省証券の50%以上を占める。年2回の固定金利払いが実施され、満期に額面で償還される。

USDA

US Department of Agricultureの略。米国農務省。農業政策を施行する機関で、米国と世界の農業に関する予測や統計の主要な情報源となっている。
【www.usda.gov】

Utilities ➡ 公益事業

U
V

Value Date ➡ 受け渡し期日
Variable Rate ➡ 変動金利
Variable Redemption Bond ➡ 変動償還債
Variation Margin ➡ 維持証拠金、変動証拠金
Vega

ベガ。ボラティリティの変化に応じたオプションの価値の変動率。
➡オプション

Venture Capital ➡ ベンチャー・キャピタル
Vertical Spread ➡ バーティカル・スプレッド
Virus ➡ コンピュータ・ウィルス

Volatility

ボラティリティ。変動率。標準偏差。一定の期間内に株価や金利などの価値が示す変動性を測るもの。ボラティリティが高い場合は価値の激変を意味し、通常は相場の不確定性が高いことに起因する。収益機会も増加するので、トレーダーには歓迎される。ボラティリティが低い場合は価値の変化が最小限にとどまることを意味し、例えば情報がすでに相場に織り込まれていることを意味する。安定したリターンを確保することが可能なので、専門的な投資家が恩恵を受けることになる。金融市場ではヒストリカル・ボラティリティとインプライド・ボラティリティとを区別してとらえる。ヒストリカル・ボラティリティは過去の価格や利回り動向に基づいてボラティリティを計算したもので、インプライド・ボラティリティ（予想変動率）はオプションの価格から将来の変動率を予想したもの。

Volatility Analysis ➡ ボラティリティ分析
Volatility Index ➡ ボラティリティ・インデックス
Volume-Weighted Average Price ➡ VWAP
Voting Trust ➡ 議決権信託

VTC

Voting Trust Certificateの略。議決権信託証書。議決権信託が発行する譲渡可能証券で、普通株主が株式を信託口座に預託したことによって投票権を放棄したことを証明するもの。

VWAP

Volume-Weighted Average Priceの略。売買高加重平均株価。約定値の算出方法のひとつで、機関取引やトレーダーのパフォーマンス効率を測るベンチマークでもある。特定の1日に取引された特定の証券の総価値を、その売買高で割ったもの。計算方法は多様で、全市場のデータを利用する場合と主たる市場のみのデータを利用する場合がある。また、再提出その他の訂正の影響を調整する場合と調整しない場合がある。ダイナミック・タイム・アンド・セールズ（Dynamic Time and Sales）ともいう。

W

W/I

When Issuedの略。発行日取引。証券発行が公式に発表された直後からグレー・マーケットと呼ばれる市場で開始される取引。商品の受け渡しは実際の発行後に行われる。この期間は金利が発生しない。Free to Tradeともいう。

WACC

Weighted Average Cost of Capitalの略。加重平均資本コスト。投資対象が充分な収益を生み出すかどうかを判断する際に用いる。債務と自己資本のコストの加重平均。

Wall Street

ウォール街。ニューヨーク証券取引所を指す通称で、米国では広く証券取引全

般を意味する用語となっている。

Wall Street Refiner

ウォール街の精油業者。先物契約やペーパー・バレルの形で原油や石油製品を本物の精油業者に匹敵する規模で売買する米国ウォール街の投資会社を指す。通常このような投資会社は石油精製所を所有しているわけではなく、実際には石油の受け渡しも行わない。

Warehousing

ウェアハウジング。ある企業の株式を購入するにあたって、投資家グループのメンバーが個々の保有株数を公式な報告義務が生じる数量以下に抑えること。企業買収を秘密裏に進めるための手段。

➡Acting in Concert

Warrant ➡ ワラント

Webmaster ➡ ウェブマスター

Wedges

ウェッジ（くさび）。テクニカル分析で用いられる左右対称の三角形パターンに似たもの。通常は現行のトレンドの中に表れ、一般的にはコンティニュエーション（継続）パターンを示唆する。1カ月以上、3カ月以内の期間だけ維持される。

Weighted Average Cost of Capital ➡ WACC

Weighted Average Coupon ➡ 加重平均クーポン

Weighted Average Maturity ➡ 加重平均満期

Weighted Index ➡ 非加重／加重指数

Weighting ➡ 比重、ウエート

Wet Barrels

ウェット・バレル。石油取引の用語で、タンカー受取船荷証券の移転の代わりに商品の受け渡しを受けることを意味する。船積期日が割り当てられた石油を表す。

When Issued ➡ W/I

Whisper Estimates

ウィスパーナンバー。非公式予想（耳元でささやかれる予想）。有名な優良企業に関する非公式の収益予想のこと。一般的に非公式予想の数字は、業績評価会社によって集計・発表されたコンセンサス予想よりも高くなる。企業収益が公表されたコンセンサス予想と一致しても、非公式予想の数字に達しなかった場合は株が売られることが多い。

➡コンセンサス予想

White Knight

ホワイト・ナイト。白騎士。企業が敵対的買取から身を守るための友好的な買い手候補のこと。

➡Poison Pill、Pac Man Defence

Wide Opening ➡ ワイド・オープン

Williams Percent R

ウィリアムスのパーセント・アール。テクニカル分析で用いられる。直近の終値を一定の数日間の価格の変動幅と比較するストキャスティクスに似たオシレーター。名称は発案者のラリー・ウィリアムスに由来する。
➡テクニカル分析

Windfall Profit

偶発利益。棚ぼた利益。予想外の利益があがること。特別な1回限りの状況によって生じるもの。

Window ➡ 窓口割引

Window Dressing Dates

決算対策の時期。年度末など決算期末の最後の期間に、銀行や企業が短期資金を調達するなどして財務報告をより良く見せようと努めること。

Withholding Tax ➡ 源泉課税

Working Capital ➡ 運転資金

Working Control ➡ 実質経営権

World Bank ➡ 世界銀行

World Trade Organization ➡ WTO

World Wide Web ➡ WWW

Write Off

償却。ある資産を償却して貸借対照表から除外する会計行為を指す。

WTI

West Texas Intermediateの略。他の原油の価格の基準となる指標原油。API比重40度の軽いスィート・ブレンドの原油で、テキサス西部の油田から産出されるもの。米国原油の指標となっている。

WTO

World Trade Organizationの略。世界貿易機関。【www.wto.orgiza】
➡GATT、ウルグアイ・ラウンド

WWW

World Wide Webの略。ワールド・ワイド・ウェブ。インターネットのインフラを提供する世界的規模のサーバー・システム。

W

X

Y

X

XML

Extensible Mark-up Languageの略。インターネット経由の情報通信の新基準となるデータ記述言語で、HTMLに置き換わるものと予想されている。
➡HTML

Y

Yankee Bond ➡ ヤンキー債

Yard

ヤード。通貨を10億単位で売買することを意味する為替市場の用語。為替取引では円とリラを扱う際に利用される。フランス語のMilliard（10億）に由来する。

Year Bill ➡ US Treasury Bill

Year on Year Rate

前年比。月次（前年同月比）や四半期（前年同期比）など、ある報告期間を前年の同じ期間と比較すること。

Yield ➡ 利回り

Yield Curve (including Positive and Negative) ➡ 利回り曲線（順イールドと逆イールド）、イールド・カーブ

Yield Gap ➡ イールド・ギャップ

Yield to Maturity ➡ YTM

Yours

ユアーズ。ディーラーが使う言葉。カウンターパーティが提示した価格での取引に応じることを意味する。同時に金額を示す必要がある。売却行為を確認するもの。

YTM

最終利回り。Yield to Maturityの略。債券投資を比較する際の重要な項目。債券を満期まで保有し、クーポン収入が同じ利率で再投資された場合の利回り。つまり債券の将来的なキャッシュ・フローの現在価値と債券の現在価格が等しくなるような利回りのことを意味する。

Zero Cost Option

ゼロコスト・オプション。オプション戦術の一種で、オプションの購入コストが、オプションを売却する際に得るプレミアムによって相殺されること。両方のオプションのプレミアムが等価であることを意味する。

➡Risk Reversal

Zero Coupon Bond ➡ ゼロクーポン債

Zero Coupon Swap ➡ ゼロクーポン・スワップ

Zero Coupon Yield Curve ➡ ゼロクーポン・カーブ

ア

ア

アービトラージ ［Arbitrage］
➡裁定取引

アウト・オブ・ザ・マネー ［Out of the Money］
コール・オプションの場合は原資産の現在値が行使価格よりも低い場合、プット・オプションの場合は、原資産価格が行使価格よりも高い場合を指す。また、行使期限まで「アウト・オブ・ザ・マネー」の状態が続くことが予想されるほど、行使価格と原資産価格が乖離している状態を「ディープ・アウト・オブ・ザ・マネー（Deep Out of the Money）」と表現することもある。
➡アット・ザ・マネー、イン・ザ・マネー、オプション

青空法 ［Blue Sky Laws］
市民を証券詐欺から保護する目的で各州ごとに制定された米国の法律。証券の新規発行には登録を必要とし、詳細な財務内容の開示が義務付けられる。ある裁判官が判決文の中で、ある新株発行を「青空のかけら程度の価値に過ぎない」と表現したことに起因するといわれる。

アカウント ［Account］
証券取引所において取引が実行され、決済日にまとめて決済されるまでの一区切りの期間のこと。アカウント期間の日数は国によって異なる。

アカウント・トレーディング ［Account Trading］
同一のアカウント期間内に証券の売買を実行することで、決済が1回のネット支払いで済むようにする取引慣行。主に英国、フランス、イタリア、ベルギーで慣行となっている。

赤字 ［Deficit］
支出が収入を上回っているときの差額を指す。黒字、剰余金（Surplus）の反対。
➡黒字、剰余金

赤字財政 ［Deficit Financing］
結果的に赤字と政府借り入れを伴う財政政策。政府の積極財政あるいは歳出管理の失敗のいずれかが直接的な原因となる。

アクセプタンス・ハウス ［Acceptance House］
貿易に伴う手形をあらかじめ指定された将来の期日に引き受けて、割り引いた価格で手形を買い入れる業者。手形引受業者。

アクチュアリー ［Actuary］
リスク計算に用いられる統計学や数学的手法の専門家で、一般的には保険に関わるリスクやプレミアムを主要分野として扱う。

アクティブX ［Active X］
マイクロソフト社のプログラミング言語で、開発者がウェブのページを音声、画像、動画などを使って拡張する際に利用する。

アクリーション ［Accretion］
原資産の償還期日までに元本に増額分が生じることを指し、広い範囲の金融商品に当てはまる。Amortizationの反対。

➡部分償還、減価償却

アクリーティブ［**Accretive**］
事業拡張や買収などを重ねて成長する企業を形容する言葉。

上げ相場［**Bull Market**］
価格が長期間にわたって上昇し続けている相場。下げ相場、弱気相場の反対。
➡下げ相場、弱気相場

アジア開発銀行［**ADB, Asian Development Bank**］
メンバーである開発途上国向けに融資、投資、技術援助などを提供する銀行。
アジア地域内41カ国、域外16カ国がメンバーとなっている。【www.adb.org】

アジア太平洋経済協力会議
アジア太平洋地域の貿易と協力関係の発展を目的とする会議。メンバーはオーストラリア、ブルネイ、カナダ、チリ、中国、香港、インドネシア、日本、マレーシア、メキシコ、ニュージーランド、パプアニューギニア、フィリピン、ロシア、シンガポール、韓国、ペルー、台湾、タイ、米国、ベトナム。APECは Asia-Pacific Economic Co-operationの略。【www.apecsec.org.sg】

アジアン・オプション［**Asian Option**］
➡アベレージ・プライス・レート・オプション

アセット・ストリッピング［**Asset Stripping**］
利益目的の企業買収を指す。多くの場合、企業の市場価格が資産価値を下回っているときに買収して、その後資産の一部またはすべてを売却すること。

アセットバック証券（資産担保証券）［**ABS**］
自動車ローンやクレジット・カード債権などの資産を担保とした証券。金融機関が多種類の債権をプールしたものを債券発行の担保として利用する証券化（セキュリタイゼーション）の過程を経て作り出される。ABSはAsset-Backed Securitiesの略。
➡証券化

アット・ザ・マネー［**At the Money**］
オプションの行使価格が、ベースとなる原商品の価格とほぼ同等のレベルにある状態を表す。アット・ザ・マネーのオプションはイン・ザ・マネー（In the Money）あるいはアウト・オブ・ザ・マネー（Out of the Money）のいずれかに変わることがある。原商品の価格に最も近い行使価格を表現する際に使われる。
➡アウト・オブ・ザ・マネー、イン・ザ・マネー

アット・パー［**At Par**］
有価証券が額面価格で取引されている状態を指す。

アット・ベスト注文［**At Best**］
注文を出した時点で最も有利な価格で取引することを指示する、顧客からの成り行き注文。

アップ・アンド・アウト・オプション［**Up and Out**］
原資産の価格が事前に設定したレベルまで上昇した時点でキャンセルされるノックアウト・オプションのこと。
➡オプション

アップ・アンド・イン・オプション ［**Up and In**］

原資産の価格が事前に設定したレベルまで上昇した時点で有効になるトリガー・オプションのこと。
　➡オプション

アップストリーム ［**Upstream**］

原油や天然ガスを探鉱し、井戸元で掘削・生産して、パイプラインまたはタンカーの荷揚げターミナルに輸送するまでの工程を指す。

アナリスト ［**Analyst**］

投資家に売買を推奨するために企業情報、景気動向、価格の推移などの分析を行う人を指す包括的な呼称。

アベレージ・プライス・レート・オプション ［**Average Price/Rate Option**］

オプションの一種で、行使価格とオプションの行使期間中の原資産の平均値との差によって清算価格が決まるもの。合意内容によってはオプションの行使期間中のいずれの時点で平均値を算出してもよく、その間隔や頻度もあらかじめ指定することが可能である。アジアン・オプション（Asian Option）ともいう。
　➡オプション

アメリカン・オプション ［**American Option**］

権利行使期間の満了日を含む契約の期間内ならいつでも行使できるオプション。このバリエーションであるセミ・アメリカン・オプション（Semi-American）の場合は、満了日までの一定の期日にしか行使できない。
　➡ヨーロピアン・オプション

アメリカン証券取引所 ［**AMEX**］

　➡AMEX【www.amex.com】

アメリカ預託証券 ［**ADR**］

　➡ADR

アラウンド・パー ［**Around Par**］

外国為替のフォワード取引で使用される用語で、提示されたレートの売り値と買い値がパーをはさんでいること。つまり買い値がディスカウントで売値がプレミアムの状態を指す。

アラブ石油輸出国機構 ［**OAPEC**］

　➡OAPEC

アルファ値 ［**Alpha**］

株式投資のリターンについて使われる場合は、有価証券または投資信託のリスク調整済みパフォーマンスを計測したもの。リスク・リターン・モデルに基づいた証券の予想収益率を上回った分を指す。回帰方程式においては、独立変数の値がゼロの場合にアルファ値は従属変数の値を与えるもの、すなわちy軸の線との切片を与えるものである。
　➡CAPM

アレクサンダーのフィルター ［**Alexander's Filter**］

テクニカル分析の手法のひとつで、一定期間の騰落率から価格の上昇または下

落の比率を計測する。十分な速度を伴った上昇率が買いシグナル、下落率が売りシグナルを示す。

→テクニカル分析

暗号化 [Encryption]

意図した受信者以外の人間が電子的に送信された情報にアクセスするのを防ぐための安全対策。情報を暗号化することで、正規の受信者のみが解読できるようにする。

アンマッチド・ブック [Unmatched Book]

帳簿上の資産と債務の満期が一致しないこと。特に、債務の平均的な満期が資産のそれよりも短いことを指す。

イ

イースダック市場

→EASDAQ【www.easdaq.be】

→NASDAQ

イールド・カーブ

→利回り曲線

イールド・ギャップ [Yield Gap]

イールド・レシオ(Yield Ratio)ともいう。長期国債の利回りから株式の配当利回りを差し引いた数値を指す。

→利回り

維持証拠金 [Maintenance Margin, Variation Margin]

清算機関や証券会社が信用取引を行うカウンターパーティに要求する最低限の資金残高。毎日の終値を基準にすべてのポジションが値洗いされ、評価損の発生でこの残高を下回った場合は追加証拠金が日次ベースで徴収される。変動証拠金ともいう。

→委託証拠金、信用取引、時価評価、値洗い

イスラム開発銀行 [Islamic Development Bank]

加盟53カ国と非加盟国内に存在するイスラム教コミュニティの経済・社会的発展を支援する国際的な銀行。【www.isdb.org】

委託証拠金 [Margin]

契約上の債務や無制限の損失を被る可能性に対して、部分的な保険として提供される担保のこと。清算機関が先物契約の買い手と売り手の双方に要求する支払いは当初証拠金という。相場動向に応じた委託保証金率を維持するために維持証拠金を要求されることもある。これはポジションを日々の終値に照らして評価替えすることによって算出する。委託保証金ともいう。

→当初証拠金、時価評価、値洗い、信用取引、維持証拠金、変動証拠金

委託手数料 [Brokerage]

ブローカーが請求する手数料や報酬のこと。

委託保証金　[Margin]

　→委託証拠金

イタリア先物取引所

　→MIF

一次産品　[Primary Commodities]

　生の状態または未加工の商品のこと。例として鉄鉱石などがあげられる。

一ワラント当たり株式比率　[Shares Per Warrants Ratio]

　ワラントが行使されることによって入手できる株式数を示す比率。

　→ワラント

一括買い入れ　[Bought Deal]

　引受会社または主幹事会社が、流通市場へ再販売する目的で、発行される証券をすべて購入すること。この方式をとることで、発行総量を売出価格でさばけないリスクは発行者から引受会社に移る。

一般会計原則　[GAAP]

　一般に認められた会計基準。会計業務を定義づける方法論やルールを指す。GAAPはGenerally Accepted Accounting Principlesの略。

一般借り入れ取り決め　[GAB]

　国際通貨基金（IMF）に対して特別信用を供与する、G10諸国の取り決め。GABの実施には構成各国の共同の合意を必要とする。このような信用は通貨や支払い面で困難に直面したGAB構成国に対してのみ、IMFの通常の資金とは別勘定で供与される。GABはGeneral Arrangements to Borrowの略。

　→G10、国際通貨基金

一般財源債　[General Obligation Bonds]

　米国の地方債の一種で、州、郡、特別区、市、町、学校などが発行するもの。

移動平均　[Moving Average]

　テクニカル分析の指標で、データを平準化するとともに価格トレンドを確認する際に利用される。移動平均を求めるには、連続する終値を加算してから特定の期間の平均値を割り出すのが通常の方法である。時間の経過に伴って一連の数値の中で最も古いものが順次グラフから取り除かれ、最新の数値が加えられる。図17参照。

　→テクニカル分析

移動平均線のクロスオーバー　[Moving Average Crossover]

　2本の移動平均線で、期間が短いものと長いものが交差することを、テクニカル分析では重要な「買い」または「売り」のシグナルと解釈する。

　→移動平均、テクニカル分析

委任状　[Proxy]

　株主が自らの代理として株主総会で議決権を行使することを、第三者または企業の取締役会に対して書面で委任すること。

イングランド銀行

　→BOE【www.bankofengland.co.uk】

　→中央銀行

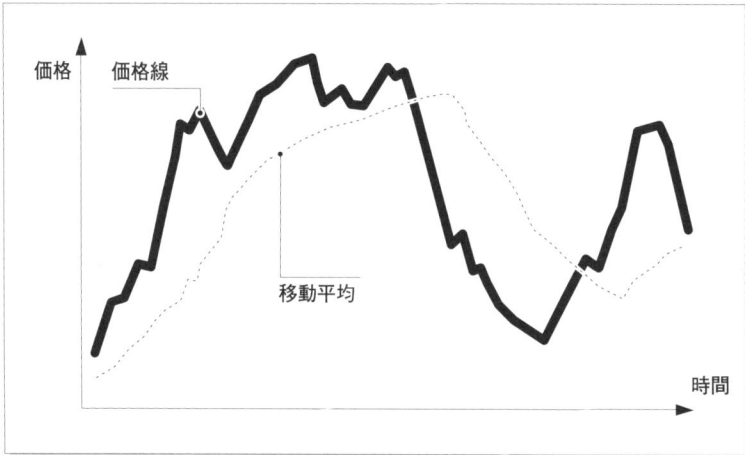

図17　移動平均

インサイダー取引［Insider Trading］

内部情報または非開示情報を利用して市場での取引で利益をあげること。多く
の国で違法行為とされている。

イン・ザ・マネー［In the Money］

オプションの原資産の現在値がコール（購入）する権利の行使価格よりも高
い、あるいはプット（売却）する権利の行使価格よりも安いとき、そのオプ
ションは「イン・ザ・マネー」と表現される。また、行使期限まで「イン・
ザ・マネー」の状態が続くことが予想されるオプションを「ディープ・イン・
ザ・マネー（Deep in the Money）」ということもある。

➡アウト・オブ・ザ・マネー、アット・ザ・マネー

イン・ストライク［In Strike］

ダウン・アンド・イン（Down and In）、アップ・アンド・イン（Up and In）
などのトリガー・オプションがその水準に達すると通常のオプションに転換さ
れる、事前に設定された水準のこと。

インター・ディーラー・ブローカー［IDB］

マーケット・メーカーの委託を受けて取引を行うブローカーのこと。IDBは
Inter-Dealer Brokerの略。

インターネット［Internet］

世界規模のコンピュータ・ネットワークで、利用者がウェブ形式で書かれた多
種多様なデータや情報を掲載したりアクセスしたりすることが可能。

インターネット接続業者［ISP］

利用者をインターネットにつなぐ遠隔コンピュータ・ネットワーク業者。ISP
はInternet Service Providerの略。

ウ

インターバンク市場 [Interbank Market]
銀行間の専門的な市場を指す用語で、一般的には為替の銀行間市場のこと。

インタレスト・カバレッジ・レシオ [Interest Cover]
企業に支払い利息の何倍の総利益があるかを示すもので、Income Earningともいう。企業の一定期間の税引き前営業利益を支払い利息で割って計算する。

インディケーション・オブ・インタレスト [IOI]
これから発行される証券に対する投資家の購入意欲を表す。IOIはIndications of Interestの略。

インデックス運用 [Indexing]
パフォーマンスが幅広い銘柄を含む指数に連動するように投資ポートフォリオの構成比率を設定すること。このような形で構成された投資ファンドを「インデックス・ファンド」と呼ぶ。

イントラネット [Intranet]
組織が従業員向けに情報発信するために利用する、安全が確保された内部的なコンピュータ・ネットワーク。
➡エクストラネット

イントロダクション [Introduction]
発行済みの株式を株式市場に上場すること。新たな資本の調達や所有権の移動を伴わない。

インフレーション [Inflation]
財やサービスの価格が恒常的に上昇することを指す。原因によっていくつかの種類に分類される。ディマンド・プル・インフレ（Demand-Pull Inflation）は経済に存在する需要過多によってもたらされ、コスト・プッシュ・インフレ（Cost-Push Inflation）はコストの上昇によってもたらされる。
➡ハイパー・インフレーション、スタグフレーション

インフレ・リスク [Inflation Risk]
インフレによる購買力の低下に見合うだけの投資収益が得られないリスク。

インプライド・ボラティリティ [Implied Volatility]
オプション価格から推定されるボラティリティを指す。変動の方向までは示されない。ボラティリティは年率で示される。
➡ボラティリティ

ウィスパーナンバー、非公式予想 [Whisper Estimates]
有名な優良企業に関する非公式の収益予想のこと。一般的に非公式予想の数字は、業績評価会社によって集計・発表されたコンセンサス予想よりも高くなる。企業収益が公表されたコンセンサス予想と一致しても、非公式予想の数字に達しなかった場合は株が売られることが多い。
➡コンセンサス予想

ウィリアムスのパーセント・アール［Williams Percent R］

テクニカル分析で用いられる。直近の終値を一定の数日間の価格の変動幅と比較するストキャスティクスに似たオシレーター。名称は発案者のラリー・ウィリアムスに由来する。

➡テクニカル分析

ウェアハウジング［Warehousing］

ある企業の株式を購入するにあたって、投資家グループのメンバーが個々の保有株数を公式な報告義務が生じる数量以下に抑えること。企業買収を秘密裏に進めるための手段。

➡共同投資行為

ウエート、比重［Weighting］

指数や経済指標を構成するそれぞれの要素に与えられた比重または重要度。

上口銭（定価引き上げ）［Markup］

顧客が店頭市場でブローカーやマーケット・メーカーから証券を購入する際に一種の手数料として売り値に上乗せされる金額またはパーセンテージのこと。下口銭の反対。また、相場動向を反映させるためにマーケット・メーカーが価格を上方修正することも指す。

➡下口銭

ウェッジ（くさび）［Wedges］

テクニカル分析で用いられる左右対称の三角形パターンに似たもの。通常は現行のトレンドの中に表れ、一般的にはコンティニュエーション（継続）パターンを示唆する。1カ月以上、3カ月以内の期間だけ維持される。

ウェット・バレル［Wet Barrels］

石油取引の用語で、タンカー受船荷証券の移転の代わりに商品の受け渡しを受けることを意味する。船積期日が割り当てられた石油を表す。

ウェブ・アドレス［URL］

ウェブ・ページのアドレスのこと。URLはUniform Resource Locatorの略。

ウェブマスター［Webmaster］

ウェブサイトの管理を任された担当者。

ウォール街［Wall Street］

ニューヨーク証券取引所を指す通称で、米国では広く証券取引全般を意味する用語となっている。

ウォール街の精油業者［Wall Street Refiner］

先物契約やペーパー・バレルの形で原油や石油製品を本物の精油業者に匹敵する規模で売買する米国ウォール街の投資会社を指す。通常このような投資会社は石油精製所を所有しているわけではなく、実際には石油の受け渡しも行わない。

受け取り債権［Receivables］

企業が受け取るべき未収債権のこと。売り掛け債権。

受け渡し価格［Delivery Price］

先物契約に対して受け渡しが行われる商品の決済価格で、清算機関によって決

ウ

定されるもの。

➡清算機関、クリアリング・ハウス

受け渡し期日 [Value Date]

約定終了後に証券やそれに対応する現金の決済が行われる期日。

受け渡し適格 [Contract Grades]

先物契約で商品の受け渡しが行われる際に満たされるべき商品ごとの標準的な等級。個々の契約にはいくつかの等級や品質があり、それらが受け渡しが実行される際にプレミアムあるいはディスカウントとして価格に反映される。

➡先物

受け渡し適格等級 [Tenderable Grades]

先物契約を決済する際に受け渡し適格とされる等級。Deliverable Gradesともいう。

売られ過ぎ [Oversold]

経済のファンダメンタル要因に基づく水準よりも価格が下落し過ぎた状態。相場が調整に向かい上昇する可能性がある。テクニカル分析では、ある証券の相対強度指数（RSI）が25％以下を記録した段階で売られ過ぎと解釈する。買われ過ぎ（Overbought）の反対。

➡買われ過ぎ、相対強度指数、テクニカル分析

売り上がり（スケール・アップ）[Scaleup]

上昇相場の過程で一定の価格幅で売却していくこと。スケール・ダウンの反対。

➡スケール・ダウン

売り急ぎ [Selloff]

厳しい相場の圧力によって価格が下げている状況下で、さらなる損失を避けるために売りを出すこと。

売り掛け債権 [Receivables]

企業が受け取るべき未収債権のこと。受け取り債権。

売り崩し [Bear Raid]

空売りするなどして有価証券の価格を押し下げようとすること。

売り出し

① [Offer for Sale/Subscription]

証券の新規上場には主に2つの方法がある。売り出し（オファー・フォー・セール）はスポンサーとなる仲介業者が新規発行または発行済み証券の購入を一般に募集すること。募集発行（オファー・フォー・サブスクリプション）あるいは直接募集（Direct Offer）の場合は、発行者が一般投資家に新規発行する証券への応募を直接募ること。

➡新規発行

② [Secondary Offering]

即発行の証券を流通市場で再度大量販売すること。通常は当初この取引案件を市場に持ち込んだ証券会社によって実施される。

売り出し価格 ［Issue Price］

証券の売り出し価格。額面またはパー、ディスカウント、プレミアムのいずれかの価格で販売される。

売り手市場 ［Bid Market］

市場で買い手が売り手を上回っている状態。買い手市場の反対。
➡買い手市場

売り値 ［Ask］

マーケット・メーカーが提示する証券、通貨、その他の金融商品の売り値。オファー（Offer）ともいい、買い値と売り値（Bid and Ask）一組で双方建値（Two-Way Price）を構成する。2つの呼値の差をスプレッド（Spread）という。
➡買い値、ビッド

売り持ち（ショート）［Short］

価格が下落したときに買い戻して利益が得られると見込んで資産を売却した投資家を「ショート」の状態にあるという。ロングの反対。
➡ロング

売り持ちポジション（ショート・ポジション）［Short Position］

価格の下落を見込んで資産を売却したこと、あるいは売却が購入を上回る状態にあるポジションを指す。ショート・ポジションを解消する際には対応する金額の購入を行う。ショート・ポジションから買い戻しに転じることを「ショートをカバーする（Shortcovering）」という。また、ロング・ポジションを持たないで市場で売り込むことを空売り（Short-Selling）という。
➡買い持ちポジション、ロング・ポジション

ウルグアイ・ラウンド ［Uruguay Round］

WTO（世界貿易機関）設立の基礎となった多角的貿易交渉。
➡WTO

上値抵抗線 ［Resistance］

通常は価格チャートで示される、売り圧力が買い圧力を上回るために価格がそのレベル以上には上がらないレベルを意味する。抵抗線が突破されるたびに、その水準が支持線に変わる。
➡下値支持線、傾向線、トレンドライン

運賃込み ［C and F］

価格に商品の原価と運送料金の両方が含まれていることを指す用語。C and FはCost and Freightの略。
➡CIF

運賃・保険料込み価格 ［CIF］

商品の価格に原価、保険料、運送料金が含まれていることを示す用語。CIFはCost, Insurance and Freightの略。
➡C and F

運転資金 ［Working Capital］

通常は純運転資金のことを指す。企業が日々の事業活動を継続する上で資金源

となるもの。流動資産から流動負債を差し引いて算出する。

➡資産

運用資産（ポートフォリオ）[Portfolio]

投資家が保有するさまざまな金融商品の集合体のこと。

永久債 [Perpetual Note]

最終的な満期が設定されていない変動利付き債。借り手はこの特権と引き換えに、通常より高い利払いを実施する。このような債券は償還されることがないことから株式と類似の性格を持つ。

営業権、のれん代 [Goodwill]

企業の資産に対して余分に支払われる金額のこと。通常は他の会社を継続企業（ゴーイング・コンサーン）として買収した際に支払った額が、対象企業の資産や準備金の簿価よりも高かった場合に計上される。

営業利益 [Operating Profit]

企業が通常の営業活動を通じて得た収入から税金を差し引いた額。厳密な定義は国によって異なる。

営業利益率 [Operating Margin]

一定期間中の営業利益を売上高に対する比率で表したもので、企業の変動費の管理能力を示す。

英国トン

➡Long Ton

英国熱量単位

➡BTU

エージェント・バンク [Agent Bank]

国際的な協調融資団（シンジケート団）の任命を受けて、融資の期間中、融資した側の利益保護を請け負う幹事銀行。

➡引受シンジケート団

液化石油ガス [LPG]

石油採掘層から産出される軽い炭化水素で、常温では気体だが、保管や輸送を簡単にするために冷却または高圧によって液体状にされたもの。プロパン、ブタンなど。LPGはLiquefied Petroleum Gasの略。

液化天然ガス [LNG]

保管や輸送を簡単にするために冷却または高圧によって液体状にされた天然ガス。主成分はメタンガス。LNGはLiquefied Natural Gasの略。

エキゾティック金融商品 [Exotic]

金融商品の中でも特殊なもの、あるいは複雑なものを指す用語。プレーン・バニラ商品の反対。

➡プレーン・バニラ

エ

エキュ ［Ecu］

欧州通貨単位。欧州の複合通貨。EU加盟国間の貿易に占める比重、域内GDP
に占める比率、外貨準備の比較優位に応じて各国通貨の比重を算定したバス
ケットを基準としたもの。1999年にユーロ（Euro）に取って代わられた。Ecu
はEuropean Currency Unitの略。

➡Euro

エクイティ・ファイナンス ［Equity Financing］

投資家に普通株や優先株を販売して資金を調達すること。

エクス・オール ［Ex-All］

購入時点でその株式に付随するいかなる追加的な権利も受けられないことを意
味する。

エクストラネット ［Extranet］

安全性が確立された内部的なコンピュータ・ネットワーク（イントラネット）
のことで、使用を許可されたユーザーであれば組織外からもアクセスが可能。

➡イントラネット

エクスポージャー ［Exposure］

借り手や国家に対して供与された信用の総額。単一の借り手に対するオー
バー・エクスポージャーを避けるために、銀行などでは制限が設けられること
が多い。取引行動においては、市場価格が変動することで利益や損失に結び付
く可能性があることを意味する。

エグジット・ボンド ［Exit Bond］

卒業債ともいう。主に後発発展途上国が発行する低金利の長期債で、購入者は
今後のリスケジューリング（返済繰り延べ）への参加を免除される。既存のソ
ブリン融資と交換すれば、保有者は債券を売却した時点、あるいは満期を迎え
た時点で、融資から解放されることになる。

エリオットの波動理論 ［Elliott Wave Theory］

テクニカル分析理論のひとつ。市場は5つの上昇波とそれに続く3つの下降波に
よるパターンを反復しており、このような波の上下動によってサイクルが完成
されるとする理論。規模の異なるトレンドが数多く存在する中で、エリオット
波動理論は200年にわたるスーパー・サイクル（Supercycle）から数時間のサ
ブ・メヌエット（Subminuette）に至る9つのトレンド（あるいは規模）を想定
する。トレンドの規模に関わらず、8つの波から成るサイクルは不変とされる。

➡テクニカル分析

エンタープライズ・ゾーン ［Enterprise Zone］

主として都市中心部の経済的に停滞した一帯で、企業が税制・都市計画面での
優遇措置を受けることができる地域のこと。

延長可能債券 ［Extendible Bond］

当初の満期日以降の条件を再設定できる債券。ただし、一般的には借り手と投
資家の双方が条件更新時に債券を償還する権利を有する。

オ

追い証（追加証拠金）[Margin Call]

信用取引口座の残高が委託保証金の最低限度である維持証拠金率を下回った場合に、清算機関や証券会社がカウンターパーティに請求する。Maintenance Callともいう。

➡維持証拠金

オイル・ダラー [Petro Dollars]

1970年代に多用された用語で、石油価格を押し上げていたOPEC加盟国が大量に保有・投資していたドルのこと。

黄金株 [Golden Share]

多様な形態のものがあるが、基本的には企業が買収の危機にさらされたときに経営権を維持するために保有する株式。典型的な手段としては、経営権の維持に必要な議決権をゴールデン・シェアに付与して、潜在的な乗っ取り屋から会社を守る方法がある。

➡株式

欧州銀行間出し手金利 [EURIBOR]

欧州の短期金融市場における短期金利のベンチマークとなっている。EURIBORはEuro-Denominated Interbank Offered Rateの略。

欧州自由貿易連合 [EFTA]

メンバーはオーストリア、フィンランド、アイスランド、ノルウェー、スウェーデン、スイス。リヒテンシュタインは準メンバー。加盟国間の自由貿易を振興する目的で設立されたもので、EUとは関税同盟を結んでいる。EFTAはEuropean Free Trade Associationの略。【www.efta.int】

➡EFTA、EU

欧州中央銀行 [ECB]

ユーロ圏（Euroland）の金融政策を決定する銀行。欧州中央銀行制度（European System of Central Banks）の一部。単一通貨ユーロが導入された時点で欧州通貨機構（EMI）に取って代わった。ECBはEuropean Central Bankの略。【www.ecb.int】

➡EU、EMU、ユーロ圏

欧州通貨機構 [EMI]

欧州中央銀行（ECB）の前身。EMIはEuropean Monetary Instituteの略。

➡ECB

欧州通貨制度 [EMS]

EU加盟国が参加する制度。その前身となったのが、スネーク（Snake）と呼ばれる制度だった。EMSはEuropean Monetary Systemの略。

➡EU、ERM

欧州通貨単位 [Ecu]

欧州の複合通貨。EU加盟国間の貿易に占める比重、域内GDPに占める比率、外貨準備の比較優位に応じて各国通貨の比重を算定したバスケットを基準とし

たもの。1999年にユーロ（Euro）に取って代わられた。EcuはEuropean Currency Unitの略。

→ユーロ

欧州投資銀行 ［EIB］

EUの長期資金調達機関。メンバー国間の地域開発の振興を主要な目的とし、特にマクロ経済的な視野に立って後進地域に援助を提供する。また、EUと関係のある発展途上国向けにソフト・ローンを供与する。EIBはEuropean Investment Bankの略。【www.eib.org】

→EU

欧州復興開発銀行 ［EBRD］

中欧および東欧の計画経済国家の自由主義経済への移行を支援する目的で、主要先進国が設立した銀行。EBRDはEuropean Bank for Reconstruction and Developmentの略。【www.ebrd.com】

欧州連合 ［EU］

マーストリヒト条約の発効に伴い設立された。それまでの欧州共同体に、共通の外交・安全保障政策と司法・内務という2分野における協力体制が新たに加わった。EUはEuropean Unionの略。【www.europa.eu.int】

欧州連合の経済通貨統合 ［EMU］

人、モノ、資本、サービスの自由な移動が可能な単一市場を欧州に作り出すプロセス。1999年にはEMUの第三段階として統一通貨ユーロが導入され、欧州中央銀行（ECB）が創設された。EMUはEconomic and Monetary Union in Europeの略。

→ECB、EU、ユーロ

応募超過 ［Oversubscribed］

証券の発行の際、応募総額が発行額を上回っている状態。通常、発行証券は比例配分で割り当てられ、需要過多を反映したプレミアム付きで取引が開始されることが多い。

応募不足 ［Undersubscribed］

証券の発行の際、応募総額が発行額に達しないこと。応募超過（Oversubscribed）の反対。

→応募超過

オーダー・ドリブン ［Order Driven］

投資家からの売買注文が付け合わされて価格が形成される市場をオーダー・ドリブン市場という。例としてはニューヨーク証券取引所（NYSE）があげられる。

→NYSE、クオート・ドリブン

オーバーナイト ［O/N］

Overnightの略。スワップや預金の取引で起算日の翌日が満期日であること。オーバーナイト取引のスワップ価格はその短期間の金利差によって決定される。翌日物。

109

オ

オーバーナイト・リミット ［O/N Limit］

ディーラーがオーバーナイトで維持することを許可されたポジションの限度のこと。解消する必要のないポジション枠。

オープン・アウトクライ ［Open Outcry］

買い手と売り手が立会い場に一堂に会して、買い値や売り値を互いに声に出して叫び合う取引の方式。公開セリ売買。

オープン・エンド型投資会社 ［Open-end Management Company］

ミューチュアル・ファンドの法的な名称。

➡投資信託、ミューチュアル・ファンド

オープン・ポジション ［Open Position］

反対売買や手仕舞いをせずに残っている建て玉のこと。

オシレーター ［Oscillator］

テクニカル分析の指標で、上限・下限のレンジの間を移動するもの。短期・長期の移動平均を利用することで売りや買いのシグナルが見出される。もみ合い相場のときに有効な分析手法。

➡移動平均、テクニカル分析

オッド・クーポン ［Odd Coupon］

最初または最後のクーポンの利払い期間が通常の期間よりも長いか短い場合を指す。

オフ・ザ・ラン銘柄 ［Off-The-Run Issue］

指標銘柄となっている既発債券で、同じ満期を持つもののうち、直近発行されたものでない債券を指す。オン・ザ・ラン銘柄（On The-Run Issues）と比べて広い呼値スプレッドで取引される傾向がある。

➡オン・ザ・ラン銘柄

オフショア・ファンド ［Offshore Fund］

投資家が居住する国の税制度が適用されないオフショア市場で設定されたファンド。

オプション ［Option］

原資産となる金融資産や商品を売買する権利。購入者または所有者は、権利を保有し、義務を伴わない。購入者が契約の履行を義務付けられる先物とは違い、オプションは権利を行使するか否かの選択肢を与える。オプション契約には当日またはその日までに権利を行使できる将来の期日が指定されている。この期日を行使期間満了日という。オプションの価格（行使価格のこと。Strike Price、Exercise Priceという）は権利を行使することができる価格を指す。オプションは柔軟性に富んだ商品で、投資家が価格変動のリスクを抑えつつ利益を確保することを可能にする。他の保険商品と同様にオプションの保有者はプレミアムを支払う。オプションには2種類のものがある。コール・オプションは保有者に原資産を購入する権利を付与し、プット・オプションは売却する権利を付与する。複数のオプション取引を組み合わせてスプレッド（Spread）を作ることもできる。通常このような取引手法では同じクラス（同種のオプション）で価格や満了日の異なるオプションを同時に購入・売却する形をとる。オ

プションには取引所取引と店頭（OTC）取引の2種類がある。

➡️デリバティブ、派生商品、先物、価格差、サヤ、スプレッド

オプション・シリーズ［Option Series］

同じ商品を原資産とし、行使期間や行使価格も同じオプション契約のこと。

オプション戦略［Option Strategies］

ヘッジや投機目的のためにコールやプットを組み合わせた戦略。ブル・スプレッド（Bull Spread）、ベア・スプレッド（Bear Spread）、バタフライ・スプレッド（Butterfly Spread）、コンドル・スプレッド（Condor Spread）、リスク・リバーサル（Risk Reversal）、ストラドル（Straddle）、ストラングル（Strangle）などがある。

オプションの売り手［Option Writer］

オプション契約において、オプションの買い子が支払うプレミアムと引き換えに、あらかじめ設定した価格で原資産を買ったり売ったりする義務を持つ側。

オプションの買い手［Option Holder］

オプション契約において原資産を購入または売却する権利を得るためにプレミアムを支払う側。

オプション配当［Optional Dividend］

現金または株式の形式で支払われる配当。株主がどちらかを選択できる。

オプション・プレミアム［Option Premium］

オプションを購入する際に支払われる価格。プレミアムには本質的価値と時間的価値が含まれる。

オフ・バランス金融［Off Balance Sheet］

企業が締結する権利義務関係のうち帳簿に記載する必要のないもの。例えばリースやプロジェクト・ファイナンスなど。銀行などの場合は、スワップやオプションの取引や信用状などが含まれる。

➡️L/C、信用状、オプション、スワップ

オメガ［Omega］

オプション取引に関わる通貨リスクで、オプションの売り手や購入者が異なる通貨で決済を行う際に生じる。

➡️オプション

オン・ザ・ラン銘柄［On-The-Run Issue］

最も新しく発行された債券で、既発債と比べて狭い呼値スプレッドで取引される。

111

カ

ガーマン・コールハーゲン・モデル ［Garman Kohlhagen Model］

通貨オプションの価格評価方式で、ブラック・ショールズ・モデルに似ているが、国内外の金利に対応するために別々の条件が設定されている。

➡ブラック・ショールズ・モデル、オプション

買入基金 ［Purchase Fund］

減債基金に似ているが、強制的なものではない。借り手は債券が市場で額面価格かそれ以下で取引されている場合に買い戻しを行う。

➡比例配分型減債基金

会員権 ［Seat］

取引所の会員はその取引所に「席（Seat）」があると表現する。会員権は売買することができる。

買い切り ［Outright Purchase］

公的機関が政府発行の証券を買い切ること。後に売り戻すためのレポ取引やリバース・レポなどの取り決めが交わされていないことを意味する。

会計監査 ［Audit］

企業の会計報告に対する正式な監査のこと。

会計検査院 ［GAO］

米国の政府機関の監査を担当するとともに、より広い政策の評価も行う。院長はController Generalと呼ばれる。GAOはGeneral Accounting Officeの略。

会計年度 ［Financial Year］

企業が決算のために採用する1年の期間。カレンダー年度と同じでも違う期間でもかまわない。

外国為替市場 ［FX］

様々な受け渡し日で様々な通貨を交換する市場。多くの場合、取引は12カ月未満で、スポット（直物）、フォワード、先物、オプションなどの形態をとる。為替相場は、ある通貨を購入する際に必要となる別の通貨の単位数を意味する。FXはForeign Exchangeの略。

➡現物市場、直物市場、先渡し契約、先物、オプション

外国債券 ［Foreign Bond］

外国の借り手によって国内の資本市場で国内通貨建てで発行される債券。発行市場に応じてBulldog Bond（ブルドッグ債）、Matador Bond（マタドール債）、Samurai Bond（サムライ債）、Yankee Bond（ヤンキー債）など異なる名前がつけられている。

外国手形 ［Foreign Acceptances］

国内の銀行引受手形と類似のもので、米ドル建てで発行され、米国に籍を置く外国の銀行・機関の信用によって裏付けられたもの。通常は、普通の銀行引受手形よりも高い利回りで取引される。

買い下がり、スケール・ダウン ［Scaledown］

下落相場の過程で一定の価格幅で購入していくこと。スケール・アップの反対。

➡️スケール・アップ

外挿法［**Extrapolation**］

予想を越えるレート、数値を推定するための数学的手法。

➡️内挿法

買付選択権［**Call**］

オプションの一種で、保有者に原資産を購入する権利を付与するもの。

➡️オプション、プットオプション

買い手市場［**Offer Market**］

売り手のほうが買い手よりも多い相場状況。売り手市場（Bid Market）の反対。

➡️売り手市場

回転信用貸出枠［**Revolving Line of Credit**］

借入人が手数料と引き換えに必要なだけ資金を引き出せる銀行の信用枠のこと。リボルバー（Revolver）ともいう。

回転売買［**Churning**］

顧客のポートフォリオで何回も売買を繰り返すことで、口座の管理を任されたブローカーが余計に手数料を稼ぐこと。

➡️ブローカー

買い取り引受け［**Bought Deal**］

➡️一括買い入れ

買い値［**Bid**］

マーケット・メーカーが提示する証券や金融商品の買い値のこと。

買い持ちポジション（ロング・ポジション）［**Long Position**］

価格上昇を見込んだ資産の購入、または購入が売却を上回る状態にあるポジションを指す。ロング・ポジションは、対応する金額での売却を行うことで解消できる。

➡️売り持ちポジション、ショート・ポジション

買い戻し［**Shortcovering**］

ショート・ポジションを手仕舞うために以前売却した証券や資産を買い戻すこと。Bear Covering（ベア・カバリング）ともいう。

➡️売り持ちポジション、ショート・ポジション

買い戻し条件付き取引［**Repurchase Agreement**］

証券を売却する際に、将来の特定の期日にあらかじめ取り決めた価格でカウンターパーティから証券を買い戻す約束を交わすこと。レポ取引。これによってトレーダーは証券の空売りが可能になり、証券の所有者は証券を貸し出すことで追加収入を得ることができる。この取引過程では、カウンターパーティ側が実質的な資金の借り手となるため、証券の所有者に金利を支払う。この金利をレポ金利という。リバース・レポ（Reverse Repo）は逆の状態を指し、カウンターパーティ側が資金の貸し手となる。中央銀行の一部では、レポ取引を短期金融市場操作に採用している。

海里［**Nautical Mile**］

1海里は赤道直下で6,045.93フィート、緯度90度では6,107.98フィートと、差が

ある。平均的な海里は6,076.91フィート。

乖離［**Kairi**］

直近の終値と単純移動平均との差をパーセンテージで表したテクニカル分析の指標。トレンドを示す指標として、または割高・割安のシグナルとして活用できる。
➡買われ過ぎ、売られ過ぎ、テクニカル分析

乖離法［**MACD**］

このテクニカル分析手法では2本の加重移動平均線を用いてゼロを基準とする線を上下に移動する2本の線を描く。2本の線が交差する時に「売り」や「買い」のシグナルとなる。また、両方の線がゼロの基準線から上下どちらかに大幅に移動した時にはそれぞれ買われ過ぎや売られ過ぎのシグナルになる。MACDはMoving Average Convergence/Divergenceの略。
➡テクニカル分析

価格差［**Spread**］

買い値と売り値の差。サヤ、スプレッドともいう。通常はこの差が大きければ市場に流動性が不足していることを意味する。また、質が同じで満期が異なる、または満期が同じで質が異なる2つの確定利付証券の利回りの差を指すこともある。先物のスプレッドの場合は、同じ市場または異なる市場の限月間に生じる価格差を意味する。

価格指標［**Price Indicators**］

一連の製品群に対して平均的な消費者が支払う価格から、工場出荷時に支払われる価格までを対象に、ある価格グループに生じる変化の程度と変化率を計測したもの。
➡経済指標

格上げ［**Upgrade**］

債券の発行体や債券自体の格付けが上昇すること。格下げの反対。
➡格下げ

格下げ［**Downgrade**］

債券の発行体や、債券自体の信用格付けが引き下げられること。格上げの反対。
➡信用格付け、格上げ

拡大議決権付き株券［**Super Voting Share**］

米国以外ではあまり見られない株式資本構成で、発行時点から特定の株主に拡大された議決権を付与するもの。

拡大信用供与制度［**Extended Fund Facility**］

IMFが加盟国に提供する支援措置のひとつ。生産、貿易、価格面での構造的不均衡により、国際収支が大幅に悪化した国や、低成長と国際収支上の潜在的な弱さを特徴とする経済情勢に対して供与される。IMFのスタンバイ引出し枠に似た条件下で、3年間にわたって供与を受けることができる。
➡IMF

確定給付［**Annuity**］

一定の期間を通じて一定の収入がもたらされる投資商品。

確定注文 ［Firm Order］
顧客からの売買注文で、再確認を待たずに実行に移すことができるもの。

確定利付き証券 ［Fixed Income］
クーポンの形で金利が支払われる債券や融資などの債務証券の総称。通常は利払いが固定（fix）されているので、Fixed Incomeと呼ばれる。
➡債務証券

カクテル・スワップ ［Cocktail Swap］
数種類のスワップの組み合わせ。大規模な融資案件のリスクを分散するために組み込まれるもの。

額面価格 ［Face Value］
名目上の価値のこと。一般的には証書や債券など特定の権利を記載した券面の表に書かれた名目価値。債務証券の場合は満期に返済されるべき金額を指す。Par Value、Nominal Valueともいう。

額面売買債券、パー・ボンド ［Par Bond］
額面価格で発行される債券のこと。また、債務を再構築する際に返済コストを削減するために額面価格で既発債と交換される債券。

格安ブローカー、ディスカウント・ブローカー ［Discount Brokerage］
顧客の注文を割安の手数料で執行する証券会社。ディスカウント・ブローカーは手数料を割り引かないブローカーやフル・サービス・ブローカーと比べて、顧客に提供するサービスの種類が少ない。
➡ブローカー

下降トレンド ［Downtrend］
一般的に価格の下落傾向を表す用語。テクニカル分析ではより厳密に、連続して下落する4つの価格ポイントがトレンドラインでつながった時点で下降トレンドが確認される。
➡テクニカル分析、傾向線、トレンドライン

貸し倒れ引当金 ［Loan Loss Provisions］
債権の回収不能を見越して引き当てられた資金で、銀行の損益計算書では営業費用として記載される。

貸出マージン ［Lending Margin］
借り手が、合意した基準金利に上乗せして支払うことを約束した一定の金利。

加重移動平均 ［Exponential Moving Average］
最近の値動きにより高い比重を置いた移動平均線。
➡移動平均

加重平均クーポン ［Weighted Average Coupon］
パススルー証券の裏付けとなるモーゲージ・プールのローン金利を加重平均したもの。

加重平均資本コスト ［WACC］
投資対象が充分な収益を生み出すかどうかを判断する際に用いる。債務と自己資本のコストの加重平均。WACCはWeighted Average Cost of Capitalの略。

力

加重平均満期 [Weighted Average Maturity]

モーゲージ・プールのローン期間を加重平均したもの。

過少資本 [Undercapitalized]

事業活動および必要な拡張策を可能にする株主資本が不足している状態をいう。

カストディー [Custody]

証券の保管と保護預り、そして所有権に関する正確な記録の管理を意味する昔からの用語。クロス・ボーダー取引が増加した昨今、複数の国家にまたがる保管サービスの必要性が高まっている。投資家にとっては複数の国に分散された複数の保管サービスよりも、世界共通の単一の保管サービスのほうが都合がよいとされる。

ガス油比 [Gas to Oil Ratio]

大気圧で原油1バレルあたりに含まれるガスの量を立方フィート数で表したもの。または、原油量に対するガスの比率。

寡占的支配 [Oligopoly]

ある商品を販売する少数の企業が供給をコントロールすることで価格に影響を与えている状況。

合併 [Merger]

2社以上の企業が統合すること。買収（acquisitionやtakeover）も含む。

カバード・コール・オプション戦略 [Covered Call Writing]

オプション取引手法の一種で、コール・オプションの売り持ちと原資産の買い持ちを組み合わせたもの。原資産を保有することでコール・オプションの権利行使に伴う売りに対応することができる。

➡オプション

カバード・ワラント [Covered Warrant]

原資産の発行体とは別の第三者（主に金融機関）が、それを裏付けとして発行するワラント。例えばメリルリンチがゼネラル・モーターズの株式のカバード・ワラントを発行すること。ワラント権が行使された場合でも対象となる株式の少なくとも一部を保有しているので、「カバーされている」と表現する。

➡株式、ワラント

過半数株主持ち分 [Majority Interest]

企業の株式の過半数に該当する主要な株式持ち分。

株価インデックスファンド [Stock Index Fund]

➡株価指数ファンド

株価指数 [Stock Index]

ベースとなる過去の参考時点と比較して、市場全体がどのようなパフォーマンスを示したかを数字で表したもの。株価指数の動向について複合的な計測値を算出する方法には加重・非加重の2種類がある。非加重指数は単純な平均のことを指す。加重指数は通常、特定の銘柄に市場価値や時価総額を反映したより大きな比重を持たせる形で構成される。

➡時価総額加重指数

株価指数ファンド ［Stock Index Fund］
特定の株価指数を構成する一群の証券を投資対象とするファンド。

株価収益率 ［P/E Ratio, PER］
企業の株価を一株当たり利益（EPS）で割って算出する。投資価値を判断する上で最も重要な比率のひとつで、株価が割高か割安かを示す指標として広く利用されている。収益の何倍まで株価に反映されているかを示すもの。PERはPrice Earnings Ratioの略。

➡EPS、PEG Ratio

株価平均 ［Stock Average］
株価の算術平均のことを指す。Index（指数）ともいう。

株券貸し付け ［Stock Lending］
供給不足の状態にある株式を機関投資家などの長期保有者が貸し出すこと。投資会社の方では通常は実際に株式の受け渡しを受けることなく、デリバティブ戦略の原資産として利用する。

株式 ［Stock, Share, Equity］
企業の所有権を表象するもので、企業収益の一部を受け取る権利を指し、株主の企業に対する持ち分を示す。株式は株式市場で発行・取引される。

➡普通株、優先株

株式オプション ［Equity Options］
株式を買ったり売ったりする権利を付与するオプション。

株式公開 ［Going public］
非公開企業が株式取引所に株式を上場して一般投資家に販売すること。「Flotation（新規証券の募集）」または「Issuing an IPO（IPOを実施する）」ともいう。

➡証券発行

株式公開買い付け ［Takeover Bid ［TOB］］
買収に際して買い手側の企業が一定条件で対象企業の株式を買い付けること。提示条件は現金、株式、またはその組み合わせのいずれでもよい。通常は買い付け期限が設けられる。

株式新規公開 ［IPO］
未公開企業の株式が一般投資家向けに初めて売り出されること。企業が新たに資本を調達したり、取引所への上場を果たすために実施する。通常、発行企業は価格を設定し新規発行を促進する引き受け会社を介して株式を発行する。Flotation（新規株式の公開）、Going Public（株式を公開する）ともいう。IPOはInitial Public Offeringの略。

➡Flotation、Going Public

株式の希薄化・希釈化 ［Dilution］
株主割当や無償株式交付の実施などで発行済み株式数が増えた結果、既存の株主にとって保有する株式の価値が減少すること。米国では希薄化後の一株当たり利益は、ワラントやストック・オプションが行使され、転換社債や優先株が転換されたと仮定した場合の利益を指す。

株価収益率（PER）

株価を、公表されている最新の通期の純利益で割ったもの。ある会社のEPSが
10で株価が150だった場合、PERは15になる。別の言い方をすれば、この株
式投資の元を取るまでに15年かかることを意味する。PERの逆数が益回り
（Earnings Yield）で、1／PERのことである。会社のPERが15の場合、益
回りは6.66％（1割る15）となる。

株価指数の場合は平均的なPERは歴史的に10から20の範囲内にとどまるが、
個別の企業ではその株式に対する投資家の見方を反映して、比率が3以下から
1,000以上まで大きくぶれることがある。また、株式市場の指数でも時にPER
の平均が50を越えることがある。例としては1980年代後半の日本や、今世紀
初めのNASDAQ市場などがあげられる。

予想PERを求める際にはアナリストはまずEPSを予想して、その予想EPSで直
近の株価を割って計算する。

ヒストリカルPER（または実績基準PER）が1,000であっても、ある会社の利
益が今後5年間は毎年3倍のペースで増加すると予想されるならば、投資家は難
なく投資を回収することができるだろう。なぜなら予想の1年目に333だった
PERは2年目には111に、という具合に年々低下するからである。PERが比較
的低い場合は、その会社に対する投資家の見通しが暗く、かなり低い倍数であっ
ても株式を購入するつもりがないことを意味する。

PERは単独で判断すべきものではなく、業界や国の平均値との比較が必要とな
る。鉄鋼会社、造船所、建設会社などの低成長企業のPERは10以下と比較的低
いのに対して、ハイテク企業ではPERがしばしば40倍を越えることがある。

PERは理解しやすく金融専門紙などで容易に入手できることから、企業評価の
手法として最も広く利用されている。だが、欠陥も多い。分母となる純利益は
会計基準、減価償却方式、金利動向、または税率などの変化に左右される。例
えば同額のキャッシュ・フローを持つ2社であっても、それぞれの当期純利益
はまったく異なるかもしれない。近年、アナリストが株価／ＥＢＩＴＤＡ
（Earnings Before Interest, Taxation, Depreciation and Amortization、
利払い・税金・償却前利益）を採用するようになったのはこのような理由によ
る。

また、評価対象がハイテク・ベンチャーなどによく見られるような利益の出て
いない会社の場合、投資家は株価売上比率（Price/Sales Ratio、株価を一株
当たり売上高で割ったもの、PSR）を計算して、株価を売上と比較する。

また、PERの分子に該当する時価総額も、企業の総コストについての完璧な尺
度を提供するとはいえない。例えば、時価総額が同じ10億ドルの2社で、純利
益から計算してPERも同じ10だとする。だが、会社Aが10億ドルの負債を抱
えているのに対して会社Bが負債ゼロであっても、PERには反映されない。そ
こでアナリストは時価総額の代わりに事業価値（Enterprise Value）を採用
するようになっている。これは時価総額に負債を足して現金を差し引いたもの
で、上場企業の真の価値を見極めるより良い視点を提供するものである。

いまのところPERを最も突き詰めたものが事業価値／EBITDAだが、これは価

値とリスクの両方を計測し、国ごとの減価償却率、金利や税制などによる歪みをも差し引いたものである。唯一の問題は算出するのに手間がかかり過ぎることだろう。

公式：株価／EPS

例：

（2000年4月7日のロイター社株の終値である12.92ポンドを元にした）

ロイター社1999年度PER＝12.92/0.302＝42.78

ロイター社2000年度PER＝12.92/0.276＝46.81

ロイター社2001年度PER＝12.92/0.306＝42.22

英国の主要指数とセクター指数に対するロイター社の実績基準PERとの比較：

ロイター社PER： 42.78

FT全種指数PER： 26.70

FTSEメディア・写真業種指数： 73.90

株式配当

① ［Scrip Issue］

企業が資金を資本準備金から資本に振り替える際に株主に無償で発行する株式のこと。既存の株主に対してそれぞれの現在の持ち株比率に応じて配分される。無償交付ともいう。

➡無償交付

② ［Stock Dividend］

株主に支払われる配当の一種で、株式で支払われるもの。

➡配当

株式発行による資金調達 ［Equity Financing］

投資家に普通株や優先株を販売して資金を調達すること。

株式ブローカー ［Stock Broker］

個人や法人の顧客を相手に取引の執行や投資アドバイスを提供する会社や個人のこと。取引を仲介するが、取引当事者の役割は果たさない。

株式分割 ［Stock Split］

株式をより小さな単位に分割することを指し、株主資本や資本準備金には影響しない。株式併合（Reverse Stock Split）の反対。

➡株式併合

株式併合 ［Reverse Stock Split］

発行済み株式数を減らすこと。株主にとっては持ち株比率は変わらず、コストがかからずに実施される。株式分割に比べて一般的とはいえず、株価が低いときに実施される。ネガティブ・ストック・スプリット（Negative Stock Split）ともいう。

➡株式分割

株式名簿 ［Share Register］

企業の株主構成についての詳細情報が記録された中心的な名簿。

株式リスク・プレミアム [Equity Risk Premium]

株式市場全体または特定の株式が、市場リスクの代替として求められる短期国債の利回りを越える利回り相当分。

株主 [Shareholder]

組織や企業の持ち分や株式を所有する個人のこと。

株主価値 [Shareholder Value]

企業が株主に対して配当と株価の両面で価値を提供する能力を表す。企業の投資活動や、資本を活用してキャッシュ・フローを生み出す側面に注目した企業価値。

株主資本 [Equity]

企業に対する株主の持ち分。

株主割当増資 [Rights Issue]

企業の資金調達手段のひとつで、まず既存の株主に対して提供されるもの。株主割当発行によって株主は保有する1株ごとに持ち株数を増やすことが可能で、例えば3株につき2株の新株割り当ての場合には保有する3株ごとに2株を追加購入する権利が与えられる。このようにして発行された株式は市場で取引することができる。

株主割当発行 [Rights Issue]

➡株主割当増資

カラー [Collar]

金利の支払いを一定の枠内に限定するためにキャップ・オプションの買い持ちとフロア・オプションの売り持ちを組み合わせること。フロアを売って得たプレミアムで、キャップ購入に要するプレミアムの一部または全額をまかなう。

➡キャップ、デリバティブ、フロア

空売り [Short-Selling]

価格の下落を見込んで保有していない証券を売却すること。つまり、売却する前にロング・ポジションを構築していないことを意味する。ショート・ポジションをカバーするために買い戻しに転じることを、市場では「ショートをカバーする（Shortcovering）」という。

➡買い戻し、ショート・カバー

空売り証拠金勘定 [Short Margin Account]

信用買いとは反対に空売りを行う投資家に委託証拠金が要求される信用取引口座のこと。

借り入れによる資金調達 [Debt Financing]

債券、短期証券、中期証券などの債務証券を販売して資金を調達すること。

借り入れ必要額 [Borrowing Requirement]

財政赤字や債務償還を手当てするために政府が必要とする差し引き額。

借り換え

① [Refinancing]

新たな債券発行や融資により調達した資金で既存の債権や融資を返済すること。2つの融資の債権者が実質的に同じ場合、形式上はリスケジューリングと

いってもよい。

➡リスケジュール

② [Refunding]

債券の償還に際し、新たな債券を発行することで債務を借り替えること。債務の返済期限は延長される。

③ [Rollover]

融資を期間ごとに、その時点の市場実勢の借入金利で借りること。

カルテル [Cartel]

企業、組織あるいは国家などが通常は暗黙の了解として、集団で製品の価格や供給に影響を与えることに合意すること。こうした集団は独占企業に比べて影響力は小さい。米国ではトラスト（Trust）と呼ぶこともある。

カレント・クーポン [Current Coupon]

変動利付き債などの変動金利型証券の、現在の金利期間のクーポン利率。

➡クーポン

川下部門 [Downstream]

精製、輸送、マーケティングなど、原油が生産された後に続く作業行程。

➡原油

為替管理 [Exchange Controls]

国家が財政状態や通貨の価値を保護し維持する目的で採用する政策。外国為替取引に禁止事項や規制事項を設けることを指し、主に自国民による取引が対象となる。

為替相場メカニズム [ERM]

ユーロ導入に先立って、EU構成国の通貨変動を制限することを目的としたシステム。1979年に策定されたルールに従って、各国通貨は固定された中心レートの上下に設定された範囲内で変動することが容認された。ERMはExchange Rate Mechanismの略。

➡EU、ユーロ

為替手形 [Bill of Exchange]

国際貿易の資金調達に利用される古くからある金融商品。為替手形は、事前に指定された将来の期日（期限付為替手形）、あるいは手形が提示された時点（一覧払為替手形）のいずれかに、指定された金額を手形の保有者に支払うことを指示するもの。割引適格手形（Eligible Bills）、商業手形（Commercial Bills）、貿易手形（Trade Bills）、銀行引受手形（BA）とも呼ばれる。

為替取引枠 [Currency Limit]

ディーラー、ディーラーのグループ、またはディーリング・ルームに許可された、通貨ごとの取引上限額のこと。

為替のフォワード契約 [FXA]

通貨デリバティブの一種で、契約の開始日のフォワード・レートと決済日のスポット・レートの差に基づいて決済されるもの。FXAはForward Exchange Agreementの略。

➡デリバティブ、FRA

為替リスク

① ［Currency Risk］

為替レートが不利な方向に動いた場合に損失が発生しうる潜在的なリスク。

② ［Translation Risk］

貸借対照表作成時における為替換算リスク。

買われ過ぎ ［Overbought］

経済のファンダメンタル要因に基づく水準よりも価格が上昇し過ぎた状態を指す。相場が調整局面入りして下落する可能性がある。テクニカル分析では、ある証券の相対強度指数（RSI）が75％を以上を記録した段階で買われ過ぎと解釈する。売られ過ぎ（Oversold）の反対。

➡売られ過ぎ、相対強度指数、テクニカル分析

換金作物 ［Cash Crop］

自ら消費するのではなく売却するために栽培される作物。

閑散相場 ［Thin Market］

市場に売り買いの意欲が乏しく、取引が低迷している状態を指す。市場全体あるいは個別銘柄のどちらを表すのにも使われる用語。

緩衝在庫 ［Buffer Stock］

国際機関が保有する商品の在庫のこと。この備蓄を元に売買を行って価格や供給を安定させる。

関税と貿易に関する一般協定 ［GATT］

関税の調和化に関する国際協定。GATTはGeneral Agreement on Tariffs and Tradeの略。【www.wto.org】

➡WTO

カントリー・リスク ［Country Risk］

特定の国に対して融資や投資を実施する際のリスク。Sovereign Risk（ソブリン・リスク）ともいう。

簡保 ［郵政事業庁・簡易保険局］ ［Kampo］

日本の郵政事業庁が管轄する簡易保険局を指す。国際的な外債市場や為替市場における日本の主要な機関投資家のひとつ。

元本 ［Principal］

借り入れや投資の対象となった総額を指す。例えば投資家が購入した債券の額面金額のこと。

ガンマ ［Gamma］

オプションの原資産の価格変化に対するデルタの変化の度合いを示した数値。

➡デルタ、オプション

管理通貨 ［Managed Currency］

為替レートが純粋な自由市場の力によってではなく、政府によるなんらかの介入によって決定される通貨を「管理された（Managed）」通貨という。

関連会社

① ［Affiliate］

ある会社が他の会社の議決権付き株式を過半数に満たない数だけ保有している

場合、または両社が共に別の会社の子会社である場合は、その2社は互いに関連会社である。

② [Associate]
共同事業や合弁事業に携わる複数の企業間の関係。

機関投資家 [Institutional Investors]
顧客に代わって大規模な資本を金融市場に投資する年金基金や投資信託などの金融機関のこと。

貴金属 [Precious Metals]
貴金属と呼称されるのは金、銀、プラチナ、パラジウム、ロジウム、イリジウム、オスミウム、ルテニウムの8種類。最後の4つはプラチナとパラジウムの副産物。

期近物
① [Nearbys]
先物契約の中で限月が最も近いもの。

② [Spot Month]
最も期近な先物契約のこと。

➡限月、先物

企業価値、事業価値 [EV]
時価総額に純負債を加算したもの。EV/EBITDAは上場企業の価値を評価するための最も一般的な指標だが、それは分子にあたるEVに企業の債務が含まれる（つまり買収された場合の総コストのみならず、債務と資本の比率も評価対象にできる）一方、分母にあたるEBITDAは地域限定的な規制などに起因する諸要素を除外して企業の核となる収益力に重点を置いているからである。EVはEnterprise Valueの略。

➡EBITDA

企業金融 [Corporate Finance]
顧客である企業の財務面のリスク・マネジメントに関して、為替エクスポージャーからより複雑な側面に至るまで、全般にわたるアドバイスを提供すること。

企業買収 [Takeover]
株式の取得を通じて企業の経営権を獲得すること。

企業連合 [Consortium]
共同プロジェクトの遂行のために結成される企業連合。

議決権信託 [Voting Trust]
企業が商業銀行に信託口座を開設し、普通株主に対して特典と引き換えに一定の期間だけ保有株式を預託することを奨励すること。企業が財務面で不安定な状態にあり、取締役会が早急な政策変更を行うために投票権を掌握したいときに採用する方法。

議決権信託証書 [VTC]
議決権信託が発行する譲渡可能証券で、普通株主が株式を信託口座に預託した

ことによって投票権を放棄したことを証明するもの。VTCはVoting Trust Certificateの略。

期限前償還 [Early Redemption]

発行者が満期日よりも早く債券を償還すること。

期限前償還請求権付き債券 [Callable]

事前に設定された償還価格と償還期日（コール・デート）で、繰り上げ償還を請求する権利を保有者に付与する債券。

➡プッタブル・ボンド、償還請求権付き債券

期限満了日 [Expiry Date]

先物契約の受け渡しが行われる期日。オプション取引ではヨーロピアン・オプションの権利が行使される期日。

➡先物、オプション

起債市場、発行市場 [Primary Markets]

証券の新規発行が実施される市場。その後の売買はすべて流通市場（Secondary Market）で行われる。

➡流通市場

期先 [Back Month]

現在売買されている先物またはオプション契約で、満期日までの残存期間が最も長いもの。

➡先物、オプション

基準通貨 [Base Currency]

交換レートを提示する際に基準となる通貨で、分母が1単位（100の場合もある）で表される。例えば、米ドル対円の交換レートでは米ドルが、また米ドル対英ポンドの場合はポンドが、基準通貨となっている。

基準年度／基準日 [Base Year/Base Date]

指数の作成にあたって基点として選択された年で、「100」の数値で表示される。どの年度を基準年度に選択するかは自由だが、比較的最近の年度を選ぶほうが一般的には望ましいとされる。

季節調整 [Seasonal Adjustment]

季節的な要因によって変動が予測される傾向を持つ経済指標の数値を調整すること。季節調整を施すことで経済指標の基調が判別しやすくなる。

➡経済指標

基礎要因分析、ファンダメンタルズ分析 [Fundamental Analysis]

価格動向を予測する手法のひとつで、企業の業績や、経済、政治、ビジネス環境などの実体的要因に関する調査に基づくもの。テクニカル分析と違い、ファンダメンタルズ分析では過去の事象ではなく今後の展開に焦点を当てる。ファンダメンタルズ分析を行うアナリストは需要と供給、経済統計、政府の政策、企業の財務会計などの要因を基に予測を行う。

➡定量分析、テクニカル分析

キッカー [Kicker]

債務証券の流通を促進するために追加される権利のこと。

希薄化 ［Dilutive］
株式の一株当たり利益を減少させる効果があること。

希薄化後一株当たり利益 ［Fully Diluted EPS］
転換社債、オプション、ワラント、転換型優先株などがすべて普通株式に転換
したと仮定して、水増しされた発行済み株式総数で企業利益を割って算出す
る一株当たり利益（EPS）のこと。したがって通常よりもEPS値は希薄化され
る。

ギブン ［Given］
買い呼値に応じる売り注文があったときに、主にブローカーのスピーカーを通
して聞こえてくるディーラー用語。

基本契約 ［Master Agreement］
スワップ契約を交わそうとする二者が最初に署名する合意書で、金利を設定す
るための参照事項やカウンターパーティの地位などに関する条件がすべて明記
されたもの。

基本的項目 ［Tier One］
国際決済銀行（BIS）が設定した商業銀行の自己資本比率規制ではリスクアッ
セットに対して準備する必要のある8％の資本のうち少なくとも半分はこのコ
ア・キャピタルでなければならないとされている。これは株式と公表準備金に
よって構成される。その他の部分を構成するのがTier Two（補完的項目）であ
る。これには非公表準備金、貸倒引当金、期限付き劣後債等の資本調達手段が
含まれる。コア・キャピタル（Core Capital）ともいう。
➡BIS、自己資本比率

期末配当、最終配当 ［Final Dividend］
企業が株主総会での承認を受けて、決算期末に支払う配当のこと。

記名証券 ［Registered Form］
発行者の原簿に所有者名義で登録された証券のこと。証券は記名または無記名
のいずれかの形で保管されるが、国債は記名式が最も一般的である。
➡無記名株式・無記名式

逆ウォッチ曲線（時計の反対回り） ［Counter Clockwise］
テクニカル分析の手法のひとつで、出来高に対する価格を一定期間にわたって
示したチャート。価格／出来高のパターン認識が可能になるため、投資戦略を
立てることができる。

逆ザヤ ［Backwardation］
商品市場では現物または期近の価格が期先の価格を上回る現象を指す。順ザヤ
（Contango、コンタンゴ）の逆の状態。また、先物市場では一般的に先物価格
が現物価格を下回ることを指す。たいていの場合は現物の需要が大きいことが
原因としてあげられる。
➡順ザヤ、先物

逆せり ［Dutch Auction］
競争入札の方式で、呼応する買い値が現れるまで、適正価格よりも高いレベル
から価格を徐々に下げていく。こうして得られた価格が売却価格となる。米国

財務省は財務省証券の販売にあたってテンダー（Tenders）と称する同様の方式を採用している。ダッチ・オークション、せり下げ競売。

➡短期国債

逆買収 [Reverse Takeover]

企業が自社より規模の大きい会社を買収したり、非上場会社が取引所に上場された会社を買収すること。

逆張り投資家 [Contrarian]

相場の一般的なトレンドとは逆の方向や方法で取引を行う投資家。例えば、逆張りを行う投資家は、市場で大多数の参加者が株を売っているときに株を買う。

キャッシュ [Cache]

コンピュータ・ネットワークへの接続時間を省略するために、利用頻度の高いデータやページを利用者のパソコン内に保存するコンピュータ・プログラム上の機能。

キャッシュ・アンド・キャリー取引 [Cash and Carry Trade]

裁定取引のポジションの一種。典型的な形としては現物価格とキャリーコストを加算した額が先物価格よりも安い場合に、現物市場でのロング・ポジションとそれに対応する先物契約のショート・ポジションを同時に保有する。アービトラージャーが現物を買って将来の先渡し期日まで保有（Carry）すること。Long Basis Trading（ベーシス取引）、Buying the Basis（ベーシスを買う）ともいう。

➡裁定取引、ベーシス、先物

キャッシュ・カウ [Cash Cow]

確実で安定した現金収入を生み出すもので、通常はそうした商品や事業を指す。

キャッシュ・フロー、現金収支 [Cash Flow]

企業の財務諸表の中でも重要な意味を持つデータ。税引き前利益に減価償却引当金を加算したものを指す。また、債券の保有者が定期的な利払いから得る資金の流れを意味する用語でもある。

キャッシュ・マネジメント・ビル（出納管理証券）[Cash Management Bills]

米国財務省短期証券の一種で、満期日が数日から6カ月の割引債を指す。財務省短期証券と同様に入札方式で販売されるが、発行は不定期で、入札当日になって発表されることもある。このような証券には非競争入札は適用されない。

➡短期国債

ギャッピング [Gapping]

資産と債務の満期を意図的にミスマッチさせ、借り入れは短期、貸し付けは長期で行うこと。

キャップ [Cap]

金利デリバティブの一種で、金利上昇をヘッジするように設計されたもの。権

利行使期間中に金利が行使レベルより上昇した場合は、保有者は権利を行使して超過額に相当する現金支払いを受けることができる。キャップ契約の有効期間は通常は2年から5年である。このオプションはキャップの有効期間中は定期的に行使することができる。

➡️デリバティブ、フロア

キャップ付き変動利付債［Capped Note］

クーポン・レートに上限（キャップ）が組み込まれている変動利付き証券のこと。

➡️キャップ

ギャップ

① ［GAAP］

一般に認められた会計基準。会計業務を定義づける方法論やルールを指す。GAAPはGenerally Accepted Accounting Principlesの略。

② ［Gaps］

テクニカル分析の用語で、チャート上に現れた空白、マド（ギャップ）を指す。数種類の異なるギャップがあり、上向きのギャップは相場の強さを、下向きのものはその逆を示す。ブレークアウェイ（突破）ギャップは主要な価格パターンの終了に伴って現れ、重要な変化を示唆する。

➡️テクニカル分析

キャピタル・ゲイン［Capital Gain］

保有資産を取得コストより高い値段で売却したことから生じる利益。実質的なキャピタル・ゲインはインフレや為替の動向に左右される。売却益、償還差益。

キャピタル・リスク［Capital Risk］

企業の株価の下落や価値の消失に伴ってキャピタル・ロスが生じるリスク。
➡️リスク

キャピタル・ロス［Capital Loss］

保有資産の売却価格が取得コストを下回る場合に生じる損失。売却損、償還差損。

キャリーズ［Carries］

ロンドン金属取引所（LME）で使われる用語で、同じ受け渡し期日を持つ契約の一方を購入すると同時に他方を売却することを指す。他の市場ではストラドル（Straddles）またはスイッチ（Switches）と呼ばれる。

➡️LME、ストラドル、スイッチ

キャリングコスト［Cost of Carry］

金融商品がもたらす金利収入と、その金融商品のポジションを維持するのにかかる資金調達コストとの差額。持ち越し費用

➡️ポジティブ・キャリー、ネガティブ・キャリー

キャリング・チャージ［Carrying Charge］

商品市場の用語で、通常は保管料や保険料などの付帯費用を意味する。先物契約の受け渡しの場合はこれにサンプリング、検量、修理などの費用が加わる。

また、保険料、保管料、金利コストが限月間の価格差に完全に反映されている先物市場を表すこともある。持ち越し費用。

➡先物

ギャリング比率［Gearing］

企業が保有する債務に対する株主資本の比率。負債比率。企業の債務支払い能力を表す。株主資本に対する債務の比率が高いほどギャリングは高くなる。高いギャリングを示す企業はビジネスの浮き沈みに影響を受けやすいことから、株主にとってよりリスクが高いことを意味する。デリバティブ市場では、オプションや先物契約の購入に要した現金の額を原資産の価値と比較した数値を指す。負債比率、レバレッジ（Leverage）比率ともいう。

➡デリバティブ

ギャン・アングル［Gann Angles］

テクニカル分析で、市場価格の最高値と最安値からトレンドラインを引く際の特定の角度を指す。ギャン・アングルの中で最も重要なのは45度線で、時間と価格の間に完全にバランスが取れた状態を示す角度とされている。通常、45度線を破る動きは大規模な反転を意味する。

➡テクニカル分析

キューシップ銘柄番号［CUSIP Numbers］

米国の統一証券識別手続き委員会（CUSIP, Committee on Uniform Securities Identification Procedures）が発行する番号。財務省、連邦州、地方、企業がそれぞれ発行する証券に対して割り当てられた固有の識別番号。

競争入札［Competitive Bid Auction］

国債の発行に通常採用される入札方式で、引受業者が数量と希望価格を提示する。債券は入札価格に応じて決定された表面利率で応募状況を元に割り当てられる。

➡逆せり、せり下げ競売、ダッチ・オークション

協調介入［Concerted Intervention］

複数の中央銀行が事前の取り決めに基づいて外国為替市場に同時介入すること。

➡中央銀行による市場介入

協調融資

①［Co-financing］

商業銀行だけでなく国際通貨基金（IMF）や世界銀行など国際融資機関の参加を得て実施される国家向けの協調融資。このような形をとることで商業銀行も融資がしやすくなる。

②［Syndicated Loan］

主幹事の主導の下でシンジケート団を組んだ複数の銀行によって計画される大規模融資のこと。シンジケート・ローン。

共通農業政策［CAP］

欧州連合（EU）の政策で、適正価格での安定供給を確保すると同時に、農家の収入も保証することで域内の商品市場の安定化をはかるのが目的。価格維持メ

カニズムと輸出規制を複雑に組み合わせた形で施行される。CAPはCommon Agricultural Policyの略。

→EU、グリーン・レート

共同投資行為 ［Acting in Concert］

企業買収に必要な株式の買占めや、発行済み株式の公開買付けを正当に実施するのに必要な最低数の株式の購入といった共通の目的のために、複数の投資家が協力して行動すること。共同投資行為は時に違法とみなされる。一般的にコンサート・パーティ（Concert Party）ともいう。

→Warehousing

業界アナリスト ［Sector Analysts］

特定の産業を専門に分析する市場アナリストのこと。その産業に属する特定企業を研究し、その結果に基づいて「売り」や「買い」を推奨する。

業種別株価指数 ［Sector Index］

株式市場の複合指数のひとつで、特定業種の相場動向を反映したもの。

ギルト・エッジ証券 ［Gilt-edged］

リスクの低い優良証券を表す用語。英国や南アフリカの国債はギルト（Gilt）と呼ばれる。

緊急購入（夜明けの急襲）［Dawn Raid］

企業買収に備えるために、あるいはその進行過程において、買収側が短期間に大量の株式を購入してポジションを確保すること。多くの場合、買い付けは取引開始直後に実行される。

→株式

均衡予算 ［Balanced Budget］

政府予算がその歳出と歳入において均衡している状態。中立予算（Neutral Budget、ニュートラル・バジェット）ともいう。

→予算

銀行間市場 ［Interbank Market］

銀行間の専門的な市場を指す用語で、一般的には銀行間の為替市場のこと。

銀行手形 ［Bank Bill］

銀行が発行または引き受けを行った為替手形。リスクがより少なく割引幅も小さいことから、通常の輸出手形と比べて引き受けやすい。

→為替手形

銀行引受手形 ［BA］

無記名式の短期手形で、額面以下で売却されて、引き受け銀行によって満期に額面価格で償還されるもの。期限付き手形（Time Drafts、タイム・ドラフツ）ともいう。BAはBankers' Acceptancesの略。

→為替手形

金本位制 ［Gold Standard］

通貨の価値が金との関係によって決定される、固定為替レートの金融システム。このシステムの下では、中央銀行は自国通貨と金の交換を保証する必要がある。ほとんどの先進国が第二次世界大戦が終結するまでに金本位制を放棄し

た。

金融政策 [Monetary Policy]

マネー・サプライと全般的な金利水準に関する政府の政策。通常、中央銀行が政府に代わって実施する。

➡中央銀行、財政政策、マネー・サプライ

金融政策委員会 [MPC]

金利政策を決定するイングランド銀行（英国中央銀行）の金融政策委員会のこと。MPCはMonetary Policy Committeeの略。

金融センター [Financial Centre]

首都など、その国の国際・国内金融取引の中心地。企業の商業取引と政府機関同士の取引の両方が行われる場。例えば東京、パリ、ブリュッセルなどの都市を指す。ロンドンでは金融の中心地はThe City（ザ・シティ）、The Square Mile（1マイル四方）などと呼ばれる。首都でない都市ではニューヨーク、シカゴ、フランクフルト、ミラノ、香港、シドニー、トロント、大阪などがあげられる。

金融仲介業 [Financial Intermediation]

資本の利用者と供給者を結びつける仲介者を指す。主に商業銀行や投資銀行の行動を表すのに用いられる用語。

禁輸措置 [Embargo]

臨時措置として商品の輸出入を停止することを指し、特定の1カ国が特定の他国に対して実施するのが一般的である。

金利 [Interest Rate]

借り手が貸し手に対して支払う資金調達コストで、通常は年次ベースで一定の期間にわたって支払われる。貸し手がこうむる資金の即時利用機会の喪失、インフレによる融資期間中の購買力の低下、さらに貸し出しに伴うリスクの代償として支払われるもの。金利も、他の物と同様に、通常の需要と供給の分析の枠組みの中で分析することが可能である。

金利格差 [Interest Rate Differential]

国際間の金利の差を指す。通貨のフォワード取引の価格設定に用いられる。

金利税引き前利益 [EBIT]

金利と税金を差し引く前の利益を指す。EBITはEarnings Before Interest and Taxの略。

金利負担率 [Interest Cover]

企業に支払い利息の何倍の総利益があるかを示すもので、Income Earningともいう。企業の一定期間の税引き前営業利益を支払い利息で割って計算する。

金利リスク [Interest Rate Risk]

金利が不利な方向に動くことによって損失が生じたり利益が減少したりする潜在的なリスク。

ク

偶発利益 ［Windfall Profit］

予想外の利益があがること。特別な1回限りの状況によって生じるもの。

クーポン ［Coupon］

債券に支払われる金利を、額面価格に対するパーセンテージで示したもの。確定クーポン付き債券の場合は年に1回または2回の利払いが行われる。また、債券の券面に付いている、保有者が利払いを受ける権利を表象する切り離し可能な証書部分を表す用語でもある。表面利率、利札。

➡普通社債、無記名株式・無記名式

クーポン・ストリッピング ［Coupon Stripping］

債券からクーポンを切り離して、元本部分とクーポン部分が別々に取引されるようにすること。これによって、ゼロ・クーポン債が作り出される。

➡ゼロ・クーポン債

クオート・ドリブン ［Quote Driven］

登録されたマーケット・メーカーが買い値と売り値、また場合によってはこれらの価格で取引を執行する際の最良の株式数の提示を義務付けられている市場をクオート・ドリブンと表現する。例としては、ロンドンのSEAQシステムやNASDAQ市場などがあげられる。

➡NASDAQ、SEAQ、オーダー・ドリブン

クラック・スプレッド ［Crack Spread］

精製後または熱分解後に原油1バレルあたりから生産される石油製品の理論上の市場価値を算出する方法。1バレルの原油から得られる石油製品の量が一定ではないため、クラック・スプレッドには精製マージンは反映されない。

繰り上げ償還条項 ［Call Provision］

債券の信託証書に定められた条項で、発行者が満期日より前に発行残高の一部または全額を買い戻すことができる権利。

クリアリング・ハウス ［Clearing House］

市場の管理中枢に位置して、すべての取引を清算する機関のこと。また、取引を管理するだけでなく契約の履行も保証する。取引が付け合わされた際には買い手と売り手の双方のカウンターパーティを務め、カウンターパーティ・リスクを大幅に減少させる。その他の機能には、先物契約の受け渡しの監督や証拠金勘定の管理が含まれる。

➡委託証拠金、委託保証金

クリアリング・バンク ［Clearing Bank］

小切手の清算機構を担う英国の手形交換所加盟の銀行のこと。清算機構経由で小切手を処理して受取人が対価を得られるようにすることを、小切手を「クリアする」という。

グリーンシュー・オプション ［Greenshoe Option］

一般投資家の需要が予想以上に強い場合に証券の追加発行を認める、引受契約に含まれる条項。

クリーン・プライス [Clean Price]

債券のキャッシュ・フローの現在価値のことで、経過利息を差し引いたもの。基本的には債券の市場価格を指す。

➡ダーティ・プライス

グリーンメール [Greenmail]

買収の標的となった企業が、乗っ取り屋に買収工作を断念させる目的で支払う金銭を指す米国の用語。通常は自社株式を高い値段で買い戻すことを意味する。

グリーン・レート [Green Rates]

EUの共通農業政策（Common Agricultural Policy、CAP）の対象となる農家への支給額を評価する際に用いられる会計通貨のこと。CAPの下では農家は農産物会計単位に基づいて支払いを受ける。グリーン・レートは会計単位で表示される支給額を各国通貨建ての支払いに換算するために考案された。政府だけが改定することができるため、市場レートよりも安定している。1999年のユーロ導入に伴ってグリーン・レートは大幅に削減された。現在では統一通貨圏外の国だけに適用されている。

➡CAP、EU、ユーロ

繰り延べクーポン債（ディファード・クーポン債）[Deferred Coupon]

最初の数年間はクーポンの支払いが実施されず、満期時に一括してその分の支払いが行われる債券。キャッシュ・フローの発生を延期することで収入の増加が予想される最初の数年間の納税額を抑えたいと考える投資家向けの商品。

➡クーポン

グレー・マーケット [Grey Market]

割り当て前の証券が投資家間で売買される非公式な市場のこと。株式が入手可能になる発行日以後の決済が条件となる。When Issued（発行日取引ベースで）またはW/Iとも表される。

➡W/I

グレード [Grades]

商品の品質を評価する際の標準として設定された等級。品質等級。

クレジット・ウォッチ [Credit Watch]

格付け会社が特定の会社を「クレジット・ウォッチ」の対象に加えたと発表する場合、近い将来その会社の信用格付けを引き上げ、または引き下げることを意味する。

➡信用格付け

クレジット・デリバティブ [Credit Derivatives]

信用リスクに関連したデリバティブ商品。

➡デリバティブ

クレジット・リスク（信用リスク、与信リスク）[Credit Risk]

与信先が返済不能に陥ったり清算されたりするリスク。Counterparty Risk（カウンターパーティ・リスク）ともいう。

クローズド・エンド型ファンド［Closed-end Fund］

授権株式資本に上限が設けられたファンドで、需要増に応じた新株の発行が自由に行えないもの。米国ではClosed-ended Publicly Quoted Funds（クローズド・エンド型上場ファンド）、英国ではInvestment Trusts（投資信託）と呼ばれる。

グローバル預託証券［GDR］

複数の国で発行された預託証券。GDRはGlobal Depository Receiptsの略。

→ADR

黒字［Surplus］

収入や収益が支出を上回る際の差額。赤字（Deficit）の反対。

クロス［Cross］

米国では、1人のブローカーが証券の買いと売り両方を出して取引を成立させること。同じことを英国ではプット・スルー（Put Through）という。

クロス・デフォルト条項［Cross Default Clauses］

融資がデフォルト状態にあることを貸し手が宣言した時点で自動的に発効する条項で、同じ借り手に提供した他の融資や借り入れ手段もデフォルトに陥ったことになる。

クロス・ボーダー［Cross Border］

商品の移動や取引が国境を越えて行われる金融・経済分野の諸活動を指す。

クロス・レート［Cross Rate］

米ドル以外の2通貨間の為替レート。通常、クロス・レートの算出にはそれぞれの通貨の対ドルレートを利用する。

グロス・アップ方式［Grossing Up］

納税の対象となる投資について支払うべき納税額を、納税の対象にはならない投資から得た収入と同額として計算する会計手法。

グロス・プライス［Gross Price］

→ダーティ・プライス

経営陣による自社買収、マネジメント・バイアウト［MBO］

企業の経営陣が自社株式の一部または全部を購入して、独立した法人にすること。経営陣は取引の主体としての役割を担うが、通常は資金のすべてを拠出するわけではない。MBOはManagement Buyoutの略。

計画経済［Planned Economy］

価格や生産量が政府によって決定される経済。

経過利子［Accrued Interest］

前回の利払い日以降、証券に発生した利子。証券が2つの利払い日の合間に売却される場合には、通常は買い手がその日までに発生した利子分を購入価格に上乗せして、あるいは別建ての額として、売り手に支払う。

→単利

ケ

景気後退（リセッション）[Recession]

経済が横ばいまたはマイナス成長を示す期間を指す。定義は国によって異なるが、マイナス成長の四半期が2期連続すること、という米国の定義が広く使われる。

景気循環（景気サイクル）[Business Cycle]

時間の推移とともに発生する実質GDPの周期的な変動を指す。景気循環には景気後退、景気回復、ピーク（天井）、そして鈍化の、4つの際立った局面がある。その周期は多様で、ピークに達してから次のピークまでの間隔は5年から10年。

➡GDP

傾向線（トレンドライン）[Trendline]

テクニカル分析で相場の方向性を確認するために特定の値動きを結んだ線を傾向線という。傾向線を試す動きがあっても突破されずに長く維持されるほど、その重要度が増す。

➡テクニカル分析

経済活動指標[Activity Indicators]

経済が景気循環のどの段階にあるのかを示す指標。鉱工業生産、設備稼働率、小売売上高などが含まれる。

➡景気循環、経済指標

経済協力開発機構[OECD]

加盟国の金融の安定と経済成長を促進する目的で設立された。OECDはOrganization of Economic Co-operation and Developmentの略。【www.oecd.org】

経済指標[Economic Indicators]

経済の現況についての情報を提供する公表データ。今後の景気動向の手がかりとなるため、指標が発するシグナルを受けて消費者、政府、企業、金融市場などが反応する。このようなデータの例には、国内総生産（GDP）、消費者物価指数、マネーサプライ、貿易収支、失業率が含まれる。

経済的リスク[Economic Risk]

為替レートの変動や規制などが、競合他社の商品やサービスを利する方向に働くリスク。

経済付加価値[EVA]

企業の収益性を評価する一般的な手法で、コンサルタント会社のスターン・スチュワート社考案によるもの。総資本コストを税引き営業利益から差し引いて算出する。EVAはEconomic Value Addedの略。

ゲイシャ債[Geisha Bond]

日本国籍を持たない発行体が、円以外の通貨建てで日本国内で発行する私募債。

経常収支[Current Account]

輸出入などの貿易収支と、サービスなどの貿易外収支、対価を伴わない移転収支を合計したもの。

➡国際収支、資本勘定

経常利益 [Current Earnings]

企業が通常の業務から得た利益を指し、金融項目は含むが特別項目や税金は含まない。企業の営業利益（EBIT、金利税引き前利益）に金融項目を加えたもの。アナリストが一株当たり利益を予想する際には、通常は経常利益を前提としているが、これは特別項目や税金の影響が予測しにくいためである。Recurrent Earningsともいう。

➡ コンセンサス予想

ケイ線分析、チャート分析 [Charting]

テクニカル分析で用いられる一連の手法を指し、出来高、建て玉、値動き、決済価格その他の指標をグラフに記入する際に利用されるもので、将来的な価格動向の予測を可能にする。

➡ テクニカル分析

軽油 [Heating Oil]

家庭や軽工業で加熱に広く使用される燃料で、原油の中間留分から生産されるためガソリンより安い。軽油価格はもっぱら季節要因に左右される。Gas Oilともいう。

計量経済学 [Econometrics]

経済理論の構築に統計学や数学の方法論を応用したもの。経済現象の数量的データに基づく経済計画の策定や政策の施行を指すこともある。

ケインズ経済学 [Keynsian Economics]

ジョン・メイナード・ケインズが構築した経済理論で、総支出と総所得の分析を基礎とするもの。自由市場原理に反対し、政府の関与によって経済のパフォーマンスは向上させることが可能であると主張した。

決済機関 [Clearing System]

証券の所有権の移転を簡便に処理すると同時に保管を手配するシステム。

➡ CEDEL、Euroclear

決済期日 [Prompt Date]

契約履行のために商品の受け渡しが行われなければならない期日のこと。

決済リスク [Settlement Risk]

予定された決済額の支払いが期限通りに行われないリスク。決済リスクを最小限にとどめるための手段としてネッティング・システムが設立された。

➡ ネッティング

決算対策の時期 [Window Dressing Dates]

年度末など決算期末の最後の期間に、銀行や企業が短期資金を調達するなどして財務内容をより良く見せようと努めること。

決算報告 [Earnings Report]

企業の決算報告のこと。株価に大きな影響を与えることが多い。

気配、建て値 [Quotation]

市場や取引所で現在提示されている価格。実際に取引が行われる価格と同じとは限らない。

気配値 [Bid-Ask Quote]

買い気配と売り気配がある。この気配値の差額をスプレッドという。また、最も高い買い気配と最も低い売り気配の差をタッチ（Touch）という。
➡売り値、買い値、ビッド

下落傾向 [Downtrend]

➡下降トレンド

減価償却 [Depreciation Amortization, Depletion]

時間の経過などを原因とする資産価値の減少に対応する会計手法。Depreciationは有形資産にのみ適用される用語で、Amortizationが無形資産に、Depletionが天然資源などの減耗資産に適用される。
➡部分償還、減耗償却

現金 [Cash]

銀行ないしは手近に保有されている硬貨や紙幣などの現金、短期預金、その他の流動資産の総称。

現金決済 [Cash Settlement]

金融先物商品の最も一般的な決済手段。原資産の物理的な受け渡しではなくポジションの解消を意味する。また、売買と決済が同日中に実行される取引を指すこともある。
➡先物

現金収支表

① [Cash Flow Statement]

企業のキャッシュ・フローや資金循環についての報告書で、対象となる決算期について事業に必要な資金がどのように調達され、金融資産がどのように使われたかを示す。
➡キャッシュ・フロー

② [Statement of Cash Flows]

企業がその業務、投資、金融活動を通じて得たキャッシュ・フローが明記された財務報告書。Flow of Funds Statement、Source and Applications of Funds Statementともいう。

現金同等物 [Cash Equivalent]

換金が容易かつ迅速に行われるために現金保有と同様の意味を持つ資産のこと。短期国債は現金同等物とみなされる。また、ポジション解消の代替手段として、売り手が買い手に対して証券の代わりに現金同等物を提供することも意味する。
➡現金

現金配当 [Cash Dividend]

企業の株主に対して現金で支払われる配当。当期利益または累積利益から支払われる。
➡配当

現金比率 [Cash Ratios]

債務に対する現金や関連資産の比率。銀行の場合は預金総額に対する現金の比

率を指す。

→現金

限月 [Contract Month]

先物契約の受け渡し期限、つまり契約の期限が切れる月のこと。

→期先、先物

現在価値 [Present Value]

将来的なキャッシュ・フローを一定の利率で割り引いた現在価値のこと。

減債基金 [Sinking Fund]

債券の流通市場での価格動向に関わりなく、債券発行者が償還に備え、一定額を積み立てる特別勘定。これによって満期時の支払い元本を減額する。

→比例配分型減債基金、買入基金

検索エンジン [Search Engine]

ユーザーによって指定された検索項目に沿ってウェブ・ページを検索して、検索結果を表示するコンピュータ・プログラム。

原資産、原証券 [Underlying]

デリバティブ市場の用語で、先物やオプションのベースとなる金融商品や現物商品を指す。

→デリバティブ

健全債権 [Performing Loan]

借り手が金利支払いを継続している債権を「健全」と表現する。

→不良債権

源泉課税 [Withholding Tax]

投資家に支払われる金利や配当収入に対して源泉徴収される税金のこと。

限定意見付きの会計報告 [Qualified Accounts]

企業が公表する賃借対照表について、監査法人が行う会計報告のこと。企業の活動を正しく公平に反映したものかどうかについて意見を付した監査報告書を伴うもの。

現場渡し [Loco]

物品を現在の所在地で売買する際の価格のこと。金取引では特定の場所までの運賃を指す。

現物 [Actuals]

出荷、保管、製造の対象となる有形の商品のこと。受け渡し可能な現物はスポットまたはフォワード取引を通じて現金で売買される。Physicals（フィジカルズ）ともいう。

現物受け渡し [Exchange for Physical]

買い手が購入する現物商品と等価の先物契約の買い玉を、合意された価格で売り手から受け取ること。または、売り手が保有する相当額の先物の売り玉を合意された価格で受け渡すこと。Exchange for Cash、Against Actualsともいう。

現物市場

① [Cash Markets]

デリバティブ市場に対する言葉で、現物の商品や金融商品が取引される市場を

137

指す一般的な用語。また、為替（FX）や債券の市場では、満期が12カ月程度までの債務証券の取引を指す用語として広く使われている。現金市場。

➡FX

② ［Spot Market］

通常は取引の2営業日後の受け渡しや資金決済がすぐに実行される市場。直物市場、Physical Marketともいう。

現物商品 ［Cash Commodity］

商品のデリバティブに対比される有形の商品のこと。

➡デリバティブ

減耗償却 ［Depletion］

鉱山やガス田などの減耗資産の価値の消耗に対応する会計手続きのこと。有形資産の減価償却はDepreciation、無形資産の場合はAmortizationという。

➡減価償却、部分償還

原油 ［Crude Oil］

併産ガスが除去された後で貯蔵所から搬出された油を指す。

➡ブレント原油、WTI

権利落ち ［Ex-Rights］

株主割当に関連した用語で、株式が権利抜きで取引されている状態を指す。

➡株主割当増資

権利株屋 ［Stag］

新規発行が割り当てられた時点で発行価格よりも高い値で売却することを意図して証券を購入する者を指す。

権利行使 ［Exercise］

オプション契約で付与された権利を行使すること。オプションを行使する旨を売り手に通告する。売り手にはオプション保有者との間ですでに合意されている条件に従う義務があるため、通告を受けて原資産を購入したり売却したりする。

➡譲渡、Assign

コヴァリアンス（共分散）［Covariance］

統計学上の用語で、2つの変数の相関関係に個々の変数の標準偏差をかけたもの。コヴァリアンスは2つの変数が同一方向に動く度合いを計測する。

➡相関関係

公益事業、公益企業 ［Utilities］

ガス、電気、水道などの公共サービスを提供する、国家または民間セクターの事業。

公開市場操作 ［Open Market Operations］

中央銀行が金融市場に定期的に介入して市中に出回る資金や信用の量を操作すること。主に中央銀行が国内短期金融市場で、政府発行の短期証券などの売買

を通じて行う。買いオペは金融システムに余剰資金を提供することで信用を拡大し、売りオペはその逆の効果を生み出す。

➡連邦準備理事会

公開セリ売買［Open Outcry］

買い手と売り手が立会い場に一堂に会して、買い値や売り値を互いに声に出して叫び合う取引の方式。

➡オープン・アウトクライ

交換可能通貨［Hard Currency］

取引や交換が可能で、広く信頼を集めている通貨。

公共部門借入所要額［PSBR］

英国で政府の歳入・歳出の差額がマイナスになる、つまり借り入れが必要なことを指す。この差額がプラスの場合は公共部門借入返済額（PSDR、Public Sector Debt Repayment）という。PSBRはPublic Sector Borrowing Requirementの略。

鉱工業生産［Industrial Production］

鉱業・製造業の生産動向を計測したもので、経済の現状を示す指標。

行使価格［Strike Price］

オプション取引であらかじめ合意された価格で、オプションを行使することができる価格。Exercise Priceともいう。

行使期間満了日［Expiry Date］

先物契約の受け渡しが行われる期日。オプション取引ではヨーロピアン・オプションの権利が行使される期日。

➡先物、オプション

公式交換レートの値決め［Currency Fixings］

一部の国の為替市場では、毎日会合を開いて、各通貨に対する公式な交換レートを設定する。

交渉可能、譲渡可能［Negotiable］

自由に取引したり交換することができる商品。また、取引の一部を構成する費用や手数料、金利などが交渉可能であること、つまり一方または複数の取引主体が納得する形で決定できることも意味する。

公正価値、適正価格［Fair Value］

先物市場の用語で、現物価格に純持越費用を加算したものを指す。指数先物の公正価値計算は取引ごとに異なる。それは以下のいずれかの定義に当てはまる。1.配当収入と持越費用に相当する現物価格に上乗せされる想定プレミアム。2.契約を満期まで保有する場合の予想配当収入と維持コスト。3.先物契約の維持コストと株主が得る配当支払いを比較した上で、先物価格が株価指数を上回らなければならない差額。4.維持コストと株式配当の資金勘定。5.先物契約の残存期間中に支払われる現物商品の支払い金利と株価指数の支払い配当の差額。

➡先物

構造調整［Structural Adjustment］

経済全体の構造改革を指す。主に国際通貨基金（IMF）や世界銀行が促進する

構造調整計画の枠内で使われる。市場開放、貿易自由化、財政および経常収支の赤字の削減を目的としたもの。

膠着相場 ［Sideways Market/Movement］

価格の上下幅が小さく、狭い取引レンジに制限された状態が一定期間続いている相場を指す。トレンドレス（Trendless）、もみ合い（Congested）、レンジ（Ranging）相場とも呼ばれる。

公定歩合 ［Discount Rate］

中央銀行が政府発行証券を割り引いたり、それらを担保に融資を提供する際に適用する金利。

➡中央銀行

購入意欲 ［IOI］

これから発行される証券に対する投資家の購入意欲を表す。IOIはIndications of Interestの略。

➡インディケーション・オブ・インタレスト

購入価格 ［Purchase Price］

購入意図が明記された注文を売り手側が受領した時点で、購入価格に買い手と売り手の双方に対する法的な執行力が発生する。

購入後売却注文 ［S/B］

単一のものとして扱われる2つの注文で、指値買い注文が先に扱われる。それが執行された時点で売り注文が有効になる。S/BはSell After Buy Limit Orderの略。

➡B/S

購買担当者景気指数 ［PMI］

全国の購買担当役員に対する月次調査を基にした経済活動の代表的な指標。現在、数カ国で集計されている。PMIはPurchasing Manager's Indexの略。

➡経済指標

購買力平価 ［PPP］

多様な国の生活水準を比較する方法。国民総生産を単一の通貨に換算する為替変換によって生じる誤差を取り除こうとしたもの。PPPはPurchasing Power Parityの略。

後発発展途上国 ［LDC］

➡LDC

公募 ［Public Placement］

一般に向けて実施される債券の公募。通常は取引所に上場されて比較的小さな額面単位で販売される。一般的に借り手にとっては私募の場合よりコストが高くつく。

公募価格 ［POP］

新規発行証券の公募価格で、企業に代わって引受会社が決定する。引受会社の手数料が価格に組み込まれている。POPはPublic Offering Priceの略。

効率的市場仮説 ［Efficient Market Hypothesis］

特定の資産に関する入手可能な情報は、その資産価格にすべて反映されている

という仮説。

小売物価指数 ［RPI］

米国の消費者物価指数（CPI）の英国版。RPIはRetail Price Indexの略。

コーヒー・砂糖・ココア取引所 ［CSCE］

➡CSCE

コーポレート・セトルメント ［Corporate Settlement］

決済に関する市場基準で、売買の約定日から7日、または5営業日後に受け渡しを行うこと。Regular Way Settlement（通常決済）とも言う。

コーポレート・ディーラー ［Corporate Dealer］

企業顧客のためにアドバイスを提供したり取引を行う銀行のディーラー、またはそのようなディーラーによって構成される部門のこと。

コーポレート・ファイナンス部門 ［Corporate Finance］

顧客の財務面のリスク・マネジメントに関して、為替エクスポージャーからより複雑な側面に至るまで、全般にわたるアドバイスを提供する部署。

コーラブル・ボンド ［Callable Bond］

事前に設定された償還価格と償還期日（コール・デート）で、繰り上げ償還を請求する権利を保有者に付与する債券。

ゴールデン・シェア（黄金株）［Golden Share］

多様な形態のものがあるが、基本的には企業が買収の危機にさらされたときに経営権を維持することを指す。典型的な手段としては、経営権の維持に必要な議決権をゴールデン・シェアに付与して、潜在的な乗っ取り屋から会社を守る方法がある。

➡株式

ゴールデン・ハロー ［Golden Hello］

企業に就職した時点で社員に支払われる金銭的な報酬。

ゴールデン・ハンドカフ ［Golden Handcuffs］

企業が有能な社員を引き止めるために提供する金銭的な報酬で、通常は数年にまたがって提供されるもの。

コール・オプション ［Call］

オプションの一種で、保有者に原資産を購入する権利を付与するもの。買付選択権。

➡オプション、プット・オプション

コール・マネー ［Call Money］

要求払いされる利付き預金で、ごく短期の資金貸借手段。国内短期金融市場とユーロ市場の両方で取引される。Day-to-Day Money、Sight Moneyともいう。

➡短期金融市場、マネー・マーケット

子会社 ［Subsidiary］

親会社がその議決権付き株式を50％以上保有している会社のこと。

子会社業績連動株（トラッキング・シェア）［Tracking Share］

親会社が特定部門に向けて発行する株式。親会社の株式とは独立して取引されるが、議決権は付与されない。社員に対する報償の支払いや買収資金の調達を可

能にする。社員に自社株を与えることができるので、新興企業に社員を引き抜かれるリスクを抱えた有名企業では行われることが多い。

国際エネルギー機関 [IEA]

石油の需給を監視し、消費者レベルの石油備蓄を監督する目的でOECDによって設立された機関。IEAはInternational Energy Agencyの略。【www.iea.org】

→OECD

国際会計基準委員会 [International Accounting Standards Committee]

会計基準を策定し、公表する国際的な委員会。100カ国以上の会計関連団体によって構成される。【www.iasc.org.uk】

国際外為ディーラー協会 [ACI]

各国に存在する外国為替ディーラー団体の多くを傘下に持つ専門的な組織。ACIはAssociation Cambiste Internationaleの略。【www.aciforex.com】

国際開発協会 [IDA]

世界銀行の関連機関で、最貧国の開発プロジェクトや計画に対して有利な条件で融資を行う。IDAはInternational Development Associationの略。【www.worldbank.org/ida/】

→世界銀行

国際金融公社 [IFC]

発展途上国の私企業への援助を目的とする世界銀行の関連機関で、IFC自体も含め、国内外の資本の導入を働きかける。IFCはInternational Finance Corporationの略。【www.ifc.org】

→世界銀行

国際決済銀行 [BIS]

G10各国の中央銀行によって構成される機関。国際金融市場の安定を支え、すべての銀行に営業上のリスクに見合った自己資本を確保させる。G10の中央銀行総裁らによる定期的な会合の場として機能する。また、BISは世界中の中央銀行に対して預金の受け入れや貸付けも行うことから、「中央銀行の中央銀行」としても知られる。BISはBank for International Settlementsの略。【www.bis.org】

→中央銀行、G10

国際コーヒー機関 [ICO]

コーヒーの輸出国と輸入国が協議する場。ICOはInternational Coffee Organizationの略。【www.ico.org】

国際ココア機関 [ICCO]

ココアの生産者と消費者に協議の場を提供する業界団体。ICCOはInternational Cocoa Organizationの略。【www.icco.org】

国際小麦理事会 [International Wheat Council]

小麦の生産国と消費国によって構成される団体。

国際砂糖機関 [International Sugar Organization]

砂糖の輸出国と輸入国によって構成される団体。【www.isosugar.org】

国際収支 ［Balance of Payments］

国家の国際的な経済取引の収支で、貿易、サービス、資本移動および移転の収支。

国際証券市場協会 ［ISMA］

証券業界の自主監督機関・業界団体。ユーロ債市場の構築を付託されて発足した国際債券ディーラー協会（Association of International Bond Dealers）を前身とする。ISMAはInternational Securities Market Associationの略。
【www.isma.co.uk】

国際証券取引委員会機構 ［IOSCO］

50カ国以上の証券業界監督組織によって構成される。証券市場の発展と業界規則の遵守を広めることを目的とする。IOSCOはInternational Organization of Securities Commissionsの略。【www.iosco.org】

国際商工会議所 ［ICC］

世界中の商工会議所、商業・金融団体を傘下に置く。国際的な商業上の紛争を解決するための仲裁裁判所を有する。ICCはInternational Chamber of Commerceの略。【www.iccwbo.org】

国際スワップ・デリバティブ協会 ［ISDA］

店頭デリバティブ市場の国際組織。業界の課題を協議する場を提供し、デリバティブ業務におけるベスト・プラクティスを推進する。ISDAはInternational Swap and Derivatives Associationの略。【www.isda.org】

国際石油資本 ［Majors］

規模や歴史、一定の総合力も兼ね備えることによって、石油業界で国際的に大きな地位を占める多国籍石油会社を指す。メジャー。

国際石油取引所 ［IPE］

エネルギー・デリバティブ商品を扱う欧州の代表的な市場で、ブレント先物商品の上場市場。IPEはInternational Petroleum Exchangeの略。【www.ipe.uk.com】

➡ブレント原油

国際通貨基金 ［IMF］

国際収支の悪化に直面した加盟国に対して融資を行う国際機関。特定の条件を満たしていることと、厳格な政策上のコミットメントを約束することを前提に融資を提供する。IMFには国際金融システム、為替レートの安定および世界貿易に関する幅広い監督権限が認められている。融資の引き出し権や議決権に対応する出資割当額の仕組みを基に、ブレトン・ウッズ協定によって設立された。加盟各国が出資している。IMFはInternational Monetary Fundの略。
【www.imf.org】

➡ブレトン・ウッズ協定

国際通貨市場 ［IMM］

シカゴ・マーカンタイル取引所（CME）の一部。IMMはInternational Monetary Marketの略。

➡CME

国際的な株式発行 [International Share Offering]

国内企業の株式が引受シンジケート団を介して国際的に売り出されること。新株発行と売り出しの両方があり得る。

国際労働機関 [ILO]

国連の専門機関で労働問題を担当する。ILOはInternational Labour Organizationの略。

国内総生産 [GDP]

国内で生産されるすべての商品やサービスの価値。国外の投資や収益からの所得は含まれない。GDPはGross Domestic Productの略。

➡国民総生産

国民勘定 [National Accounts]

国家の賃借対照表、損益計算書、資金運用表に相当するもの。これらには政府部門、企業部門、個人部門、貿易部門の各セクターに関する詳細な情報が含まれる。

国民総生産 [GNP]

一国の経済が生産した商品やサービスの総額で、海外投資や収益からの所得も含む。GNPはGross National Productの略。

➡国内総生産

穀物（穀類）[Cereals, Grains]

小麦、オート麦、大麦、ライ麦、米、メイズ（トウモロコシ）、キビ、ソルガムを指す。

国連貿易開発会議 [UNCTAD]

開発途上国の生活水準を引き上げるために、それらの国の国際貿易条件の向上を促進する組織。以前は主要な商品価格安定化協定を協議する場だった。UNCTADはUnited Nations Conference on Trade and Developmentの略。【www.unctad.org】

国家債務 [National Debt]

財政赤字が累積した結果としての国家の債務総額。政府発行による証券や債券により返済される。

国家による経済統制 [State Planning]

国家に任命された自由市場の圧力に屈することなく、行政官を通じて、政府が経済の特定セクターを規制すること。

➡市場経済、混合経済、計画経済

固定価格再オファー [Fixed Price Offer]

新規発行証券は、入札引受または固定価格再オファーの方法で販売される。後者では事前に決定された固定価格と表面利率で販売される。新発債のほとんどがこの方法で発行される。

➡売り出し

固定為替相場 [Fixed Exchange Rate]

通貨が米ドルや他の通貨との間に固定された交換レートや、中心レートを持っているシステム。

固定資産 [Fixed Assets]

企業が販売目的ではなく、何年間か継続して使用する目的で購入した資産。固定資産には有形、無形、投資の三種類があり、土地、設備、企業のロゴ・マークやブランド、合弁事業の持ち分などが含まれる。

→資産

固定支払い [Payer of Fixed]

金利スワップ市場で固定金利を支払う側を指す。固定支払い側は固定金利を支払って変動金利を受け取る。固定受け（Receiver of Fixed）の反対。

固定資本 [Fixed Capital]

固定資産と類似したものだが、固定資本の場合、払い込み資本から購入費用が拠出される。

小幅往来 [Backing and Filling]

全般的な価格レベルには影響しない相場の小幅な値動きで、投機が背景となることが多い。

コマーシャル・ペーパー [CP]

短期の無担保約束手形で、金額と満期日を特定して発行される。譲渡可能証券で、一般的には無記名のもの。運転資金の調達手段としては譲渡性預金証書（CD）と似ている。どちらを発行しても、同様の利回りを生み出すことから資金コスト面では大差ない。ただ、CD市場との競合を避けるためにCPは償還期限が30日以内のものが多くなっている。CPはCommercial Paperの略。

→譲渡性預金

コミッション・ハウス [Commission House]

先物市場の用語で、顧客勘定で商品の売買を行う会社を指す。したがってサービスの対価として受け取る手数料（Commission）が収益源となる。

→先物

コミッション・マーチャント [Commission Merchant]

先物市場の用語で、他の会員や非会員の委託を受けて取引を行うが、自己名義で取引するために取引主体（プリンシパル）としての義務が生じる企業や個人を指す。

→先物

コミットメント・オブ・トレーダーズ [Commitments of Traders]

大口売買を行うトレーダー、投機家、ヘッジャー、小規模なポジション・トレーダーの建て玉の総額を記録した米国商品先物取引委員会（CFTC）の月次報告。

→CFTC

コミットメント・フィー [Commitment Fee]

ファシリティ契約で資金提供の確約を貸し手から得ていることに対して、借り手が貸し手に支払う料金。約定料。

混合経済 [Mixed Economy]

計画経済と市場経済の中間的な段階にある経済構造。全般的には自由市場的な経済活動が許される中で、一部のセクターが政府によって運営されていること。

→国家による経済統制

コンセンサス予想 [Consensus Estimates]
一株当たり利益、配当、PERなどについて複数のアナリストが示した予想の平均値。

コンディショナリティ [Conditionality]
国家がIMFからクレジット・トランシュの借り入れを行う際に提示される融資条件のこと。

➡IMF

コンティニュエーション・パターン [Continuation]
テクニカル分析の用語。買われ過ぎや売られ過ぎの修正など相場の現行トレンドの一時停止を指す。通常は、その後基本トレンドが継続する。

➡テクニカル分析

コンティンジェント・オプション [Contingent Option]
オプションの一種で、保有者はオプションが行使された場合に限ってプレミアムを支払う。行使されるまではコストのかからないゼロコスト・オプション戦略といえる。

➡オプション

コントラクト・フォー・ディファレンス [Contract for Difference]
固定価格を持つ資産と変動価格を持つ資産とを交換すること。外国為替市場では契約レートと実際の決済レートの差を決済すること。

➡FX

コンパウンド・オプション [Compound Option]
オプションの一種で、事前に指定された期日に指定された価格でオプションを購入または売却する権利を保有者に付与するオプション。最初のオプションが行使された後は原資産だったオプションが通常のオプションの働きを持つ。

➡オプション

コンビネーション・オプション [Combined Option]
少なくとも1種類のコールと1種類のプットを組み合わせたオプション。個々のオプションは別々に行使・売買することが可能だが、当初は単一のものとして取引される。こうした取引手法は特定の相場観に基づく利益を期待して、あるいはプレミアムの支払いコストを引き下げる目的で設計される。コンビネーション・オプションの典型的な例にはストラングル（Strangle）とストラドル（Straddle）の2種類の取引手法がある。

➡コール・オプション、プット・オプション、オプション、ストラドル、ストラングル

コンピュータ・ウィルス [Virus]
感染したコンピュータやコンピュータ・ネットワークに害を及ぼす目的で作成されたコンピュータのコードやプログラム。

コンベクシティー [Convexity]
デュレーション同様、債券価格の金利に対する感応度の指標。利回りの変化に対する修正デュレーションの変化を計測したもの。

➡デュレーション

サ

サーキット・ブレーカー（取引一時停止措置）[Circuit Breakers]
価格が一定の割合で下落した時点で取引所が強制的に発動する取引停止措置。
サーキット・ブレーカーはパニック売りを抑えることを目的としている。

サーバー[Server]
ネットワークの心臓部に位置するコンピュータで、そのリソースを共有する必
要のある同じネットワーク上の他のコンピュータからアクセス可能なもの。

最恵国待遇[Most Favoured Nation]
2カ国間で交わされる合意で、すでに他国に付与している関税優遇策の中でも
最大の恩恵を相互貿易において与え合うこと。

債券[Bond]
債券の発行者が保有者に対して、一定の金利の支払いと額面価格での償還を約
束する法的な契約。
➡普通社債、確定利付き証券

債券換算利回り[Bond Equivalent Yield]
短期国債などの短期金融商品の利回りを、同じ満期の長期国債の利回りに変換
する計算式。
➡短期金融市場、マネー・マーケット

債券信託証書[Bond indenture]
債券発行に関わるすべての項目や条件が記載された完全な契約書。

最後の貸し手[Lender of Last Resort]
中央銀行が果たす主要な機能のひとつで、危機に瀕した金融機関が他の資金調
達手段をみつけられない場合に資金を融通すること。
➡中央銀行

最終受け渡し市場[Terminal Market]
現物が現金と交換され、満期が到来した先物契約に対して受け渡される商品市
場を指す。

最終価値[Terminal Value]
通常は10年間の収益予想について、最終年次が終了した時点での企業の予定価
値のこと。

最終通知日[Last Notice Day]
先物契約で現物の受け渡し請求が通知できる最終日。
➡先物

最終取引日[Last Trading Day]
限月の最終取引日。この時点で未決済の先物契約は原資産の引渡しを行うか、
現金で決済されなければならない。
➡現金決済、先物

最終配当、期末配当[Final Dividend]
企業が株主総会での承認を受けて、決算期末に支払う配当のこと。

最終利回り［**YTM**］

債券投資を比較する際の重要な項目。債券を満期まで保有し、クーポン収入が同じ利率で再投資された場合の利回り。つまり債券の将来的なキャッシュ・フローの現在価値と債券の現在価格が等しくなるような利回りのことを意味する。YTMはYield to Maturityの略。

最小変動単位［**Minimum Price Movement**］

先物契約に生じる価格変化の最小単位のこと。

➡ティック

最初の受け渡し通知日［**First Notice Day**］

先物契約に対して現物金融商品や現物商品の受け渡し通知が発行される最初の期日。

財政赤字［**Budget Deficit**］

政府の歳出が歳入を上回る差額を指す。

➡予算

財政収支［**Fiscal Balance**］

税収に資産売却で得た収入を加えた額から政府支出を差し引いた額。この額がマイナスかプラスかで財政が赤字か黒字かが決まる。

財政政策［**Fiscal Policy**］

税金や政府支出に変更を加えるなどして、政府が予算を通じて景気に影響を与えること。

➡金融政策

裁定取引、アービトラージ［**Arbitrage**］

金融市場で発生した変則的な価格や利回りが修正される過程を利用して利益を生み出す投資行動。通常はある市場や商品で構築したポジションを他の市場や商品のポジションで相殺する。価格や利回りが正常値に戻る過程ですべてのポジションを手仕舞って利益を得る。このような裁定取引を行う個人または機関をアービトラジャー（Arbitrageur）と呼ぶ。

再投資リスク［**Reinvestment Risk**］

特定の投資から得られる将来的なキャッシュ・フローを、より低い収益率で再投資することを余儀なくされるリスク。

最頻値、並数、モード［**Mode**］

一連の値の中で頻発する値を指す。

債務［**Liabilities**］

資産を購入するために融資や信用の供与を受けることによって生じるもの。

➡資産

財務会計基準審議会［**FASB**］

会計基準を統括する米国の機関。FASBはFinancial Accounting Standards Boardの略。【www.rutgers.edu/Accounting/raw/fasb/index.html】

債務証券［**Debt**］

発行体に対して資金が供与されたことを示す債券などの有価証券。発行体が金利や元本の支払い義務を遵守することを信用した上で資金が供与される。債務

証券には確定された返済期間や満期日があり、通常は固定金利が支払われる。発行体別では、国家、政府、企業に主に分類される。

債務証書 ［Certificate of Indebtedness］

償還期限の面では米短期政府債務証書に似た証書だが、確定クーポン付きで発行されるもの。

➡表面利率、クーポン、短期国債

債務超過、支払い不能 ［Insolvency］

企業が債務を期日までに支払うことができないこと。また、企業の偶発債務や予想債務を含む負債総額が資産価値を上回る状態。支払い能力の反対。

➡支払い能力

債務の返済繰り延べ、リスケジュール ［Rescheduling］

新たな返済計画の条件に従って借り手が元本の返済を延期すること。金利は引き続き支払われるが、その際に金利は上げられることも下げられることもある。

➡借り換え、リファイナンス

債務不履行、デフォルト ［Default］

金利や元本の支払いなどの義務を果たせなくなること。手続き上はデフォルトするのは債務者の側ではなく、債権者がイニシアチブを取って債務者のデフォルトを宣言する。

債務返済比率、デット・サービス・レシオ ［Debt Service Ratio］

国家の対外債務、特に公共部門の債務や公的機関が保証した債務の返済コスト。金利および元本の支払い総額の輸出額に対する比率で示される。一般的に20%台が容認される最大限度とされるが、数値を確定するのは難しい。

最優遇貸出金利、プライム・レート ［Prime Rate］

銀行が優良顧客に対して適用する貸出金利のこと。

再割引 ［Rediscount］

短期金融市場ですでに割引購入されている政府発行債や他の金融商品を、中央銀行が満期前にあらためて割り引いて購入すること。

最割安銘柄 ［CTD］

現物市場で取引されている証券や商品の中で、先物のポジションに対して最も安いコストで受け渡しが可能なもの。CTDはCheapest To Deliverの略。

差額 ［Gap］

銀行の資産と負債の満期が合致していない状態を指す。

先順位支払い義務 ［Prior Charges］

担保付き債券、貸し株、優先証券など、普通株式資本よりも債務弁済順位の高い上位債務に対する支払い義務を指す。

先高観、強気 ［Bullish］

価格の将来的な上昇を見込むこと。市場に先高観があれば価格は押し上げられる。先安観、弱気（Bearish）の反対。

➡先安観

先物 [Futures]

将来の特定の期日に決められた価格で規格量だけ金融商品を購入または売却する契約を指す。フォワード（先渡し）契約と似ているが、規格化された契約であり公認された取引所で取引されるという2つの基本的な特徴によってフォワード契約とは区別される。すべての契約には取引単位、値幅、受渡し期日、限月を指定する規格化された取引条件が付随する。通常、値動きは建て値の最小単位であるティック（ticks）によって表現される。先物取引において実際に受け渡しが行われることは稀である。多くの投資家は受渡し期日が近づいた時点で等価の反対売買契約を交わしてポジションを解消する。価格の上昇や下落に対するヘッジを目的とするヘッジャー（Hedgers）と、価格変動によって利益を得ることを目的とする投機家とを結びつけるのが先物市場である。デフォルトのリスクを避けるため、個々の取引はすべて清算機関がカウンターパーティを務める。先物は元々、農産物市場で先渡し購入価格を確定する手段として、また季節要因による不安定な値動きに対処するために発達を遂げた。現在では金利や株価指数の先物が最も高い出来高をあげるようになっている。

➡クリアリング・ハウス、清算機関、フォワード契約、先渡し契約、ヘッジ取引、委託証拠金、委託保証金、オプション、OTC、ティック

先物取次業者 [FCM]

米国の商品先物取引委員会（CFTC）に認可された個人または法人で、他者からの委託注文を受けて上場商品を扱う市場で執行する業者。FCMはFutures Commission Merchantの略。

先安観、弱気 [Bearish]

価格の将来的な下落を見込むこと。市場に先安観があれば価格は押し下げられる。先高観、強気（Bullish）の反対。

➡先高観

先渡し為替契約 [FXA]

通貨デリバティブの一種で、契約の開始日のフォワード・レートと決済日のスポット・レートの差に基づいて決済されるもの。FXAはForward Exchange Agreementの略。

➡デリバティブ、FRA

先渡し契約、フォワード契約 [Forwards]

将来、事前に設定された価格で金融資産を購入あるいは売却するという合意。先物とは違い、フォワード契約は取引所ではなく店頭（OTC）で取引される。

➡先物、OTC

先渡しマージン [Forward Margin]

外国為替のフォワード取引で、スポットとフォワードの価格間のディスカウントまたはプレミアム（すなわち、価格差）を指す。取引される2通貨の金利差を反映したもの。

➡ディスカウント、プレミアム

下げ相場、弱気相場 [Bear Market]

価格が長期間にわたって下落し続けている相場を指す。上げ相場、強気相場

（Bull Market）の反対。

➡上げ相場、強気相場

指し値注文［Limit Order］

執行価格があらかじめ指定された注文。買い注文の場合には上限価格を、売り注文の場合には下限価格を指定する。通常、指値注文は取引当事者が指定した期限まで有効とするか、GTC（取り消しまで有効な注文）とする。

➡GTC

サプライサイド経済学［Supply-Side Economics］

減税やそれに類する施策が生産への投資を増長し、経済への財の供給を増加させるという理論。

サムライ債［Samurai Bond］

日本国内で外国の発行体が発行する円建ての債券。外債の一種。

サヤ［Spread］

買い値と売り値の差。価格差、スプレッドともいう。通常はこの差が大きければ市場に流動性が不足していることを意味する。また、質が同じで満期が異なる、または満期が同じで質が異なる2つの確定利付証券の利回りの差を指すこともある。先物のスプレッドの場合は、同じ市場または異なる市場の限月間に生じる価格差を意味する。

サリー・メイ、奨学金融資金庫［Sallie Mae］

株式が公開されている米国の株式会社で、流通市場で取引される奨学金融資を保証する。Student Loan Marketing Associationの通称。【www.salliemae.com】

サワー・オイル［Sour Crude］

硫黄の含有量の多い原油のこと。

サワー・ガス［Sour Gas］

硫黄の含有量の多い天然ガスや併産ガスのこと。

三角保ち合い［Triangles］

テクニカル分析で使われる価格パターンのひとつ。一般的にボックス圏の形成（相場の保ち合い）を意味し、その後、相場の動意が見られる。三角保ち合いの形成には通常は1カ月以上かかるが、一般的に3カ月を越えることはない。

➡テクニカル分析

参加証券［Participation Certificate］

米国でモーゲージ・ローンに対する権利を表象する証券。モーゲージ・ローンの買い手がキャッシュ・フローを受け取り、金融上の受益者だが、形式上は売り手がモーゲージの債権者となる。スイスではスイス企業が発行する議決権が付与されない株式を指す。

参加融資、資本参加［Participation］

石油開発事業など、事業に対する企業や政府の部分的所有権のこと。2社以上の貸し手によって提供されたモーゲージ・ローンを指すこともある。

サンシャイン法［Sunshine Laws］

証券取引監督機関を含む政府関連機関に対して最大限の情報公開を求めた米国

の法律。

算術平均（単純平均）[Arithmetic Average]
すべての値の合計をその値の数で割ることで得られる単純な平均値。

三尊（ヘッド・アンド・ショルダー）[Head and Shoulders]
テクニカル分析の用語で、相場の反転を示唆する主要パターンの中で最も信頼されているもの。大きな戻し（Head、頭）と、それより小幅で必ずしも左右対称ではない戻し（Shoulders、両肩）で構成される。このパターンの両肩の付け根を結んで首（ネックライン）の線を引き、終値がその線を確実に下回ることで反転が確認される。これが逆さになったパターンをInverse Head and Shoulders（逆三尊）という。
➡テクニカル分析

残存期間 [Current Maturity]
満期までの残存期間のことで、債券を評価する際に重要視される。
➡満期、償還期間

散布図表 [Scatter Chart]
市場で取引されている2つの異なる商品の相関関係を一方の値を他方の値に対して記入することで表すテクニカル分析のチャート。最初の商品の価値がx軸に、2つ目の商品の価値がy軸に表される。スキャッター・チャートは他の分析手法と同じグラフ上では併用できず、リミット・マインダーも設定できない。
➡テクニカル分析

シーズンド・オファー [Seasoned Offer]
すでに株式を上場している企業が再び資本市場を利用すること。証券の売り出し、公募増資、第三者割当てなどの形をとる。

シータ [Theta]
オプションにおいて満期日までの残存期間に対するオプション価値の変化率。タイム・ディケイ（Time Decay）としても知られる。
➡オプション

シェアウェア [Shareware]
無制限で配布されるコンピュータ・プログラム。利用者はライセンス料を支払う必要はないが、少額の代価の支払いを求められることもある。

シェア・ディスカウント [Share Discount]
株式の市場価値を額面価格と比べたときの下落幅を指す。額面価格に基づいて固定配当が支払われる優先株にとっては重要な意味を持つ。

シェア・プレミアム [Share Premium]
株式の額面を超える市場価値。

ジェイペグ [JPEG]
画像を電子的に保存・転送するためのファイル化の形式。JPEGはJoint Photographic Experts Groupの略。

シカゴ・オプション取引所［CBOE］

上場オプションを扱う世界最大の取引所で、株式オプションを専門に扱う。
CBOEはChicago Board Options Exchangeの略称。【www.cboe.com】
　➡オプション

シカゴ商品取引所［CBOT］

世界最古の先物取引市場で、金融商品や穀物の先物契約を専門に扱う。CBOT
はChicago Board of Tradeの略。【www.cbot.com】
　➡オプション

シカゴ・マーカンタイル取引所［CME］

金融先物商品を最初に上場させた取引所。短期金利先物と通貨先物を専門に扱
う。CMEはChicago Mercantile Exchangeの略。【www.cme.com】
　➡先物

時価総額［Market Capitalization］

取引所で提示される時価に基づいた企業の株式の総価値。株式の総数に株価を
かけて算出する。また、取引所の全上場証券の総価値や、そのうちの特定セク
ターの総価値を指すこともある。

時価総額加重指数［Capitalization-Weighted Index］

構成銘柄の相対価格の加重平均で、指数全体に対する時価総額の比率によって
個々の株式の比重が決まる。

時価総額加重平均指数［Market-Value Weighted Index］

時価総額の大きい銘柄により大きな比重を与えることによって、時価総額が低
い銘柄よりも指数全体に及ぼす影響が大きくなるように構成された株価指数。
　➡時価総額

時価評価［Mark to Market］

その日の終値をもとにポジションやポートフォリオを評価替えして、潜在的な
利益や損失を価値に反映させること。値洗い。

地金［Bullion］

コイン型でなく、インゴット、板、またはウェハー状に加工された貴金属。

時間外取引［After-hours Dealing］

証券取引所で一日の公式の取引時間が終了してから執行される取引のこと。

時間的価値［Time Value］

オプションのプレミアムを構成する要素のことで、満期までの残存時間と原資
産のボラティリティを考慮したもの。
　➡本質的価値

直先逆転現象［Backwardation］

商品市場では現物または期近の価格が期先の価格を上回る現象を指す。順ザヤ
（Contango、コンタンゴ）の逆の状態。また、先物市場では一般的に先物価格
が現物価格を下回ることを指す。たいていの場合は現物に対する需要が大きい
ことが原因としてあげられる。
　➡順ザヤ、先物

直物市場 [Spot Market]

通常は取引の2営業日後に実施される取引の受け渡しや資金決済がすぐに実行される市場。現物市場、Cash Market、Physical Marketともいう。

事業価値、企業価値 [EV]

Enterprise Valueの略。時価総額に純負債を加算したもの。EV/EBITDAは上場企業の価値を評価するための最も一般的な指標だが、それは分子にあたるEVに企業の債務が含まれる（つまり買収された場合の総コストのみならず、債務と資本の比率も評価対象にできる）一方、分母にあたるEBITDAは地域限定的な規制などに起因する諸要素を除外して企業の核となる収益力に重点を置いているからである。

➡EBITDA

事業分離 [Demerger]

企業が事業部門を分離して子会社にすることで、当該子会社の株式を株式市場に上場させることもある。企業がその中核業務から外れた同種の事業を複数買収した場合などに実施される。

資金洗浄（マネー・ロンダリング）[Laundering]

発覚を避けるために、秘密のルートあるいは複数の金融取引を通じて資金の移動を行うこと。オフショア口座が利用されることが多い。

資金引き出し [Drawdown]

金融機関によって準備された資金を引き出すこと。IMFの信用供与、銀行のユーロ建て貸し付け、国内銀行の企業向け信用供与が含まれる。

➡IMF

シグナリング [Signalling]

企業がその将来的な業績に関わるシグナルを市場に発すること。典型的なシグナルとしては、将来の収益や配当支払いの予想に関する事前情報などがあげられる。

時系列 [Time Series]

連続した期間内に現れる一連の値のこと。金融市場で過去の値動きを表すのに使われる。

自己資本（正味資産）[Net Worth]

総資産と総負債の差額。

自己資本比率 [Capital Adequacy, Capital Ration]

業務を支える上で銀行に求められる最低限の資本額を指す。国際決済銀行（BIS）主導の下、G10各国の中央銀行は1988年に自己資本についての統一基準を採用することで合意した。BIS規制は銀行が金融市場で調達できる資本の種類や、銀行に認められる融資の形態などを規定している。BIS（国際決済銀行）基準では、銀行は回収リスクがあると判断される資産の8%に該当する額の資本を準備しなければならない。中央銀行向けの融資など資産によっては回収リスクウェイトがゼロと規定されるものもある。それとは対称的に、純粋な企業向け融資のリスク・ウエイトは100%と規定されている。

➡BIS、GIO、基本的項目

自己資本利益率、株主資本利益率 [ROE]

株主資本に対する利益の比率。直近の公表された12カ月の株主帰属利益（純利益）を、同期間の平均の株主資本で割って計算する。ROEはReturn on Equityの略。

資産 [Assets]

工場、機械、金融商品など有形のもの（tangible）と、新聞の名称や商品のブランド名などののれん代など無形のもの（intangible）がある。

資産管理 [Asset Management]

負債管理（Liability Management）を合わせたALM（Asset-Liability Management、資産負債管理）としても知られるが、リスクを抑え最大の期待収益を実現するために資産と負債を管理すること。

資産収益率、資産利益率 [ROA]

企業の収益性は、資産収益率を計測することで直接判断できる。ROAには収入と資産の定義が異なる3つの比率がある。総資産収益率（ROTA、Return on Total Assets）は、過去12カ月の総資産（固定資産と流動資産）に対する同期間中の帰属利益（純利益）の比率を計算してパーセンテージで表したもの。企業が収益を得る上で資産をどれだけ有効に活用しているかを計測する。固定資産収益率（Return on Fixed Assets）は固定資産のみに対する帰属利益の比率をパーセンテージで表したもの。企業が収益を得る上で土地や機材などの長期資産をどれだけ有効に活用しているかを計測する。純資産収益率（RONA、Return on Net Assets）は一般的な比率であり、株主資本に対する帰属利益を計測する。ROAはReturn on Assetsの略。

➡資産

資産担保証券 [ABS]

自動車ローンやクレジット・カード債権などの資産を担保とした証券。金融機関が多種類の債権をプールしたものを債券発行の担保として利用する証券化（セキュリタイゼーション）の過程を経て作り出される。アセットバック証券。ABSはAsset-Backed Securitiesの略。

➡証券化

資産配分 [Asset Allocation]

リスクを最低限に抑えて最大の収益を得るために、投資資金を株式、債券、現金など異なる種類の資産に配分すること。

市場介入 [Intervention]

金融状況に影響を与える目的で中央銀行が市場取引に参加すること。最も一般的である為替市場への介入の場合は中央銀行が単独あるいは複数で介入するが、たいていの場合レートを特定のレベルに誘導するよりも、レートの安定化を目的とする。

➡協調介入

市場外供給 [Invisible Supply]

正規の商業ルートから外れて取引される在庫のことで、主として商品を指す。正確な量は不明だが、理論上は市場に供給されているもの。

市場価値 [Capitalization]

企業の発行済み株式の時価総額。株式数に株価をかけたもの。

➡株式

市場経済 [Market Economy]

資源の配分が自由市場における需要と供給によって決定される経済。ただし、多くの国はこのような経済構造の範囲内で何らかの制限を設けている。

シ

指数 [Index]

市場や景気の変動を計測するために数値を合成したもの。

指数連動型運用 [Index Tracking]

ファンド・マネジャーが株価指数のパフォーマンスに連動させようと試みること。対象となる指数の構成銘柄を、指数と同じ構成比率で購入する。

指数連動債 [Index-linked Bonds]

クーポンが小売物価指数や消費者物価指数と連動するように設定された債券。

システマティック・リスク [Systematic Risk]

市場動向または市場の特定セグメントの動向そのものに起因するために分散して解消することができないリスクを指す。Market Risk（市場リスク）ともいう。

システミック・リスク [Systemic Risk]

金融システムの悪化によって生じるリスク。

自然増価 [Accretion]

原資産の償還期日までに元本に増額分が生じることを指し、広い範囲の金融商品に当てはまる。Amortizationの反対。

事前販売

① [Circling]

購入の見込みのある顧客から注文を募って発行証券の事前販売を行うこと。

② [Pre-Marketing]

証券の新規公開や売り出しを前に潜在的な需要を判断するために投資銀行が興味のありそうな投資家を対象に開く会合のこと。

事前販売済み [Presold]

新規発行される証券が、発行の詳細が発表される前に完売したことを指す。債券発行の場合は最終条件が発表される前に充分な注文が提示されたことを意味する。

持続的（継続的）上昇 [Rally]

相場全体またはひとつのセクターが下落から上昇に転じる、あるいは狭い取引幅から抜け出て上昇することを指す一般的な取引用語。

下口銭 [Markdown]

顧客が店頭市場でブローカーやマーケット・メーカーに証券を売却する際に、一種の手数料として買い値から割り引かれる金額やパーセンテージのこと。上口銭、定価引き上げ（Markup）の反対。また、相場動向を反映させるためにマーケット・メーカーが価格を下方修正することも指す。

➡上口銭、定価引き上げ

下値支持線 ［Support］

通常は価格チャートに示される、買い圧力が売り圧力を上回るために価格がそのレベル以下には下がらない水準を意味する。支持線は突破されるたびにその水準が抵抗線になる。

➡上値抵抗線、傾向線、トレンドライン

市中銀行（商業銀行）［Commercial Banks］

法人向け、個人向けに現金と貸出を中心とした業務を行う金融機関。商業銀行は顧客の預金を集め小切手の清算機能も提供する。そこから英国ではクリアリング・バンク（Clearing Banks）、米国ではマネー・センター・バンク（Money-Centre Banks）の呼び名がある。これらの銀行は短期資金の不足分を自国の中央銀行からの借り入れによって補うことが認められている。

➡中央銀行

失業 ［Unemployment］

就業可能な人間が職を見つけられないこと。失業には大きく分けて2種類ある。失業者が新しい職に就くまでに時間がかかることに起因する一時的な失業状態を摩擦的失業という。そして、経済構造の変化が原因で求人と労働供給にミスマッチが生じることを構造的失業という。

実現損失 ［Realized Loss］

ポジションを解消することで確定する損失。

実現利益 ［Realized Gain］

ポジションを解消することで確定する利益。

実効為替レート ［Effective Exchange Rate］

その国の貿易取引額を考慮した実質的な交換レート。通常は主要貿易国に対する取引量を基準にウェイトづけすることで、ある通貨の全般的なパフォーマンスを反映した指数として表示される。

実質金利 ［Real Interest Rates］

現行の金利からインフレ率を差し引いて実質的な金利を計算したもの。実質利回り（Real Yield）ともいう。

➡名目金利

実質経営権 ［Working Control］

企業の経営権を握るには、理論的には全議決権付き株式の50％以上を必要とする。ただし、少数株主持ち分であってもそれがある程度まとまった規模に達していて、残りの株式がすべて小規模所有であれば、実質的な経営権を意味することもある。

質（優良資産）への逃避［Flight to Quality］

投資家行動のひとつで、政情不安や経済情勢の悪化が予測されるときに、より安全で品質の高い国債などの証券を購入すること。

シティ ［City, the］

ロンドンの金融街の通称。

指定倉庫 ［Licensed Warehouse］

取引所によって認可された倉庫で、先物契約の商品の受け渡しを行う。

➡先物

ジニー・メイ ［Ginnie Mae］

政府抵当金庫。米国連邦政府が全額出資する国有機関。モーゲージ市場の流動性を高めるために、連邦政府による保険や保証が付いたモーゲージのプールを担保とした証券について、支払い保証を行うことをその主要な役割とする。ジニー・メイの支払い保証はGNMAパス・スルー証券（GNMA Pass-Through Certificates）として知られる。Ginnie MaeはGovernment National Mortgage Association（GNMA）の略。【www.ginniemae.gov】

➡証券化

支払い時現物引渡し取引 ［DVP］

債券取引の通常の決済方法で、債券の受け渡しと支払いが同日に行われること。DVPはDelivery Versus Paymentの略。

支払準備率（預金準備率）［Reserve Requirements］

預金受け入れ機関がその法的義務として自行の金庫または中央銀行の口座に準備しておかなければならない預金の一定の割合を指す。支払準備のレベルが上がったり下がったりすればマネー・サプライに影響が出る。支払準備率が引き下げられれば銀行は貸し出しを増やすことができ、逆に引き上げられれば貸し出しを抑制せざるを得なくなる。Minimum Reserve Requirements（ミニマム・リザーブ・リクワイヤメンツ）、Registered Reserves（レジスタード・リザーブズ）、Reserve Ratio（リザーブ・レシオ）と呼ばれることもある。

支払い代理人 ［Paying Agent］

支払いを監督するために任命された金融機関で、変動利付き債の発行金利を決定する。

支払い停止 ［Moratorium］

借り手が抱える経済、財政、または金融上の事情から、元本や場合によっては金利支払いが中断または遅延されること。金利の支払いが実施されることが確認できれば、銀行は引き続きその債権を優良資産に分類できる。モラトリアム。

支払い能力 ［Solvency］

企業が債務を期限までに全額支払うことができることを意味する。Insolvencyの反対。

➡支払い不能、債務超過

支払い日 ［Payment Date］

クーポンの支払い、配当の支払い、ファンドの分配などが予定された期日。

支払い不能（債務超過）［Insolvency］

企業が債務を期日までに支払うことができないこと。また、企業の偶発債務や予想債務を含む負債総額が資産価値を上回る状態。Solvencyの反対。

➡支払い能力

支払い猶予期間（据え置き期間）［Grace Period］

借り手が元本の返済を免除され、金利だけ支払うことを借り手に認められた期間。

指標〔Bellwether〕

相場、経済、特定セクターなどの全体像を把握するために一般的に認められている商品やインジケーターのこと。

紙幣を増刷する〔Print Money〕

政府がマネー・サプライを増やすことを意味する。実際に紙幣を増刷することや、債券を新規発行して中央銀行に購入させるなど、いくつかの方法がある。

私募（プレースメント）〔Placing〕

新株の発行を私募形式で行う方法を指す。通常は一般投資家ではなく、機関投資家に対して直接行われる。

➡証券発行、IPO

私募発行（第三者割当て）〔Private Placement〕

直接特定の投資家に債券を販売すること。通常は取引所にも上場せず目論見書もない。

➡私募

資本〔Capital〕

経済学の定義では、労働と土地以外の生産に必要な資産を指す。金融市場では主として資本財を得るための資金調達手段、特に債券と株式を指す。

➡債務証券、株式、株主資本

資本勘定〔Capital Account〕

国際収支に含まれる勘定項目で、内外の居住者間の資本移動を記録したもの。資本勘定の記録から国内居住者の資産・債務状態の変化を把握することができる。

➡国際収支、経常収支

資本規制〔Capital Controls〕

国外への資本の移動を制限したり禁止したりする政府の方策。こうした規制が採用される恐れが広がった場合には投資家やファンド・マネジャーが資金を引き上げることがあるが、これは資本の逃避と呼ばれる。

資本財〔Capital Goods/Equipment〕

製品の製造に利用される工場設備や機械などの固定資産。

➡資本

資本資産価格モデル〔CAPM〕

リスクと予想収益の関係を検証するモデル。リスクの大きい資産の収益率は無リスク金利とリスク・プレミアムの合計に等しいと仮定する。リスク・プレミアムとは株式のベータ値に市場の予想収益率と無リスク金利の差をかけたもの。CAPMはCapital Asset Pricing Modelの略。

資本集約的〔Capital Intensive〕

比較的大規模な資本の投入を必要とするプロジェクトや生産工程。

➡資本

資本引当金〔Capital Allowances〕

資本財を購入するための引当金で、税金から控除できるもの。

資本ベース ［Capital Base］
企業の発行済み株式資本に資本準備金と留保利益を加えたもの。

事務幹事会社 ［Book Runner］
債券の新規発行に関わる事務処理を担当する投資会社。他社に応募を働きかけたり、債券のトランシュの割当てなどに責任を持つ。

シャープ・レシオ ［Sharpe's Ratio］
リスク調整済みリターンを計測する手法。ポートフォリオの超過リターンがポートフォリオ・リスクに占める比率のこと。その際、ポートフォリオ・リスクはポートフォリオ・リターンの標準偏差を示す。
➡ポートフォリオの超過収益

ジャバ ［Java］
サン・マイクロシステムズ社が開発したコンピュータのネットワーク対応型プログラミング言語。自動的に起動するアプリケーションを作ることができる。

ジャンク・ボンド（ジャンク債）［Junk Bonds］
信用格付け会社によって投資適格に劣る格付けを与えられた高利回り債券のこと。投機的格付け債とも呼ばれる。
➡投資適格債

収益率 ［Rate of Return］
投資から得られる収益のこと。企業の場合は投下資本の平均額に対する純利益の比率を指す。

従業員向けの優先株式発行 ［Preferential Issue］
従業員向けに発行される株式で、公募増資の一定の割合を占める。

集積・分散分析 ［Accumulation/Distribution Analysis］
テクニカル分析の指標で、買い圧力（集積）の累積量と売り圧力（分散）の累積量との差を計測したもの。
➡テクニカル分析

自由貿易地域 ［Free Trade Zone］
国内の治外法権の指定を受けた地域で、その圏内では政府の干渉、関税、為替規制なしに企業が営業活動を行うことが認められる。通常は利益に対する非課税措置が期間限定で提供される。Free Trade Processing Zone、Foreign Trade Zoneとも呼ばれる。

収れん ［Convergence］
期限に近づくにつれ、先物価格が現物価格に近づくこと。
➡ベーシス・リスク、先物

重油（燃料油）［Fuel Oil］
石油精製過程によって作り出される重質の蒸留物。発電所、産業用、海洋ボイラーの燃料として使用される。

主幹事天引手数料（プレシピューム）［Praecipuum］
証券発行を手配する見返りとして主幹事会社に支払われる幹事手数料の一部で、新規発行の元本総額を基に算出される。

主幹事・引受主幹事［Lead Manager/Underwriter］

債券の発行や融資を通じて資金を調達するマンデートを借り手から与えられた機関のこと。主幹事会社は取引の流動性を保証し、シンジケート団を組織し、重要な引受・販売上のコミットメントを実行する。また、共同主幹事、副幹事、引受会社から成るシンジケートを結成する。

➡マンデート

需給［Supply/Demand］

市場に対して供給を担う売り手と需要を生み出す買い手のこと。需要と供給は市場価格の決定に大きな影響を及ぼす。

授権資本［Authorized Capital］

企業の定款に定められた株式の発行上限枠。増額には株主の承認が必要となる。

受託者［Trustee］

契約書に記載された項目や条件がすべて完全に遵守されていることを保証するために任命された機関。

取得原価［Historical Cost］

企業資産を取得した当初のコストを指し、再取得原価とは区別される。

循環［Cyclical］

定期的に発生し、繰り返されること。

循環株［Cyclical Stocks］

景気循環に影響を受ける株式銘柄を指す。これらの銘柄は一般的にリスクの高い投資とされ、非循環株よりもベータ値が高い。

➡ベータ値、反循環株

順ザヤ（コンタンゴ）［Contango］

先物市場と現物市場との間に見られる通常の状態で、先物価格が現物価格を上回っていること。逆ザヤの反対。

➡先物、逆ザヤ

純資産価値、正味資産価値［Net Asset Value］

資産に基づいた企業やファンドの評価額。ミューチュアル・ファンドやユニット・トラストの場合は発行済み株式数で割ることで一株当たりの純資産価値が毎日算出される。投資家はこの価格でミューチュアル・ファンドの持ち株を解約することができる。

➡ミューチュアル・ファンド

準通貨［Near Money］

マネー・マーケット・ファンド（MMF）、銀行の定期性預金、国債など、現金化が容易な資産。償還日の近い債券もこれに該当する。

準備金、積立金［Reserves］

企業の準備金は、主として商業活動によって得た利益が配当などの形で支払われずに留保されて長年にわたり累積したもの。通常は現金や換金性の高い資産の形で保有される。株主には準備金に対する権利がないため、企業はそれを使うかどうか会計基準が許す範囲内で、自ら判断を下すことができる。また、政

シ

府が債務の支払い義務を充たすために保有する公式の外貨準備高を指す用語としても使われる。

➡配当、利益剰余金

準備通貨 ［Reserve Currency］

国際的に認められた通貨のことで、中央銀行がその金融上の義務を果たすのに利用する。

準備預金口座残高、中央銀行当座預金残高 ［Operational Balances］

一日の終わりに銀行システムと中央銀行との間の最終的なポジションを決済するために、中央銀行に預金されている市中銀行の資金。

純利益 ［Net Profit］

税金、減価償却費、監査費用、役員報酬など、損益対照表に記載される費用を差し引いた後の利益。

純利益率 ［Profit Margin］

売上高または資本に対する純利益の比率。

場外市場 ［Kerb Market］

公式の取引時間外に執行される取引を指す金融市場の用語。その昔、実際に株式取引所の外の歩道のふち石（Kerb）で取引が行われていたことに由来する。

償還 ［Redemption］

債券などの証券類の元本を、満期日あるいは満期日以前に投資家に返済すること。

償還価額 ［Maturity Value］

満期に支払われる金額で、債券取引では元本ともいう。

償還可能ワラント ［Redemption Warrant］

ワラントが行使されない場合に発行者が保有者に償還価格を保証すること。

➡ワラント

償還期間 ［Maturity］

証券の発行からその全額が返済されるまでの期間。満期。大半の債券は固定された満期日を持つ。それを持たないものは永久債（Perpetuals）と呼ばれる。満期。

償還請求権付き債券、プッタブル・ボンド ［Puttable］

満期以前の決められた期日に債券を発行者に売り戻す権利が付加されているものを「プッタブル」な債券または「償還請求権付き」債券という。買い戻し価格は額面、額面以上、額面以下のいずれでもよく、発行時に明記される。

➡コーラブル・ボンド

償還利回り ［Redemption Yield］

償還時の売買損益を反映した利回り。

償却 ［Write Off］

ある資産を償却して賃借対照表から除外する会計行為を指す。

商業銀行 ［Commercial Banks］

法人向け、個人向けに預金と貸出を中心とした業務を行う金融機関。商業銀行は顧客の預金を集め小切手の清算機能も提供する。そこから英国ではクリアリ

ング・バンク（Clearing Banks）、米国ではマネー・センター・バンク（Money-Centre Banks）の呼び名がある。これらの銀行は短期資金の不足分を自国の中央銀行からの借り入れによって補うことが認められている。

➡中央銀行

証券化（セキュリタイゼーション）［Securitization］

多種類の債権、資産をひとつのプールにまとめて、それらを担保とした標準的な証券の形式に転換すること。そうすることで、それらの証券は通常の証券として取引できるようになる。

証券業者名義口座［Nominee Account］

投資家が保有しているが、名義上は証券会社の名前で登録されている口座。証券会社の名前が証券に記載され、保護預りも証券会社が行う。発行企業側の株主名簿でも証券会社が登録上の所有者となる。証券会社は投資家を実質所有者として登録する。ストリート・ネーム（Street Name）ともいう。

証券先物業協会［SFA］

金融サービス業界の中で特に証券・先物セクターの企業に対する規制を担当する英国の政府機関。SFAはSecurities and Futures Authorityの略。【www.sfa.org】

証券貸借［Stock Lending］

供給不足の状態にある株式を機関投資家などの長期保有者が貸し出すこと。投資会社は通常、デリバティブ戦略の際に実際に株式の受渡しを行うことなく、証券貸借を利用する。株券貸し付けともいう。

証券投資信託事業［UCITS］

欧州共同体の域内で販売されるユニット・トラストなどあらゆる投資信託を総轄する規則。UCITSはUndertakings for Collective Investments in Transferable Securitiesの略。

証券取引所［Stock Exchange］

取引所の会員が集まって証券の売買を行う立会い場やコンピュータ画面を介した競売市場。

証券の発行公告［Tombstone］

新聞広告などを通じて企業が行う証券新規発行の詳細に関する公示のこと。シンジケート団を構成した投資会社や金融機関などの社名が列記される。公募のためではなく記録上のものとして掲示される。

証券発行（新規証券の募集）［Flotation］

企業の資本調達手段。最も一般的には非公開企業が初めて株式を公開することを表す。Going Public（公開企業になる）、またはIssuing an IPO（IPOを実施する）ともいう。

➡IPO

条件概要書［Term Sheet］

融資やリスケジューリングの詳細を明記した文書のこと。関係者すべてが署名する。

シ

上昇トレンド・下降トレンド [Uptrend/Downtrend]

テクニカル分析では、上昇トレンドと下降トレンドは最低でも4つの点を結ぶことでチャートに表すことができるトレンドと定義される。

➡テクニカル分析

上場株式 [Listed Stock]

証券取引所に上場された株式で、市場での取引が可能なもの。

上場基準 [Listing Requirements]

株式の上場と取引開始の前提として取引所が設定する条件。上場基準は各取引所が独自に設定するもので、公開株式数や株主数などに関する条件が含まれる。

上場先物・オプション [Exchange-Traded Contract]

公認された取引所に上場され取引されている、標準的な先物・オプション商品。OTC（店頭取引）の反対。

➡OTC

少数株主持ち分 [Minority Interest]

子会社の株式が親会社に部分的に所有されている場合に、子会社の少数株主に与えられる親会社の純利益の持ち分。

譲渡 [Assign]

所有権を他者に移転すること。通常は文書に署名することで成立する。デリバティブ市場ではアサイメント（Assignment）はオプションを行使することを指す。

➡Exercise、オプション

譲渡可能、交渉可能 [Negotiable]

自由に取引したり交換することができる商品。また、取引の一部を構成する費用や手数料、金利などが交渉可能であること、つまり一方または複数の取引主体が納得する形で決定できることも意味する。

譲渡性定期預金 [Term CD]

満期が2年から5年の譲渡性預金証書のこと。

➡CD

譲渡性預金、譲渡性預金証書 [CD]

銀行が発行する定期預金証書のうち譲渡可能なもの。一定の期間と金利で銀行に預けられた資金の証書を意味する。額面割引ではなく利付きの額面価格で建て値され、満期に金利が支払われる。CDはCertificate of Depositの略。

➡満期、短期金融市場、マネー・マーケット

譲渡不可能 [Non-negotiable]

契約の条件が変更されない取引のこと。また、所有権が元の所有者に限定された証券を指し、取引、譲渡、あるいは担保としての利用が認められない。裏書き禁止、または流通性がないこと。

消費者物価指数 [CPI]

小売り段階のインフレを計測する指数。CPIはConsumer Price Indexの略。

商品先物取引委員会 [CFTC]

米国の政府機関で、国内の先物やオプションの取引所およびその会員に対する監督権限を持つ。CFTCはCommodities Futures Trading Commissionの略。【www.cftc.gov】

➡先物、オプション

商品取引所 [COMEX]

金属先物を主として扱うニューヨークの取引所。COMEXはCommodity Exchange Inc.の略。

➡先物

正味資産価値、純資産価値 [Net Asset Value]

資産に基づいた企業やファンドの評価額。ミューチュアル・ファンドやユニット・トラストの場合は発行済み株式数で割ることで1株あたりの純資産価値が毎日算出される。投資家はこの価格でミューチュアル・ファンドの持ち株を解約することができる。

➡ミューチュアル・ファンド

正味の [Net]

税金など、なんらかの負担が差し引かれた後の正味の数字を指す。ネット。

将来価値 [Future Value]

ある期日まで一定の金利で投資を行う場合に、一括または分割で受け取ることになると予想される価値。

ショーグン債 [Shogun Bond]

外国の発行体によって日本国内で公募で発行される円以外の通貨建ての債券。

ショート（売り持ち）[Short]

価格が下落した時に買い戻せると見込んで資産を売却した投資家を「ショート」の状態にあるという。ロングの反対。

➡ロング

ショート・カバー [Shortcovering]

ショート・ポジションを手仕舞うために以前売却した証券や資産を買い戻すこと。Bear Covering（ベア・カバリング）ともいう。

➡売り持ちポジション、ショート・ポジション

ショート・ファースト・クーポン [Short First Coupon]

あらたに発行された債券の最初の利払いの際に、通常の半年複利や年複利の利払いよりも額が少ないこと。

ショート・ヘッジ [Short Hedge]

現物市場での価格下落に対する防衛策として先物やオプションを売却すること。ロング・ヘッジの反対。

➡ヘッジ取引

ショート・ポジション（売り持ちポジション）[Short Position]

価格の下落を見込んで資産を売却したこと、あるいは売却が購入を上回る状態にあるポジションを指す。ショート・ポジションを解消する際には同量の金額の購入を行う。ショート・ポジションから買い戻しに転じることを「ショート

をカバーする（Shortcovering）」という。また、ロング・ポジションを持たないで市場で売り込むことを空売り（Short-Selling）という。

➡買い持ちポジション

初回利払い［First Coupon］

債券の第1回の金利支払いが行われる期日。

食糧農業機構［FAO］

国連の専門機関の1つで、農林水産業を対象に扱う。FAOはFood and Agriculture Organizationの略。

諸権利付き［Cum All］

購入時点で、その株式に付随するすべての追加的な権利を受け取れることを意味する。

所得［Income］

投資、企業収益、給与などから得た収入。

所得政策［Incomes Policy］

インフレ抑制のために政府が実施するさまざまな直接的な対策を指す一般的な用語。消費者物価、給与水準、配当金、投資収益、賃貸料の上昇を凍結したり制限することが含まれる。

処理量（スループット）［Throughput］

製油所などの施設で一定期間内に加工された原料の総量。また、貯蔵施設やパイプラインなどで扱われた原油や精製品の総量のことも指す。

飼料［Feeds］

家禽、豚、乳牛、牛・綿羊、特殊家畜、小型家畜と、対象とする家畜によって分類される。

新規公募［IPO］

➡株式新規公開

新規発行［New Issue］

発行市場で新規に販売される証券のこと。

➡IPO、発行市場、起債市場

新規融資［Spontaneous Lending］

既存の借り入れの金利や元本を支払うための資金調達を目的としない新規融資のこと。

新興経済地域［Emerging Markets］

発展途上国の金融市場を指す用語。どの国を新興国とするかの定義は場合によって異なる。IFCとモルガン・スタンレーが作成する指数がベンチマークとして用いられる。

➡IFC、MSCI Indiees

シンジケート・ローン、協調融資［Syndicated Loan］

主幹事の主導の下でシンジケート団を組んだ複数の銀行によって計画される大規模融資のこと。

信託基金［Fiduciary Money］

信託された資金で、受益者のために運用される。

信託資金、ファンド［**Fund**］

ファンド・マネジャーに託されたまとまった額の資金。ファンド・マネジャーは幅広い投資条件に基づいて資金運用を行う。

信用格付け［**Credit Rating**］

借り手の信用力を評価し、発行体や格付けされた債務証券の信用度を比較するための国際的な基準となるもの。格付け会社は、発行体、その長期債務と短期債務という3種類の格付けを行う。中でも発行体に対する格付けは最も注目を集める。これは借り手の信用力を金融債務の返済能力と意志を含めて評価したものである。金利や元本の支払いが不履行になるリスクがほとんどないと評価された場合は最高格付けが与えられる。主要格付け会社であるStandard & Poor's（S&P、スタンダード＆プアーズ社）、Moody's（ムーディーズ社）、Fitch IBCA（フィッチ）の最高格付けは「AAA」または「Aaa」。この格付けが与えられるのは一握りの国家や発行体に限られる。格付けはInvestment Grade（投資適格等級）と、Junk（ジャンク）とも呼ばれるSpeculative Grade（投機的等級）の2種類に大まかにグループ分けすることができる。

【www.moodys.com】【www.standardpoors.com/ratings/index/htm】
【www.fitchibca.com】

→AAA、Credit Watch、Downgrade、Moody's、S&P

信用状［**L/C**］

契約上の義務が履行された時点で支払いを行うことを、銀行が顧客企業に代わって約束するもの。流通市場で取引される。L/CはLetter of Creditの略。

→流通市場

信用取引［**Margin Trading**］

投資家が特定の取引に必要な金額の一部を拠出して、残りを一定の金利で証券会社から借りること。手元資金が少額でも借りた資金を加算して高額の取引を可能にすることから、投資家にギアリング効果を与える。

信用取引口座［**Margin Account**］

取引に必要な資金の全額が用意できない投資家でも取引が行えるようにした顧客口座。

→委託証拠金、信用取引

信用ひっ迫［**Credit Squeeze**］

資金供給が需要に追いつかず金利上昇を招き、借り手の立場がさらに悪化するような状態。また、マクロ経済的な観点から過剰支出を抑制する目的で政府が意図的に作り出す状況を指すこともある。

信用リスク（与信リスク、クレジット・リスク）［**Credit Risk**］

与信先が返済不能に陥ったり清算されたりするリスク。Counterparty Risk（カウンターパーティ・リスク）ともいう。

ス

スイス・オプション金融先物取引所 [SOFFEX]

ドイツ金融先物取引所（DTB）と合併してユーレックス市場（Eurex）となった。SOFFEXはSwiss Options and Financial Futures Exchangeの略。

➡EUREX

スイス市場指数 [SMI]

バーゼル、ジュネーブ、チューリッヒの各株式取引市場に上場されたスイスの主要20社の24銘柄（無記名証券など）によって構成される。構成銘柄の時価総額によって加重されたチェーン指数である。ユーレックス市場（Eurex）で取引される指数オプションの原資産となっている。SMIはSwiss Market Indexの略。

水素化分解 [Hydrocracking]

石油留分をハイオク・ガソリン、ジェット燃料、燃料油に転換する精製技術。

スイッチ [Switch]

ある証券を他の証券と交換すること。多くの場合、ポートフォリオの利回りや質を高めるために実行される。

出納管理証券 [Cash Management Bills]

キャッシュ・マネジメント・ビル。米財務省短期証券の一種で、満期が数日から6カ月の割引債を指す。財務省短期証券と同様に入札方式で販売されるが、発行は不定期で、入札当日になって発表されることもある。このような証券には非競争入札は適用されない。

➡短期国債

スイフト [SWIFT]

銀行間で行われる国際的な資金移動を執行する際の標準的なネットワークを運営する機関。SWIFTはSociety for Worldwide Interbank Financial Telecommunicationの略。【www.swift.com】

スイフト・コード [SWIFT Codes]

SWIFTのネットワーク上で銀行間の国際的な資金移動が執行される際の指示書きをコード化したもの。

➡スイフト

スウィート原油 [Sweet Crude]

北アフリカ、ナイジェリア、北海などで産出される原油で、硫黄成分の含有量が低いもの。

スーパー・ボーティング・シェア [Super Voting Share]

米国以外ではあまり見られない株式資本構成で、発行時点から特定の株主に拡大された議決権を付与するもの。

スキャッター・チャート（散布図表）[Scatter Chart]

市場で取引されている2つの異なる商品の相関関係を一方の値を他方の値に対して記入することで表すテクニカル分析のチャート。一方の商品の価値がx軸に、他方の商品の価値がy軸に表される。スキャッター・チャートは他の分析

手法と同じグラフ上では併用できず、リミット・マインダーも設定できない。
➡テクニカル分析

スクウィーズ［Squeeze］

投資家が損失を最小限にとどめようと躍起になって買いや売りを行った結果、価格がさらに押し上げられたり押し下げられたりすることを指す。また、金融政策が引き締め傾向にある期間を表すこともある。

スクリップ配当（付加価値付きの無償新株発行）［Enhanced Scrip Dividend］

株主に配当として付与される新株のことで、配当より市場価値が高い。通常は即時売却が可能。

スケール・アップ（売り上がり）［Scaleup］

上昇相場の過程で一定の価格幅で売却していくこと。スケール・ダウンの反対。
➡スケール・ダウン

スケール・ダウン（買い下がり）［Scaledown］

下落相場の過程で一定の価格幅で買い下がること。スケール・アップの反対。
➡スケール・アップ

スシ・ボンド［Sushi Bond］

日本企業が日本の投資家向けに海外で発行する円以外の通貨建ての債券のこと。日本企業に外国通貨の持ち高を増やす手段となる。

スタグ［Stag］

新規発行が割り当てられた時点で発行価格よりも高い値で売却することを意図して証券を購入する者を指す。

スタグフレーション［Stagflation］

インフレ率が高い上に失業率も高く経済活動が停滞している経済状態を指す。

スタンダード・アンド・プアーズ社［S&P］

代表的な信用格付け会社。借り手の信用力に関するS&P社の評価は広く資本市場の注目を集める。S&PはStandard & Poor'sの略。【www.standardandpoors.com】

スタンドバイ・クレジット［Standby Credit］

貸し手となる銀行団やIMFとその加盟国との間の取り決めによって、必要に応じて一定額の融資を一定期間だけ引き出せるようにすること。

スタンドバイ・ローン［Standby Loan］

短期的な国際収支上の困難に対処することを目的としたIMFによる基本的な国家融資で、通常は1、2年以上にわたって供与される。融資条件はマクロ経済的な政策に重点が置かれる。

ストキャスティックス［Stochastics］

テクニカル分析のモメンタム指標で、横ばい状態の相場でトレンドの変化を特定するのに利用する。ファスト（Fast）とスロー（Slow）の2種類がある。
➡テクニカル分析

ストックホルム・オプション取引所［OM Stockholm］

スウェーデンの先物・オプション取引所で、スウェーデン株式の指数先物やオプション、金利デリバティブを扱う。【www.aso.se】

ストップ高／ストップ安［Limit Up/Down］

1日の取引の中で許される値幅制限いっぱいに上昇・下落した状態をそれぞれストップ高、ストップ安という。市場によっては、いったんストップ高・安に達すると、価格が再び下落（上昇）するまで取引は再開されない。また、他の市場では値幅制限に達した場合は一時的に取引を停止し、制限を拡大した後に取引が再開される。

➡ サーキット・ブレーカー

ストップロス注文（損失限定注文）［S/L］

あらかじめ設定された価格に達した場合にのみ執行される「買い」か「売り」の指値注文のこと。通常は既存のポジションの損失を限定するために出される。いったんストップ・ロスの価格レベルに達すると、特に相場の乱高下が激しい場合は、次に提示される市場価格で執行されることが多い。S/LはStop Loss orderの略。

ストラドル［Straddle］

オプションの取引手法の一種で、同じ行使価格と満了日を持つコールとプットを合成したもの。

ストラングル［Strangle］

オプション戦略の一種で、異なる行使価格と同じ満了日を持つコールとプットを合成したもの。

スピードライン［Speedline］

テクニカル分析でトレンドの上昇・下落の速度を計測する際に用いられる。3本の主要トレンドラインを描いて表す。

➡ テクニカル分析

スピン・オフ［Spin Off］

企業が事業や資産を分割する際の手段で、自社の持ち分を持ち株比率に応じて株主に配分する。Hive Off（ハイブ・オフ）ともいう。

スプレッド［Spread］

買い値と売り値の差。価格差、サヤともいう。通常はこの差が大きければ市場に流動性が不足していることを意味する。また、満期だけが異なる、または満期以外が異なる2つの確定利付証券の利回りの差を指すこともある。先物のスプレッドの場合は、同じ市場または異なる市場の限月間に生じる価格差を意味する。

スプレッド取引［Spread Trading］

予想される価格の乖離による利益を見込んで、一方の先物契約を購入すると同時に他方を売却すること。

スペシャリスト［Specialist］

取引所に上場された単数および複数の特定銘柄の値付けを行うマーケット・メーカーを指す。立会い場のフロアで活動し、ブローカー業務からの手数料や

ディーラーとして提示する建て値のスプレッドから収入を得る。

スポット・ネクスト［S/N］

スワップ取引・預金取引のオーバーナイト物で、約定日の翌々営業日に資金の受け渡しが実行される先日付取引。S/NはSpot/Nextの略。
➡スワップ

スポンサー［Sponsor］

証券の新規発行にあたってアドバイスを提供したり、価格を決定する投資銀行や商業銀行のこと。

スリー・ボックス・リバーサル［Three Box Reversal］

テクニカル分析のポイント・アンド・フィギュア・チャートで最もよく使われるもので、その日の高値と安値のみを対象としたもの。
➡ポイント・アンド・フィギュア・チャート、テクニカル分析

スワップ［Swap］

金利・為替リスクを解消する目的でカウンターパーティ同士がキャッシュ・フローの交換を行うこと。スワップは単一の取引として構築されるが、キャッシュ・フローの交換が行われる時点では2つの取引（Legs）によって構成される。

スワップション［Swaption］

スワップを基にしたオプションのことで、固定金利の払い手か受け手のいずれかとして金利スワップを行うことを義務付けることなく権利として保有者に付与するもの。
➡スワップ

清算価格［EDSP］

取引日の終わりに先物取引所が個々の先物契約について指定する公式な終値のこと。値洗いや、満期に伴う現金決済に必要な額の計算、また先物ポジションの解消などに利用される価格。EDSPはExchange Delivery Settlement Priceの略。
➡先物、時価評価

清算機関［Clearing House］

市場の管理中枢に位置して、すべての取引を清算する機関のこと。また、取引を管理するだけでなく契約の履行も保証する。取引が付け合わされた際には買い手と売り手の双方のカウンターパーティを務め、カウンターパーティ・リスクを大幅に減少させる。その他の機能には、先物契約の受け渡しの監督や証拠金勘定の管理が含まれる。
➡委託証拠金、委託保証金

清算コスト［Cost to Close］

未決済の契約を現在の市場価格で清算する場合のコスト計算。為替のフォワード取引を時価評価する際に用いる。

政治リスク ［Political Risk］
政情が不安定な国に投資する際のリスク。

精製過程 ［Refining］
特に金属や砂糖などの原材料を純度の高い状態に加工すること。

政府抵当金庫（ジニー・メイ）［Ginnie Mae］
米国連邦政府が全額出資する国有機関。流通市場の流動性を高めるために、連邦政府による保険や保証が付いたモーゲージのプールを担保とした証券の支払い保証を行うことをその主要な役割とする。ジニー・メイの支払い保証はGNMAパス・スルー証券（GNMA Pass-Through Certificates）として知られる。Ginnie MaeはGovernment National Mortgage Association（GNMA）の略。【www.ginniemae.gov】
➡証券化

税務リスク ［Taxation Risk］
配当収入やキャピタル・ゲインの課税方式の変更により、株式投資の魅力が減少するリスク。

精油所 ［Refinery］
原油から様々な構成要素を分離して、最終的な製品や他の製造工程の供給原料に転換するための製造工場。

世界銀行 ［World Bank］
発展途上国の社会資本や人的資源に関する計画に対して、中期的な開発資金を融通するための機関。世界銀行は民間資金を調達したり自らの資金で融資を行うこともできる。また、国際資本市場で債券を発行して資金を調達することもある。
➡ブレトン・ウッズ協定

世界貿易機関 ［WTO］
WTOはWorld Trade Organizationの略。【www.wto.orgiza】
➡GATT、ウルグアイ・ラウンド

石油輸出国機構 ［OPEC］
世界の代表的な石油産油国と輸出国によって構成された団体。OPECが決定する生産枠割当ては石油価格に大きな影響を与える。加盟国はアルジェリア、インドネシア、イラン、イラク、クウェート、リビア、ナイジェリア、カタール、サウジアラビア、アラブ首長国連邦、ベネズエラ。OPECはOrganization of Petroleum Exporting Countriesの略。【www.opec.org】

セキュリタイゼーション ［Securitization］
多種類の債権、資産をひとつのプールにまとめて、それらを担保とした標準的な証券の形式に転換すること。そうすることで、それらの証券は通常の証券として取引できるようになる。証券化。

セクター・ファンド ［Sector Fund］
ミューチュアル・ファンドの一種で、特定の産業や地域に対してのみ投資するもの。

設備稼働率 [Capacity Utilization]

マクロ経済学の指標で、実際の生産高と潜在的な生産高とを比較するもの。この指標によって一定の期間内に既存の工場や設備を稼動して得られる最大の生産高を知ることができる。

➡マクロ経済学

設備投資

① [Capital Investment]

土地、工場設備あるいは機械などの資本財への投資。

② [Capital Expenditure]

長期資産の取得に充てられた支払い。資本支出。Capexと略すことが多い。

セデル [CEDEL]

電子化された振替決済システムを通じて証券や資金の清算・決済および借り入れ・貸し付けを提供する機関。CEDELは国際的な銀行によって構成された組合が共同所有している。CEDELはCentrale de Livraison de Valeurs Mobilieresの略。【www.cedelinternational.com】

➡クリアリング・バンク、クリアリング・ハウス、決済機関、Euroclear

せり下げ競売（逆せり、ダッチ・オークション）[Dutch Auction]

競争入札の方式で、呼応する買い値が現れるまで、適正価格よりも高いレベルから価格を徐々に下げていく。こうして得られた価格が売却価格となる。米国財務省は財務省証券の販売にあたってテンダー（Tenders）と称する同様の方式を採用している。

➡短期国債

セル・サイド [Sell-side]

取引仲介を主要なビジネスとする金融機関のことを指す。バイ・サイドの反対。

➡バイ・サイド

ゼロ・クーポン・カーブ [Zero Coupon Yield Curve]

ゼロ・クーポン債の利回り曲線のこと。パー・イールドカーブから理論的に導き出すのが市場慣行となっている。ディスカウント・ファクターの算出にしばしば利用される。スポット・イールドカーブ（Spot Yield Curve）ともいう。

➡利回り曲線

ゼロ・クーポン債 [Zero Coupon Bond]

クーポンが付かない代わりに、額面よりかなりのディスカウントで発行されるもの。発行価格と償還価格の差額がキャピタル・ゲインを生み出すため、利回りは相場レベルに近いところまで引き上げられる。クーポンが支払われないため、投資家は金利が下落した場合でも、より低い金利で再投資しなければならないリスクを回避することができる。

ゼロ・クーポン・スワップ [Zero Coupon Swap]

金利スワップの一種で、一方の当事者が定期的な支払いを行い、他方が通常は契約の最後に一括してまとまった額の支払いを行うもの。

■ ゼロ・コスト・オプション

図18　線グラフ

ゼロ・コスト・オプション［**Zero Cost Option**］

オプション戦術の一種で、オプションの購入コストが、オプションを売却する際に得るプレミアムによって相殺されること。両方のオプションのプレミアムが等価であることを意味する。

　→リバーサル

線グラフ［**Line Chart**］

テクニカル分析で利用される。線グラフは最も簡単なチャートである。価格変動を時間に沿って記録したもので、変化は点で表され、直線で結ばれる。図18参照。

　→テクニカル分析

先取特権（リーエン）［**Lien**］

未払いの債権を回収するために資産を差し押さえる権利。

センチストーク［**Centistoke**］

重油の重粘度の計測基準。

前年比［**Year on Year Rate**］

月次（前年同月比）や四半期（前年同期比）など、ある報告期間を前年の同じ期間と比較すること。

全普通株指数［**All Ordinaries**］

All Ordinaries Share Price Indexの略。All Ords（オール・オーズ）とも呼ばれるオーストラリアの株価指数。300以上の銘柄から構成される時価総額加重指数。【www.asx.com】

　→時価総額加重指数

全米証券業協会［**NASD**］

米国の証券ブローカーやディーラーが属する団体で、会員の法的・倫理的な行動基準を定める自主規制機関。NASDはNational Association of Securities Deal-

セ

174

ersの略。【www.nasd.com】

全米証券業協会・店頭銘柄気配自動通報システム、ナスダック ［NASDAQ］

全米証券業協会（NASD）が所有・運営する株式市場。ニューヨークを本拠とする電子市場で、多くの代表的なハイテク企業が上場されている。その指数であるナスダック総合株価指数はダウ工業株30種平均（DJIA）と並ぶベンチマークとなっている。NASDAQはNational Association of Securities Dealers' Automated Quotations Systemの略。【www.nasdaq.com】

➡ハイテク株、DJIA

ソ

総売上高 ［Turnover］

Sales（売上げ）またはRevenue（収益）ともいう。企業が主力事業である商品やサービスを提供することで得た収入額を指す。

相関関係、コリレーション ［Correlation］

統計学上の用語で、2つの変数が同一の動きを示す度合いを計測したもの。相関関係が「1」の場合は2つの変数がまったく同じように動くことを意味しており、「−1」の場合は変数が正反対の方向に動くことを意味する。

早期償還 ［Early Redemption］

発行者が満期日よりも早く債券を償還すること。

総供給 ［Aggregate Supply］

経済に存在する総需要に対して供給される財やサービスを総合したもの。国内で生産された財と輸入産品によって構成される。

総合商社 ［Sogo Shosha］

日本の大規模な商社のこと。

総合生産者 ［Integrated Producer］

鉱山、製鉄所、精製所、そして時には加工設備までを所有する生産者のこと。

総合石油会社 ［Integrated Oil Company］

石油業界の主要な分野である採掘、生産、輸送、精製、販売を網羅する石油会社。

総収益率 ［Total Return］

株式投資によって得た配当にキャピタル・ゲインまたはキャピタル・ロスを加算したものを投資額で割り、年率換算したもの。

総需要 ［Aggregate Demand］

経済における財やサービスに対する総需要。投資財に対する企業や政府の需要、財やサービスに対する地方・中央政府の需要、輸出産品に対する海外の消費者や企業の需要によって構成される。

相対強度指数 ［RSI］

テクニカル分析で使われるオシレーターの一種で、現在の価格と過去の一定期間の価格とを比較することで証券や相場のモメンタムを計測する。他のモメン

タム指標と違って誤差が排除されるので、広く使われる指標となっている。買われ過ぎや売られ過ぎのシグナルの確認に使われると同時に、指数と価格との間に乖離が生じた場合には警告の役目も果たすもの。RSIはRelative Strength Indexの略。

➡モメンタム、テクニカル分析

相対的強弱度 [Relative Strength]

現在の株価、株式ポートフォリオ、株式指数などを過去のある時点の価格と比較すること。

相対的パフォーマンス [Relative Performance]

マーケット指数と比較した、ファンドの運用成績。

相場の調整 [Correction]

テクニカル分析で、相場がトレンドと逆方向の値動きを示すことを指す。トレンドに対して上昇・下落のどちらの方向にも起こり得る。相場が最終的には元のトレンドに戻ることから「調整」と表現される。

➡テクニカル分析

相場のトレンド [Market Trend]

短期的な変動を度外視した、市場の全体的な方向性。

相場の値固め局面 [Consolidation Phase]

小幅の上下はあるものの、相場の値動きが横ばいにとどまること。通常、売買高は低水準を続ける。

相場の反転 [Reversal]

テクニカル分析で、トレンドが変わることを意味する。テクニカル・アナリストの多くは価格チャートに表れたパターンから反転を判別する。反転を表す主要パターンには三尊（Head and Shoulders）、トリプル・トップまたはボトム（Triple Top/Bottom）、Vフォーメーション、スパイク（V Formation/ Spikes）などがある。

➡パターン、テクニカル分析

双方向市場（ツー・ウェイ・マーケット）[Two-Way Market]

ディーラーによって買いと売り両方の気配値が活発に提示される市場のこと。

総利益 [Gross Profit]

税金や費用が差し引かれる前の総利益のこと。

総リスク [Aggregate Risk]

金融機関が単一の顧客との間に結んだスポットおよびフォワード契約を通じて抱えるリスク・エクスポージャーのこと。

増枠融資制度 [Enlarged Access]

国際収支改善のための強力な政策を実施する約束と引き換えに、IMFが国家に対して融資条件の緩和を認めること。

➡IMF

即時売買注文 [FOK]

売買を指示する指値注文で、即時に執行されない場合は取り消されるもの。FOKはFill or Killの略。

底値買い［Bottom Fishing］

企業の株式がこれ以上は下がらないと見込んだ投資家による買い。また、企業が赤字の競合企業を買収したり、その資産を購入することも指す。

卒業債［Exit Bond］

主に後発発展途上国が発行する低金利の長期債で、購入者は今後のリスケジューリング（返済繰り延べ）への参加を免除される。既存の融資を卒業債と交換すれば、保有者は債券を売却した時点、あるいは満期を迎えた時点で、政府向け融資から解放されることになる。

ソフト［Softs］

砂糖、コーヒー、ココアなどのソフト・コモディティを指す。

ソフト・ローン［Soft Loan］

通常の借り入れコストよりも低い金利で、あるいは無金利で提供される融資。世界銀行の関連機関であるIDAは開発途上国の長期的な社会資本整備計画に対してソフト・ローンを供与している。

➡IDA

ソブリン債［Sovereign Issue］

政府系の機関によって発行された債券のこと。

損益計算書［Profit and Loss Account］

一定期間の企業の支出と収入のすべてを要約したもの。Income Statementともいう。

損益分岐点［Break-even Point］

損失も利益も生じない状態になるレベル。

タ

ダーティ・プライス [Dirty Price]

債券の現在価値で、経過利子を含むもの。グロス・プライス（Gross Price）ともいう。

➡クリーン・プライス

ダーティ・フロート [Dirty Float]

通貨間の公定平価が明示されたり維持されることがない為替管理システム。このような状況下では国家の通貨当局が為替相場に介入する。管理フロート制（Managed Float）とも呼ばれる。

ターミナル [Terminal]

パイプラインまたはタンカーで運搬された石油・ガスの陸上の備蓄施設。

ターム・レポ [Term Repo]

期間30日以上のレポ取引で、同期間のポジションをヘッジするために利用される。

➡レポ取引

帯域幅（バンドウィズ）[Bandwidth]

一定時間内にコンピュータ・ネットワークへの接続を通じて送信できる情報やデータの量を指し、ビット／秒（bits per second、ビッツ・パー・セカンド）を意味する「bps」の単位で表す。

タイガーズ [Tigers]

インドネシア、マレーシア、台湾、タイを含む東南アジアの急速に発展する経済地域の総称で、90年代に使われた。

対外債務の株式化（デット・エクィティ・スワップ）[Debt for Equity Swap]

債務国が対外債務を自国通貨払いで買い戻し、海外の債権者はその資金を利用して債務国の企業に投資する。こうすることで債務国は債務を証券化したことになる。

第三者割当て（私募発行）[Private Placement]

直接特定の投資家に債券を販売すること。通常は取引所にも上場せず目論見書もない。

➡私募

貸借対照表 [Balance Sheet]

企業が株主や監督官庁向けに作成する資産や債務の状況を示した会計報告。企業が保有資産の状態と資産取得に要した資金繰りについて、特定の時点における状況を提供するもの。

➡資産、債務

代替可能 [Fungible]

ある証券が別の証券との類似性によって交換可能であることを指す用語。代替可能債券とは価格以外の条件が同じであるという意味で、既存の債券に付随する新発債を指す。代替可能な債券は同じ特徴を持つ既発債と交換することができる。

→債券

ダイナミック・タイム・アンド・セールズ ［Dynamic Time and Sales］

売買高加重平均株価（VWAP）の別名。

→売買高加重平均株価

ダウ工業株平均株価指数 ［DJIA］

古くから利用されてきた米国株式市場の指標。世界最大の株式市場の株価のベンチマークであること、また米国経済の世界全体に占める重要性から、世界中の投資家が最も注目する指標となっている。ニューヨーク証券取引所（NYSE）に上場されている主要30銘柄で構成される。構成銘柄の株価の単純算術平均を算出したもの。DJIAはDow Jones Industrial Averageの略。
【www.averages.dowjones.com/home.html】

→単純平均、NYSE

ダウ理論 ［Dow Theory］

一般的にはチャールズ・ダウの株式動向に関する考え方を指す用語。ダウはその理論を自ら考案した株式の平均指数であるダウ工業株平均株価指数（DJIA）とダウ運輸株平均株価指数（DJTA）に応用した。ダウ理論は現代の多くのテクニカル分析理論の基礎として広く認められている。また、米国株の重要なトレンドはDJIA、DJTAの両指数の変化によって確認されなければならないとする考え方を特に指すこともある。

→テクニカル分析

ダウン・アンド・アウト・オプション ［Down and Out］

原資産の価格があらかじめ指定されたレベルよりも下がった時点でキャンセルされるノックアウト・オプション（Knockout Option）。バリア・オプション（Barrier Option）の一種。

→オプション

ダウン・アンド・イン・オプション ［Down and In］

原資産の価格があらかじめ指定されたレベルまで下がった時点で発効するトリガー・オプション（Trigger Option）。バリア・オプション（Barrier Option）の一種。

→オプション

ダウンサイジング ［Downsizing］

組織の労働力が縮小すること。通常、従業員の大量解雇を意味する。

多国籍企業 ［Multinational］

本籍地以外の複数の国で商業活動を行う公開企業。通常、製品やサービスの生産過程の全側面にわたる事業を各国で展開する。このような企業の株式は複数の株式取引所に上場されているか、預託証券の形で取引が可能な場合が多い。

→ADR

立会い前取引 ［Pre-Market Trading］

取引所の立会い場で公式な業務が開始される前に執行される取引。

タッチ ［Touch］

ある証券について市場で現在提示されている最も高い買い値と最も安い売り値

を指す。同一のマーケット・メーカーが提示する建て値に限らず、すべての
マーケット・メーカーが提示する価格の中で最良のもの。

ダッチ・オークション（せり下げ競売、逆せり）[Dutch Auction]

競争入札の方式で、呼応する買い値が現れるまで、適正価格よりも高いレベル
から価格を徐々に下げていく。こうして得られた価格が売却価格となる。米国
財務省は財務省証券の販売にあたってテンダー（Tenders）と称する同様の方
式を採用している。

➡短期国債

建て玉

① [Position]

特定の金融商品の持ち高で、買いと売りの残高のこと。持ち高、ポジション。

➡ショート、ロング、フラット

② [Open Interest]

先物市場で反対売買や受け渡しが行われずに残っている未決済のポジション。
未決済取引残高。個々の銘柄の流動性を示す。

➡先物

建て値、気配 [Quotation]

市場や取引所で現在提示されている価格。実際に取引が行われる価格と同じと
は限らない。

建て値通貨 [Quoted Currency]

基準通貨に対して値が建てられているほうの通貨を指す。分子にあたる通貨が
分母にあたる通貨の割合で表されること。例えば、米ドル対円の建て値では円
のほうが建て値通貨である。

➡基準通貨

単一価格 [Choice Price]

ディーラーが売りと買いの両方の呼び名をスプレッドなし（Zero Spread）の単
一価格として提示する確定価格。双方向を指すEither Wayともいう。

➡売り値、買い値、スプレッド

炭化水素 [Hydrocarbons]

水素と炭素の化合物。固体、液体、気体のいずれかの形態をとる。

短観（企業短期経済観測調査）[Tankan]

日本銀行による四半期ごとの企業調査で、幅広い企業データを含む。主要製造
業の業況判断DI（ディフュージョン・インデックス）は業況が上向くと予想す
る会社の比率から悪化すると予想する会社の比率を差し引いたもので、注目を
集めている。DIの数値が小さいほど将来の展望は暗い。「短観」は日銀が金融
政策を策定する際に重要な参考資料となる。

短期金融市場、マネー・マーケット [Money Markets]

短期の金融資産の売買が行われる市場。短期金融市場では、残存満期が12カ月
以下の債務証券が取引される。

短期国債 [Treasury Bill]

政府が国内通貨建てで発行する短期証券で、償還期限が1年未満のためにマ

ネー・マーケット商品とみなされる。ディスカウント方式で販売されるもので
クーポンはつかない。

短期手形 ［Short Bill］
要求払いの、または極めて短期間で支払いが行われる為替手形のこと。

短期フォワード取引／預金取引 ［Short Dated Forwards/Deposits］
為替のフォワード取引や預金取引で、受け渡し日がオーバーナイト（O/N）で
あったり、トム・ネクスト（T/N、翌営業日）よりも早い場合、または受け渡
し日がスポット・ネクスト（S/N、二営業日後の翌日）から1カ月後までの期間
の取引を指す。

短国 ［Tankoku］
日本の短期国債のことで、満期が3カ月と6カ月のもの。過去に巨額の発行が行
われた10年物の国債の借り替えを円滑化するために1986年に導入された。

単純移動平均 ［Simple Moving Average］
加重をかけていない移動平均のこと。
➡移動平均

単純平均、算術平均 ［Arithmetic Average］
すべての値の合計をその値の数で割ることで得られる単純な平均値。

タン・ブック ［Tan Book］
米連邦準備制度理事会が6週間おきに公表する米国経済の見通しに関する調査
報告書。地区連銀経済報告。Beige Book（ベージュブック）ともいう。

担保 ［Collateral］
債券発行の保証となる資産。債務者がデフォルトした場合には、債券の保有者
である貸し手側は、債務の支払いに充てるために担保資産を差し押さえて売却
する法的権利を有する。

単利 ［Simple Interest］
借り入れコストあるいは貸し出しから得られる収益を指す。貸借額（元本）、
資金の貸借期間により求められる。あるいは、市場の一般的な金利水準を指す
場合もある。
➡複利

遅行・先行指標 ［Lagging/Leading Indicators］
景気循環の変化を後追いする経済指標を遅行指標という。逆に景気循環の変化
を先取りして動くことから、景気予測に利用されるのが先行指標である。
➡経済指標

地方債 ［Municipal Notes］
米国の短期証券で、州政府や地方自治体・機関などによって発行され、典型的
なものは満期が最長で3年のもの。一般的にミュニ（Munis）として知られる。
地方政府証券には税収見込み証券（Tax Anticipation Notes、TANs）、歳入見
込み証券（Revenue Anticipation Notes、RANs）、贈与見込み証券（Grant

Anticipation Notes、GANs）、長期債借換予定証券（Bond Anticipation Notes、BANs）、免税CP（Tax Exempt Commercial Paper）などの種類がある。

チャーティスト、テクニカル・アナリスト ［Chartist］

過去のトレンドを表示したり、市場の将来的なトレンドを予測するためにチャートを利用するアナリストのこと。

➡テクニカル分析

チャート分析、ケイ線分析 ［Charting］

テクニカル分析で用いられる一連の手法を指し、出来高、建て玉、値動き、決済価格その他の指標をグラフに記入する際に利用されるもので、将来的な価格動向の予測を可能にする。

➡テクニカル分析

チャート・ポイント ［Chart Points］

価格や最新データを示した点のことで、それらの点を結ぶことでチャート上に継続的な線が描かれる。

➡テクニカル分析

チャイニーズ・ウォール ［Chinese Wall］

投資銀行内のディーリング、ファンド・マネジメント、コーポレート・ファイナンスの各部門間で価格に影響する情報などが漏れるのを防ぐための規定。例えばコーポレート・ファイナンス・チームが今後予定される買収提案情報を社内のマーケット・メーカーに流すのは不適切であり、国によっては違法とみなされる。

チャットルーム ［Chatroom］

コンピュータ・ネットワーク上に存在する会話の場を指すインターネット用語。電子会議室。

チャネル・ライン ［Channel Lines］

高値と安値のそれぞれを結んだ線で、チャート（グラフ）上を互いに並行して走るもの。いずれかの線が破られた場合は、突き抜けた方向への大幅な値動きを示唆することがある。

➡テクニカル分析

チャプター・イレブン ［Chapter 11］

米国連邦破産法第11条、任意破産。米国破産法の下では、債務者は債務の支払いが不可能になっても裁判所に命じられるまでは事業の所有者として経営権を保持し続ける。この取り決めによって、債務者と債権者はかなり柔軟に会社更生手続きをすすめることができる。

➡支払い不能

チャプター・セブン ［Chapter 7］

米国連邦破産法第7条、非任意破産。非任意破産について規定したもので、債権者が債務者の支払い不能を宣言するよう裁判所に陳情の申し立てを行う。その結果、管財人としての全権を付与された裁判所の任命による代理人が、損失を防ぐために債務者の事業を運営する。

➡支払い不能

中央銀行 ［Central Bank］

国家の金融システムに対する規制権限を持つ主要銀行。通常、その役割には信用制度の管理、銀行券の発行、商業銀行の監督、外貨準備高と自国通貨の価値の管理に加えて、政府向けの銀行業務も含まれる。

中央銀行当座預金残高（準備預金口座残高）［Operational Balances］

一日の終わりに銀行システムと中央銀行との間の最終的なポジションを決済するために、中央銀行に預金されている市中銀行の資金。

中央銀行による市場介入 ［Central Bank Intervention］

為替レートの安定化などを目指す中央銀行が、単独であるいは数行で市場での取引に参加して金融情勢に影響を与えようとすること。

➡協調介入、公開市場操作

中央値 ［Median］

一連の値を大きさの順に並べた際に真中に位置する値を指す。

中間値（平均値）［Mean］

一連の値の合計をその値の総数で割って算出する。Averageともいう。

中間配当 ［Interim Dividend］

会計年度の途中で企業が支払う配当で、通常は半期ごとに実施されるが四半期ごとでもよい。取締役会だけが決定権を持ち、株主の承認を経て実施される。

➡配当

中期国債 ［Treasury Note］

政府が発行する債務証券で、償還期限が2年から10年未満で資本市場で取引されるもの。利付債。

中立相場 ［Neutral］

強気、弱気のどちらの傾向も示していない相場のこと。

➡弱気相場、強気相場

長期国債 ［Treasury Bond］

政府が発行する債務証券で、償還期限が10年以上で資本市場で取引されるもの。利付債の形をとる。

長期先渡し取引 ［Long Dated Forwards］

受け渡し期日が12カ月よりも先の為替のフォワード契約を指す。

➡フォワード契約、先渡し契約

長期トレンド ［Secular Trend］

長期的な相場動向のことで、季節要因やテクニカル要因は反映していない。

超国家機関 ［Supranational］

開発途上国への投資や大規模プロジェクトのために国際資本市場で資金調達を行う機関を指す。超国家機関は数カ国の政府で構成されたコンソーシアムが「所有」するもの。世界銀行や欧州復興開発銀行（EBRD）がこれに該当する。

重複上場（同時上場）［Cross Listing］

株式銘柄が複数の株式取引所に上場されており、自国の中心的な市場以外で自由に取引されていること。

➡株式

帳簿価格

帳簿価格 ［Book Price］

企業の貸借対照表に記載された購入当初の資産価値。簿価。

直接利回り ［Current Yield］

債券の保有者が得る収入の指標。簡単にいえば、年間のクーポン収入を債券の市場価格で割ったもの。

➡YTM

ツ

追加証拠金 ［Margin Call］

信用取引口座の残高が委託保証金の最低限度である維持証拠金率を下回った場合に、清算機関や証券会社がカウンターパーティに請求する。追い証、維持証拠金（Maintenance Call）ともいう。

➡維持証拠金

追加発行条項 ［Greenshoe Option］

一般投資家の需要が予想以上に強い場合に証券の追加発行を認める、引受契約に含まれる条項。

ツー・ウェイ・マーケット（双方向市場）［Two-Way Market］

ディーラーによって買いと売り両方の気配値が活発に提示される市場のこと。

通貨供給量（マネー・サプライ）［Money Supply］

ある経済に存在する通貨の総供給量。定義は多様だが、広義と狭義の2つに大きく分類される。

通貨スワップ

① ［Currency Swap］

別々の通貨建ての固定金利の支払いを交換する契約と、スワップ契約の最終段階や場合によっては最初の段階にあらかじめ設定されたレートで名目元本額を交換する約束とを抱き合わせにしたもの。元本の交換によって信用リスクは高まる。

➡スワップ

② ［FX Swap］

ある通貨建ての金額と、受け渡し日が異なる同額の異種通貨を同時に交換することで、通常はスポット・レートからフォワード・レートへの交換を指す。スワップ価格はフォワード・レートのポイントで示される。

➡スワップ

通貨発行特権 ［Seignorage］

政府が紙幣を増刷して収入をあげること。政府による紙幣の増刷はマネー・サプライを増加させることからインフレ税と表現することもできる。

➡紙幣を増刷する

通常注文（ノーマル・オーダー）［N/O］

特定の価格での売り買いを指示する通常の注文。例えば現在の市場価格よりも高い価格で売り、低い価格で買うことを指示する注文のこと。N/OはNormal Orderの略。

通常引出権 ［ODR］

通常の引出権。特別引出権（SDR、Special Drawing Rights）と類似のもの。IMFの加盟国に対しても提供される。ただし、SDRが加盟国が保有する金やドルにならぶ通貨準備であるのに対してODRは信用供与の形をとる。ODRはOrdinary Drawing Rightsの略。

➡SDR

つなぎ信用枠 ［Swing Line］

借り手がオーバーナイトで資金を引き出せるようにした信用供与手段のこと。

積立金（準備金）［Reserves］

企業の準備金は、主として商業活動によって得た利益が配当などの形で支払われずに留保されて長年にわたり累積したもの。通常は現金や換金性の高い資産の形で保有される。株主には準備金に対する権利がないため、企業はそれを使うかどうか会計基準が許す範囲内で、自ら判断を下すことができる。また、政府が債務の支払い義務を充たすために保有する公式の外貨準備高を指す用語としても使われる。

➡配当、利益剰余金

強気相場 ［Bull Market］

価格が長期間にわたって上昇し続けている相場。下げ相場、弱気相場の反対。

➡下げ相場、弱気相場

![テ]

ディーラー ［Dealer］

金融商品の取引を行い、自己資金でポジションを取る個人または企業のこと。

定価引き上げ ［Markup］

顧客が店頭市場でブローカーやマーケット・メーカーに証券を売却する際に、一種の手数料として売り値に上乗せされる金額やパーセンテージのこと。定価引き下げの反対。また、相場動向を反映させるためにマーケット・メーカーが価格を上方修正することも指す。

定価引き下げ ［Markdown］

顧客が店頭市場でブローカーやマーケット・メーカーに証券を売却する際に、一種の手数料として買い値から割り引かれる金額やパーセンテージのこと。また、相場動向を反映させるためにマーケット・メーカーが価格を下方修正することも指す。定価引き上げの反対。

ディカウント・コンベンション ［Daycount Conventions］

各債券市場では、1年の日数や2回の利払い期間間の日数などを、市場ごとに採用された制度に基づいて決定する。日数を確定するための多様な方法はディカウント・コンベンションと呼ばれ、次回の利払い日が通常の利払い期間よりも近いときなどに、経過利子や現在価値を計算する上で重要となる。

➡表面利率、クーポン、利札

定期預金 ［Fixed-Term Deposit］

短期金融市場で商業銀行に一定期間だけ預けられた資金。このような預金を売

買することはできない。満期は長くて1年だが、オーバーナイト（翌日返済）の短期のものもある。

➡CD

テイクダウン［Takedown］

発行市場で証券の割り当てを引き受けること。

デイジー・チェーン［Daisy Chain］

ブレント原油やドバイ原油の貨物に積込期日が割り当てられる（これをturning wetという）前にフォワード契約（ペーパー）が売買される一連の取引を指す。Paper Chainともいう。

➡ブレント原油

停止条件付きオプション［Knockout Option］

バリア・オプションの一種。ノックアウト・オプション。

➡バリア・オプション

ディスインターメディエーション（非仲介）［Disintermediation］

借り手や投資家が銀行その他の金融仲介業者の手を経ずに、直接証券の発行や購入を行うこと。

ディスインフレ［Disinflation］

インフレ率が低下すること。

➡デフレ、インフレーション

ディスカウント、割安［Discount］

一般的にある商品がその正規の値段よりも安く取引されていることを指す。資産やファンドがディスカウントされている場合は、市場価格を下回る価格で取引されていることを意味する。短期金融市場では金融手形を額面価格よりも低い価格で購入すること。外国為替市場ではフォワード・レートがスポット・レートを下回る差額を指す。先物市場では直先逆転現象（Backwardation）と表現される。プレミアムの反対。

➡逆ザヤ、プレミアム

ディスカウント・ハウス［Discount House］

英国で用いられる金融機関の用語で、イングランド銀行と銀行システムの間の資金の流れを仲介する役割を果たしている。割引商社。

ディスカウント・ブローカー［Discount Brokerage］

顧客の注文を割安の手数料で執行する証券会社。ディスカウント・ブローカーは手数料を割り引かないブローカーやフル・サービス・ブローカーと比べて、顧客に提供するサービスの種類が少ない。格安ブローカー。

➡ブローカー

ティッカー・シンボル［Ticker Symbol］

株式取引所で取引されている銘柄を識別するための文字列のこと。

➡ティッカー・テープ

ティッカー・テープ［Ticker Tape］

株式取引所で次々に執行される取引の価格、出来高、銘柄コードなどを報じる電子表示板。

➡ティッカー・シンボル

ティック［**Tick**］

金融商品の価格が変化する際の最小単位。

➡ベーシス・ポイント

デイテッド・ブレント［**Dated Brent**］

即時船積みされるブレント原油を指す。船積み期日が割り当てられた原油貨物のことで、船積みの15日前に、または非営業日を考慮した上で15日前に最も近い期日に実施される。

➡ブレント原油

抵当証書担保付き証券、モーゲージ担保証券［**MBS**］

複数のモーゲージ（不動産担保付きローン債権）をまとめてプールしたもの、またはパッケージ化したものを担保とする証券。担保となるモーゲージ・プールの毎月の元本や金利の支払い分が証券の保有者に移転される。MBSはMort-gage-Backed Securityの略。

➡証券化

デイ・トレーダー［**Day Traders**］

自己資金で売買して1日の終わりに必ずポジションを手仕舞うトレーダーのこと。先物市場では利ザヤ稼ぎをする者を意味するScalpers（上澄みをすくう者）と呼ばれる。

ディビデンド・ストリッピング［**Dividend Stripping**］

投機的な投資手法のひとつで、通常より高い配当が支払われることを期待して配当支払い期日の直前に株式を購入すること。

➡配当

ディファード・クーポン債［**Deferred Coupon**］

最初の数年間はクーポンの支払いが実施されず、満期時に一括してその分の支払いが行われる債券。キャッシュ・フローの発生を延期することで収入の増加が予想される最初の数年間の納税額を抑えたいと考える投資家向けの商品。繰り延べクーポン債。

➡クーポン

ディフェンシブ銘柄［**Defensive Stock**］

市場平均よりもリスクが小さい、ベータ値の低い株式銘柄を指す。食品小売りや公共事業のような非循環株セクターに多く見られる。

➡ベータ値

定量分析［**Quantitative Analysis**］

最適なポートフォリオの構築を目的に、過去の収益、価格のボラティリティ、価格の相関関係などを異なる資産ごとに統計的に研究する。CAPMやDDMなどの数学的なモデルに強く依存している。

➡CAPM、ファンダメンタルズ分析、テクニカル分析

手形交換所加盟銀行［**Clearing Bank**］

小切手の清算機構を担う英国の手形交換所加盟の銀行のこと。清算機構経由で小切手を処理して受取人が対価を得られるようにすることを、小切手を「クリ

アする」という。

手形引受業者 ［Acceptance House］

貿易に伴う手形をあらかじめ指定された将来の期日に引き受けて、割引価格で手形を買い入れる業者。アクセプタンス・ハウス。

適格受け渡し ［Good Delivery］

商品の受け渡しが約束通りに実行され、付随する要件（所有権、裏書き、法的な書類等）が完全に満たされていること。

適正価格（公正価値）［Fair Value］

先物市場の用語で、現物価格に純持越費用を加算したものを指す。指数先物の公正価値計算は取引ごとに異なる。それは以下のいずれかの定義に当てはまる。1.配当収入と持越費用に相当する現物価格に上乗せされる想定プレミアム。2.契約を満期まで保有する場合の予想配当収入と維持コスト。3.先物契約の維持コストと株主が得る配当支払いを比較した上で、先物価格が株価指数を上回らなければならない差額。4.維持コストと株式配当の資金勘定。5.先物契約の残存期間中に支払われる現物商品の支払い金利と株価指数の支払い配当の差額。

➡先物

敵対的買収 ［Hostile Bid］

対象となる企業の経営陣の同意を得ていない買収のこと。

出来高 ［Trading Volume］

特定の期間内に取引された証券や契約の総数。

テクニカル・アナリスト ［Chartist］

過去のトレンドを表示したり、市場の将来的なトレンドを予測するためにチャートを利用するアナリストのこと。チャーティスト。

➡テクニカル分析

テクニカル分析 ［Technical Analysis］

過去の相場変動を表したチャートを分析して将来的な価格の方向性を予測する手法。テクニカル・アナリストまたはチャーティスト（Chartist）は、価格変動に繰り返し登場するパターンや価格トレンド、それらの速度や勢い（モメンタム）に注目する。テクニカル・アナリストは市場変動の理由の説明よりもどのように価格が上昇・下落したかに基づいて予測を行う。市場価格の形成過程、出来高、その他の指標に目を向けて、ファンダメンタルズ（経済の基礎的諸条件）のデータを検証するよりも価格変動そのものから将来の価格を予測する。その際に利用されるチャートには折れ線（Line）、バー（Bar）、ローソク足（Candlestick）、ポイント・アンド・フィギュア（Point and Figure）の4種類がある。また、エリオット波動（Elliott Wave）、相対強度指数（Relative Strength Index、RSI）、移動平均線、ストキャスティクス（Stochastics）など、多数のテクニカル分析理論や指標が存在する。

➡バー・チャート、ローソク足チャート、ダウ理論、エリオットの波動理論、線グラフ、移動平均、上値抵抗線、下値支持線

手仕舞い ［Unwinding a Position］

ロングかショートのポジションを、反対売買することで解消あるいは逆転させ

た結果、ポジションを「Square（スクエア）」または「Flat（フラット）」にすること。ポジション解消。

手数料込み取引［Net Transaction］

投資家から手数料を徴収しない取引を指す。例えば、企業が新株を発行する場合には引受手数料は発行価格にすでに含まれている。

デット・エクイティ・スワップ［Debt for Equity Swap］

債務国が対外債務を自国通貨払いで買い戻し、海外の債権者はその資金を利用して債務国の企業に投資する。こうすることで債務国は債務を証券化したことになる。対外債務の株式化。

デット・サービス・レシオ［Debt Service Ratio］

国家の対外債務、特に公共部門の債務や公的機関が保証した債務の返済コスト。金利および元本の支払い総額の輸出額に対する比率で示される。一般的に20％台が容認される最大限度とされるが、数値を確定するのは難しい。債務返済比率。

デット・ファイナンス［Debt Financing］

債券、短期証券、中期証券などの債務証券を発行して資金を調達すること。

デフォルト［Default］

金利や元本の支払いなどの義務を果たせなくなること。手続き上はデフォルトするのは債務者の側ではなく、債権者がイニシアチブを取って債務者のデフォルトを宣言する。債務不履行。

デフレ［Deflation］

価格が下落すること。

➡ディスインフレ、インフレーション

デュアル・カレンシー債［Dual Currency Bond］

債券の一種で、利払いは特定の通貨で行われるが、元本の償還は米ドルなどの他通貨建てで行われるもの。通常、投資家は市場価格より高い利払いを手にするが、米ドルなど償還時に適用される為替レートが想定を下回る場合、為替リスクを負う。このような債券は償還通貨を使う発行体にとっては長期的な為替リスクを負うことがないという意味で魅力がある。また、発行体が償還通貨を常に使っていない場合も、発行通貨建ての債務を抱える企業を相手に、保証された為替レートをスワップ取引に利用することができる。二重通貨建て債券。

デュー・ディリジェンス（デュー・ディリ）［Due Diligence Process］

投資家や主幹事会社が投融資を計画する際に実施する調査で、対象企業の事業や経営の内容について事実関係を確認する作業。

デュレーション［Duration］

債券のキャッシュ・フロー（利子と償還金）の回収期間のこと。デュレーションは年数で示され、市場リスクへの平均的なエクスポージャーを表す。異なるクーポンや償還期日を持つ債券の比較を可能にする。マコーレーのデュレーション（Macauley Duration）ともいう。

➡表面利率、クーポン、利札

デリバティブ［Derivatives］

先物、オプション、スワップなどのデリバティブ商品は現物資産を原資産とし

デュレーション

クーポンが10％で年払い、償還まで（すなわち元本が100％返済されるまで）に正確に5年を残した債券があると仮定する。また、この債券の現在価値（Present Value＝PV）または時価が116であるとする。

この債券のデュレーションを計算するには「t」を期間（terms）、つまりこの例では1年から5年を指すもの、そして「CF」をキャッシュ・フロー（Cash Flow）とする、以下の表を利用する。個々の期間中の現在価値を組み合わせた合計が債券の時価（この例では116.849）であり、最後のコラムが個々の現在価値に期間をかけたものになる。

クーポン＝1％	償還価格＝100	計算期日＝26/04/00
年払い	PV＝116.849	償還期日＝26/04/05
期間（年）＝5	最終利回り＝6％	

					デュレーション			コンベキシティ	
			ディスカウント						
期間 t	CF	ファクター	PV	PV*期間		A	B	A/B	
		(YTM=6%)				t* (t+1) *CFt	(1+y) ^ (t+2)		
1	10	0.94340	9.43396	9.43396		20	1.191016	16.792386	
2	10	0.89000	8.89996	17.79993		60	1.26247696	47.5262	
3	10	0.83962	8.39619	25.18858		120	1.33822558	89.670981	
4	10	0.79209	7.92094	31.68375		200	1.41851911	140.99211	
5	10	0.74726	82.19840	410.99200		3300	1.50363026	2164.6885	
合計			116.849	495.098				2489.6696	
								21.307	

マコーレーのデュレーション（Macauley Duration）を求めるには以下の計算式を用いる。

$$D = SUM \, (tCF/ \, (1+y)^t) \, /PV$$

この数式に表の数値を当てはめて計算すると以下のようになる。

$$D = (10/ \, (1+0.06) +2*10/ \, (1+0.06)^2 +3*10 \, (1+0.06)^3 +4*10/ \, (1+0.06)^4 +5*110 \, (1+0.06))$$

これを突き詰めると以下の結果が得られる。

$$D = 495.098/116.849 = 4.237$$

つまり、ここで例にあげた債券のデュレーションは4.237となる。

$$D = 4.237$$

修正デュレーション（Modified Duration、MD）はマコーレーのデュレーションを最終利回りに1を加算したもので割る、すなわちMacauley（1+YTM）によって求められる。前述の数値を元にするとこれは4.37/（1+0.06）、つまり3.997ということになる。

修正デュレーション＝マコーレーのデュレーション/（1+YTM）　3.997

```
    MD=4.237 （1+0.06）
    MD=3.997
  コンベキシティ=1/P*SUM t （t+l) *CFt/ （1+y）^(t+2)
    Cx=21.307
```

ており、その価値の一部を現物資産の価値に負っている。だが、実際にはデリバティブが現物市場に影響を与える場合も多く、先物やオプション契約の中にはベースとなる現物資産の出来高を上回るものもある。デリバティブは投資商品を扱う取引所や店頭（OTC）で取引される。

➡キャップ、カラー、フロア、先物、オプション、スワップ

デルタ ［Delta］

オプションの市場感応度（センシティビティ）の指標。原資産の価格が1単位分だけ変化した場合にオプション価格がどれぐらい変化するかを計測する。

➡オプション

デルタ・ヘッジ ［Delta Hedging］

オプション契約の売り手が、オプション・ポートフォリオのリスク・エクスポージャーをヘッジするために現物市場でデルタに比例した原資産の売買を実施すること。

転換 ［Conversion］

債券や優先株などの転換可能な証券を普通株式に転換すること。

転換社債 ［Convertible Bond］

社債の一種で、あらかじめ設定された転換価格で発行企業の株式に転換できるもの。通常、転換価格は株式の時価あるいは平均価格にプレミアム分が上乗せされた水準に設定される。一方、債券自体は低いクーポンで額面価格で発行される。

➡債券

転換比率 ［Conversion Ratio］

優先権付き株式を普通株式に転換したり転換社債を対象となる株式に転換する際に、一単位が何株に転換されるかを示す比率。

天国地獄債 ［Heaven and Hell Bonds］

満期日の償還価額が、発行通貨に対する別の通貨のスポット・レートと連動した債券。償還の際の受け取り額は、最低で額面価格の5%から最高で200%まであり得る。天国地獄債のバリエーションに煉獄地獄債（Purgatory and Hell Bond）があるが、これは償還時の受取り額を別の通貨のスポット・レートに連動させたもの。

電子掲示板 ［Bulletin Boaard］

コンピュータ・ネットワーク上の掲示板。利用者は伝言を読んだり、残したりすることができる。

電子証券取引ネットワーク ［ECN］

電子証券取引市場は複数のECNによって構成されている。ECNはElectronic Communications Networkの略。

191

電子取引 ［Screen Trading］
コンピュータ・システム経由の取引のこと。

店頭取引 ［OTC］
取引所の立会い場などを経由せずにディーラーと投資家が直接、電話やコンピュータ・ネットワークを経由して行う取引。OTCはOver The Counterの略。

天然ガス液 ［Natural Gas Liquids］
天然ガス、液化石油ガス、天然揮発油のこと。

天然揮発油 ［Natural Gasoline］
天然ガスから得られる軽質・液状の炭素化合物。自動車ガソリンと似ているが、それよりも低いオクタン価を持つもの。

ドイツ金融先物取引所 ［DTB］
元はドイツの先物・オプション取引所で、スイスのオプション金融先物取引所（SOFFEX）と合併してユーレックス市場（EUREX）となった。DTBはDeutsche Terminborseの略。

→EUREX

ドイツ連邦銀行 ［Bundesbank］
フランクフルトを本部とするドイツの中央銀行。中央銀行理事会は通常、2週間ごとの木曜日に開催され、「ディレクトレート」と呼ばれる役員会と11の州に設置された州中央銀行（Landeszentralbanken）総裁によって構成される。

→中央銀行

ドイツ連邦中期債 ［Bundesobligationen（BOBL）］
ドイツ連邦政府が発行する満期が2年から6年の中期国債で、カッセン（Kassen）とも呼ばれる。1988年以降、実質的にはシャッツェ（Schatze）がこれに取って代わった。

投下資本 ［Capital Employed］
事業に利用されている資本。純資産を意味することもあるが、しばしば銀行借り入れや当座貸越も含まれる。

→資本

投下資本利益率（使用総資本利益率）［ROCE］
株主が利用できるすべての資金調達源からのリターンを指す。営業利益を投下資本の比率で割って計算する。ROCEはReturn on Capital Employedの略。

→営業利益

投機 ［Speculation］
金融市場で大きな利益を見込んで比較的大きなリスクを取ること。予想に基づく投資。

投機筋 ［Speculator］
投機的な行動を取る投資家のこと。利益を得る目的で価格変動を予測しようとする者。投機筋は一般的に取引する証券や資産に対する長期的な興味は持たない。

➡ヘッジ取引

当期損益 [Bottom Line]

最終的な損益のこと。企業の損益計算書の中で、収入と費用がすべて計上された後の利益や損失の額が一番下の行に記載されることに起因する用語。ボトム・ライン。

当期利益（当期純利益）[Net Earnings]

債券の利払い、税金、配当金など、すべての支払いが終わった段階で企業が手にする利益のこと。

道義的説得 [Moral Persuasion]

中央銀行や政府が、強制ではなく説得によって市場動向に影響を与えようと試みること。

東京金融先物取引所 [TIFFE]

金利や通貨の先物を扱う。TIFFEはTokyo International Financial Futures Exchangeの略。【www.tiffe.or.jp】

東京工業品取引所 [TOCOM]

日本最大の商品取引所。TOCOMはTokyo Commodities Exchangeの略。【www.tocom.or.jp】

凍結資産 [Frozen Assets]

戦争などの政治的な原因や法的措置によって資産、預金口座または信用が一時的に凍結されたり、不稼働状態に置かれること。

当座比率 [Quick Ratio]

企業の短期債務の返済能力を示す指標。同一産業の中では当座比率が高いほど、手元流動性が比較的高いとされる。企業の流動資産と負債の比率を測るという意味で、流動比率と同様の方法で算出される。その際には、すぐに現金化できない株式や在庫は資産には含まれない。

➡流動比率

投資銀行 [Investment Bank]

融資や送金業務ではなく、金融市場での活動に特化した銀行を指す米国の用語。

投資顧問規制機構 [IMRO]

英国の投資顧問・投資信託業界の監督機関。IMROはInvestment Management Regulatory Organizationの略。【www.imro.co.uk】

投資信託 [Investment Fund]

資金をポートフォリオの形で運用する基金。基本的には、ユニット・トラスト（Unit Trusts）としても知られるオープン・エンド型のミューチュアル・ファンドと、インベストメント・トラスト（Investment Trusts）として知られる上場されたクローズド・エンド型の投資信託の2種類がある。

投資適格債 [Investment Grade]

信用格付け会社によってBBB/Baa以上の信用格付けを与えられた債券で、安全な投資対象と考えられるもの。格付けが行われた時点では発行体によるデフォルトは想定されていない。

当座比率

流動資産から在庫を差し引いて、流動負債で割ったもの。当座比率は流動比率よりも条件が厳しいもので、在庫が必ずしも迅速に換金できないことを考慮して流動資産からは除外している。そのため、「Acid Test（酸性度テスト＝厳しい考査）」と呼ばれることもある。

通常の範囲は0.5から1.5で、1.0の値が堅実なレベルと判断される。1.0の値であれば、会社がその現金残高と受取勘定からすべての短期負債を支払うことができることを意味する。ただし、多くの会社にはそのような高いレベルの流動性は必要とみなされない。

資本市場をいつでも活用できる大規模な上場会社の場合は、短期債務の返済に充てる短期金融手段が容易に得られるので、その当座比率や流動比率は投資家にとってあまり重要ではない。だが、小規模な非上場会社からの高額発注が入ったときなどは、企業はその顧客の財務体質を知りたいものだろう。そのような場合には流動比率と当座比率がなによりも重要となる。

公式：（流動資産－在庫）／流動負債
または
（現金＋受取勘定）／流動負債

例：
ロイター社の1999年度年次報告書からのデータ（単位：百万ポンド）
ロイター社の当座比率＝（1,447－ 4）/1,679＝0.85
ロイター社は製品ではなくサービスを販売するため在庫をほとんど持たないので、その当座比率と流動比率はほぼ同等になる。

➡ジャンク・ボンド

同時上場（重複上場）[Cross Listing]

株式銘柄が複数の株式取引所に上場されており、自国の中心的な市場以外で自由に取引されていること。

➡株式

当初証拠金 [Initial Margin]

潜在的な損失に対して先物の買い手と売り手の双方があらかじめ清算機関に支払う証拠金。

➡クリアリング・ハウス、清算機関、委託証拠金

東南アジア諸国連合 [ASEAN]

域内の経済発展と安定化の実現を目的とする。メンバーはブルネイ、インドネシア、マレーシア、ミャンマー、フィリピン、シンガポール、タイ、ベトナム、ラオス。ASEANはAssociation of South East Asian Nationsの略。

逃避先通貨 [Safe Haven Currency]

米ドルやスイスフランなど主要な取引通貨は、政情不安などの際に資金を安全な場所に移すことを望む投資家やファンド・マネジャーによって利用される。

登録機関 [Registrar]

企業の株主の記録を保管する責任を負う機関のこと。証券が証書を発行することなく振替決済方式で処理される場合には、正確な株主リストの存在は特に重要になる。

登録原簿上の証券所有者 [Holder of Record]

発行企業の記録に記載された証券の保有者。

独占合併委員会 [MMC]

独占状態が生じないように合併案件を検証する英国の監督機関。MMCはMonopolies and Mergers Commissionの略。

➡独占的支配

独占的支配 [Monopoly]

個人や組織が特定の商品やサービスの市場をそのコントロール下に置くこと。

特定期日渡し [Broken Date]

フォワード市場で標準的な期間から外れた取引期日を指す。Odd Dateともいう。

➡先物

特別項目 [Extraordinary Item]

通常の企業活動の範囲外で臨時項目として発生した利益や損失。特別項目は損益計算書に記載され、貸借対照表に影響を与える。資産の売却や会社の一部を売却したことで生じた損失などを指す。

➡例外的項目

特別引出権 [SDR]

国際的な準備資産で、IMF（国際通貨基金）加盟国が既存の準備資産を補完するために利用する。主要な取引通貨で構成される通貨バスケットを基準としたもの。SDRはSpecial Drawing Rightsの略。

➡IMF、ODR

毒薬条項 [Poison Pill]

敵対的買収に対する防衛手段として、標的となった企業が取る行動。例えば高利回りの債券を発行したり、買収が成功した場合は株式を大幅なディスカウントで購入できる権利を株主に付与したり、企業年金基金に巨額の長期的コミットメントを負う約束をしたりすること。ポイズン・ピル。

独立石油輸出国 [IPEC]

OPECに属さない石油輸出国によって構成された非公式な組織。IPECはIndependent Petroleum Exporting Countriesの略。

➡OPEC

途中償還 [Prepayment]

通常のモーゲージ・ローンの債務償還に追加する形で支払われる予定外の元本返済を指す。

ドット・コム [dot.com]

インターネット関連ビジネスに重点を置く企業を表す用語。

トップ・ダウン型投資 [Top Down]

多様なセクターまたは業種の間でバランスのとれた配分を目指す投資戦略。

「トップ・ダウン」のアプローチを採用するファンドは、投資に最も適したセクターを決める際に経済や市場の全般的なトレンドを検討してからセクター内の投資対象を検討する。ボトム・アップ方式の反対。

➡ボトム・アップ方式

トップ・ライン [Top Line]

売上高、総収入。または、売上高に影響を及ぼす行動。

➡ボトム・ライン

トップ・リバーサル・デー [Top Reversal]

上昇トレンドの中で新高値をつけ、終値が前日(場合によっては過去2日間)の終値を下回った日。

ドバイ原油 [Dubai Crude]

アラブ首長国連邦で生産される原油で、サワー・オイルの価格を設定する際の主要指標。主としてアジア向けに輸出される中東原油の価格設定に利用される。

ドメイン・ネーム・システム [DNS]

サーバーのIPアドレスを「Reuters.com」といったアルファベットで記されるアドレスに変換するシステム。DNSはDomain Name Systemの略。

ドメイン名 [Domain Name]

URLの中で特定のウェブサイトを識別する部分。すべてのドメイン名は、「.com」、「.gov」など、そのウェブサイトが属するトップ・レベル・ドメインを識別する接尾辞で終わる。

➡URL

トム・ネクスト [T/N]

スワップ取引や預金取引で、起算日の翌営業日(スポット)が受け渡し日であることを指す。T/Nスワップ・レートは短期間の金利差により決定される。T/NはTomorrow/Next、Tom/Nextの略。翌々日返済。

ドラゴン債 [Dragon Bonds]

日本以外のアジア企業が発行する債券で、通常は米ドル建てのもの。3年ないし5年の短期のものが多く、投資家層を拡大したいと望む企業によって発行される。

トラッキング・シェア [Tracking Share]

親会社が特定部門について発行する株式。親会社の株式とは独立して取引されるが、議決権は付与されない。社員に対する報償の支払いや買収資金の調達を可能にする。社員に自社株を与えることができるので、新興企業に社員を引き抜かれるリスクを抱えた有名企業で行われることが多い。子会社業績連動株。

トランシュ [Tranche]

「ひと切れ」を意味するフランス語。部分(Portion)、割り当て(Allocation)、割賦(Installment)などの意味で広く使われる。

トリガー・オプション [Trigger Option]

バリア・オプションの一種。

➡ダウン・アンド・イン・オプション、アップ・アンド・イン・オプション

.

ト

トリガー価格 [Trigger Price]
商品取引契約において買いや売りのメカニズムが有効になる価格のこと。

取引限度 [Deal Limit]
ディーラーが1回の取引で売買することを許された上限額。

取引所 [Exchange]
取引所は、市場参加者が安心して取引を行える環境を提供する。認可を受けた会員や、会員の行動を規定する一連の正式なルールを持つという意味で、規制当局の監督下にある取引所は会員制クラブと似ている。

取引手数料 [Transaction Fees]
証券を売買する際に投資家が支払う料金。

取引の一時停止（売買停止）[Suspension]
重要な発表などを前に企業が自主的に、または該当する株式取引所の指示に基づいて株式の取引を一時的に停止すること。取引所は上場基準の違反など様々な理由で長期的な、または恒久的な取引の停止を指示することもある。

取引ポスト [Trading Post]
米国では、株式取引所の立会い場に設けられたマーケット・メーカーが証券を売買する場所（ポスト）を指す。

取引レンジ [Trading Range]
ある商品が一定期間に取引された高値と安値の範囲を指す。ハイ・ロー（Hi/Lo）と呼ぶことが多い。テクニカル分析では将来的なトレンドを占うものとして金融商品が過去の取引でつけた高値・安値を越えるかどうかに注目する。

トリプルA [AAA/Aaa]
主要格付け会社であるスタンダード・アンド・プアーズ社（S&P）、ムーディーズ社（Moody's）、フィッチ社（Fitch）によって最も質の高い債券に与えられる最上級の格付け。
➡信用格付け、ムーディーズ社、スタンダード・アンド・プアーズ社

トリプル・ウィッチング [Triple Witching]
株価指数先物、株価指数先物オプション、個別株オプションの行使期間満了日が四半期ごとに同時に訪れること。米国の株式市場では特にボラティリティを増大させることが多い。

トリプル・トップ、トリプル・ボトム [Triple Top/Bottom]
三尊に似たテクニカル分析の価格パターンだが、3段の山または谷がほぼ同じ水準に現れるもの。
➡三尊、テクニカル分析

トレーディング・ハウス [Trading House]
顧客勘定と自己勘定の両方で先物や現物の売買を行う会社のこと。

トレンドライン [Trendline]
テクニカル分析で相場の方向性を確認するために特定の値動きを結んだ線をトレンドラインという。トレンドラインを試す動きがあっても突破されずに長く維持されるほど、その重要度が増す。
➡テクニカル分析

ナ

内国歳入庁
① [Inland Revenue]
徴税を担当する英国の政府機関。

② [IRS]
徴税を担当する米国の連邦機関。IRSはInternal Revenue Serviceの略。
【www.irs.gov】

内挿法 [Interpolation]
連続した既知のレート間に存在するレートや数値を割り出す数学的方法。内挿法には線形、対数、3次元の3種類がある。
➡外挿法

内部収益率 [IRR]
キャッシュ・フローの規模やタイミングをも考慮した投資収益の計算手法。計算式は債券の最終利回り計算式と構造が同じ。

ナスダック [NASDAQ]
全米証券業協会（NASD）が所有・運営する株式市場。ニューヨークを本拠とする電子市場で、多くの代表的なハイテク企業が上場されている。その指数であるナスダック総合株価指数はダウ工業株30種平均（DJIA）と並ぶベンチマークとなっている。全米証券業協会・店頭銘柄気配自動通報システム。NASDAQはNational Association of Securities Dealers' Automated Quotations Systemの略。【www.nasdaq.com】
➡ハイテク株、DJIA

ナビゲーター債 [Navigator Bonds]
ポルトガル国内で外国の借り手が発行するエスクード建ての債券。通常はリスボンだけでなくルクセンブルグでも上場される。

成り行き注文 [Market Order]
現在の価格レベルに関わらず、即時執行を指示する売買注文。

二

二項分布モデル（バイノミアル・モデル）[Binomial Model]
アメリカン・スタイルのオプションの価格を算出する際に利用される価格評価モデルで、コックス、ロス、ルービンシュタイン、シャープらによって提唱された。
➡オプション

二次金属（加工金属）[Secondary Metals]
鉱石から産出される金属に対して、スクラップや合金を精製することで生産される金属のこと。

二重価格設定 [Dual Pricing]
同一の商品が市場や国によって異なる価格で取引されること。

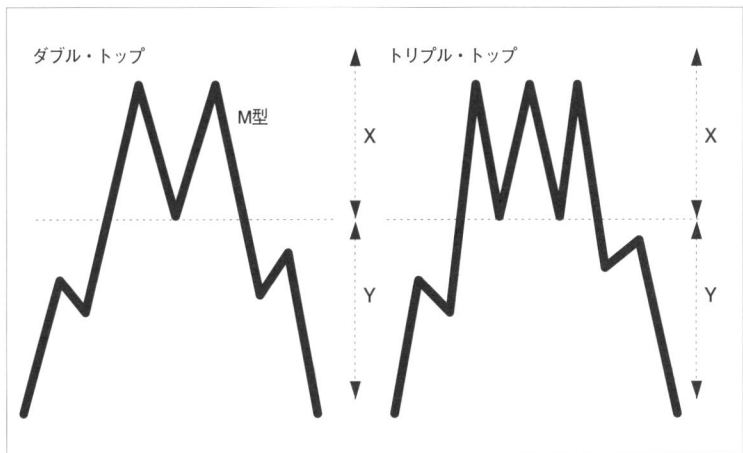

図19　二重天井/二重底

二重上場［Dual Listing］

2つ以上の証券取引所に株式を上場している企業のこと。

二重通貨建て債券（デュアル・カレンシー債）［Dual Currency Bond］

債券の一種で、利払いは特定の通貨で行われるが、元本の償還は米ドルなどの
他通貨建てで行われるもの。通常、投資家は市場価格より高い利払いを手にす
るが、米ドルなど償還時に適用される為替レートが想定を下回る場合、為替リ
スクを負う。このような債券は償還通貨を使う発行体にとっては長期的な為替
リスクを負うことがないという意味で魅力がある。また、発行体が償還通貨を
常に使っていない場合も、発行通貨建ての債務を抱える企業を相手に、保証さ
れた為替レートをスワップ取引に利用することができる。

二重天井/二重底［Double Top/Bottom］

テクニカル分析の用語で、ダブル・トップは上昇相場の反転を示すパターン。
典型的なトップ（天井）には同じぐらいの高さのピークが2つある。図19参照。
➡テクニカル分析

日経225種平均［Nikkei 225］

東京証券取引所の株価を反映した代表的な指数。東証一部上場銘柄のうち売買
が活発で市場流動性の高い225銘柄にダウ修正をほどこして単純算術平均を算
出したもの。日経平均の先物は大阪、シンガポール、シカゴで取引されてい
る。図20参照。【www.nni.nikkei.co.jp】

日中取引権限［Intraday Limit］

各通貨または全通貨について、ディーラーが1日の取引期間に保有することを
許されるポジションの上限。

入札価格［Tender Price］

投資家が新規発行される証券に対して提示する希望購入価格のこと。通常、発
行者は入札価格の限度額をあらかじめ設定しておく。

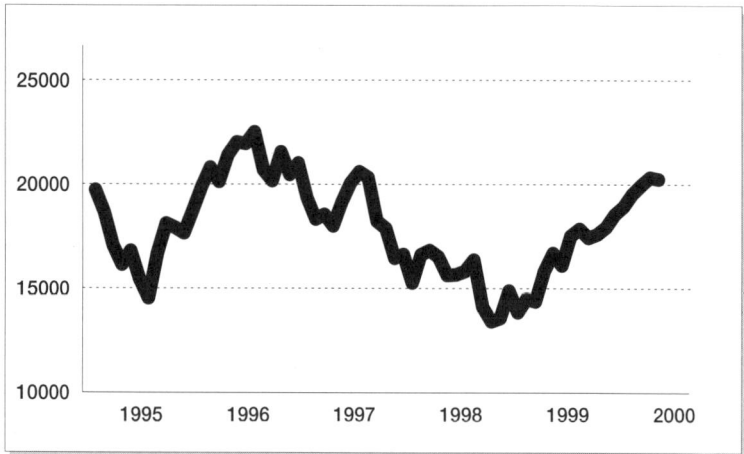

図20　日経225種平均

入札引受　[Tender]

すべての割り当てが同じ価格で実施される証券市場の入札方法。また、商品取引では先物契約に対応する現物商品の受け渡し通知を指す。

ニュー・エコノミー　[New Economy]

世界的にビジネスを展開して急成長を続けるテクノロジー指向の企業のこと。主としてコンピュータやソフトウェア、インターネット、電子商取引、情報通信分野の企業を指す。伝統的産業の「オールド・エコノミー」から「ニュー・エコノミー」への転換を象徴するのが、1999年10月にハイテクの巨大企業であるマイクロソフト社とインテル社の株式が、従来型の労働集約的産業であるタイヤ・メーカーのグッドイヤー社と小売業のシアーズ社と入れ替わる形で、優良銘柄で構成されるダウ工業株30種平均株価指数に採用されたことである。

ニューヨーク証券取引所　[NYSE]

NYSEはNew York Stock Exchangeの略。【www.nyse.com】

ニューヨーク・マーカンタイル取引所　[NYMEX]

貴金属や原油の先物・オプション商品を扱う。NYMEXはNew York Mercantile Exchangeの略。【www.nymex.com】

ニル・ペイド・ライツ　[Nil Paid Rights]

株主割当増資の際、発行価格は一般的に既発証券の市場価格より低い価格に設定される。当該株式を市場価格を下回る価格で買えることから、株式割当通知書（allotment letter）に市場価値が生じ、新株の払込期限までの間権利として取引できる。未払い権利。

任意破算（チャプター・イレブン、米連邦破産法第11条）　[Chapter 11]

米国破産法の下では、債務者は債務の支払いが不可能になっても裁判所に命じられるまでは事業の所有者として経営権を保持し続ける。この取り決めによって、債務者と債権者はかなり柔軟に会社更生手続きをすすめることができる。

➡支払い不能

![ネ]

値洗い ［Mark to Market］

その日の終値をもとにポジションやポートフォリオを評価替えして、潜在的な利益や損失を価値に反映させること。時価評価。

ネイキッド・ポジション ［Naked Position］

ヘッジなしで保有されるロングまたはショートのポジション。

ネイキッド・ワラント ［Naked Warrant］

債券から分離されて単独で発行されるワラントを指す。既発債の買い取り選択権に該当するためにプレミアムを支払う必要がなく、発行者にとってはコスト削減となる。

ネガティブ・キャリー ［Negative Carry］

ポジションの調達コストが運用収益を上回っている状態。

値決め、フィックス ［Fix］

外国為替や商品の市場で公式価格が決定されるプロセス。多くの場合、毎日実施される。

ネッティング ［Netting］

保有する債権・債務を差額で決済することができる仕組み。例えばカウンターパーティに対する信用エクスポージャーを軽減して決済リスクを最小限に抑えるために、受取り勘定と支払い勘定を相殺すること。差金決済、債権・債務の相殺。

ネット・キャッシュ・フロー ［Net Cash Flow］

利益剰余金に減価償却を足したもの。

➡利益剰余金

ネットバック ［Netback］

原油が精製され、製品として販売されたと仮定した段階での原油価格のことで、輸送や精製コストを加味したもの。原油がネットバック取引で売買される場合、原油から生産される製品の価値が価格に反映されている。

ネット・ポジション ［Net Position］

市場でディーラーが保有しているロングとショートのポジションの差。

値幅制限 ［Daily Price Limit］

一日の取引で容認される上下の値動きの最大値幅。取引所が設定するもので、これを越えると売買停止になる。前日の決済価格を基準とする。

➡ストップ高／ストップ安

年次株主総会 ［AGM］

企業が年度末決算が終了してから一定の期間を置いて開催する会議で、年次報告書、貸借対照表、配当などについて株主の承認を求める。総会の場を利用して、新年度に入って数カ月の時点での事業見通しについて株主に説明するのが通例となっている。AGMはAnnual General Meetingの略。

➡年次報告書、貸借対照表

年次報告書［Annual Report］

企業の現況についての報告書。年次株主総会の前に株主に検討してもらうために一年に一度発行される。

➡年次株主総会

年率［Annual Rate］

インフレ率など特定のレートの今年度の平均値を前年度の平均値と比較すること。一年間のうち短期間だけ発生した特異現象の影響などを平準化できるのがこの方法の利点である。

年率換算［Annualized Rate］

特定の指標について、月次または四半期の最新の数値によって示された傾向が一年間持続すると仮定した上で、一年分の変化を計算すること。

燃料油（重油）［Fuel Oil］

石油精製過程によって作り出される重質の蒸留物。発電所、産業用、海洋ボイラーの燃料として使用される

ノーマル・オーダー（通常注文）［N/O］

特定の価格での売り買いを指示する通常の注文。例えば現在の市場価格よりも高い価格で売り、低い価格で買うことを指示する注文のこと。N/OはNormal Orderの略。

ノー・ロード［No-load］

ミューチュアル・ファンドの販売の際に手数料が徴収されないことを指す。

ノックアウト・オプション［Knockout Option］

バリア・オプションの一種。停止条件付きオプション。

➡バリア・オプション

のれん代（営業権）［Goodwill］

企業の資産に対して余分に支払われる金額のこと。通常は他の会社を継続企業（ゴーイング・コンサーン）として買取した際に支払った額が、対象企業の資産や準備金の簿価よりも高かった場合に計上される。

バー・チャート ［Bar Chart］

テクニカル分析を行うアナリストやトレーダーの間に広く普及しているチャートの一種で、値動きの情報を垂直な棒（Bar）で示したもの。棒の最上部が最高値を、最下部が最安値を現す。また、棒の左側の横線が始値を、右側の横線が終値を意味する。図21参照。

→テクニカル分析

バーティカル・スプレッド ［Vertical Spread］

オプション戦術の一種。

→オプション

ハード・カレンシー ［Hard Currency］

取引や交換が可能で、広く信頼を集めている通貨。

パー・ボンド ［Par Bond］

額面価格で発行される債券のこと。額面売買債券。また、債務を借替する際に、返済負担を軽減するために額面価格で既発債と交換される債券。

売却益 ［Capital Gain］

保有資産を取得コストより高い値段で売却したことから生じる利益。実質的なキャピタル・ゲインはインフレや為替の動向に左右される。償還差益、キャピタル・ゲイン。

売却後購入注文 ［B/S］

売り注文を実行してから買いを実行することを指示する指値注文。2つの注文は1つのものとして扱われ、売り注文が先に実行される。約定した時点で買い注文が有効になる。B/SはBuy After Sellの略。

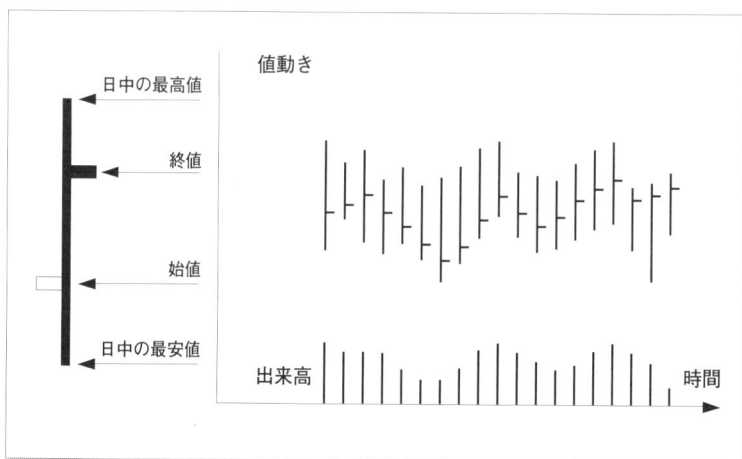

図21　バー・チャート

売却損　[Capital Loss]

保有資産の売却益が取得コストを下回る場合に生じる損失。償還差損、キャピタル・ロス。

バイ・サイド　[Buy-side]

自己勘定で、あるいは他の投資家の委託を受けて投資を行うことを主要なビジネスとする金融機関を指す。セル・サイドの反対。

➡セル・サイド

買収申入れ書　[Offer Document]

買収の過程で標的となる企業の株主に対して買い手側が送付する公式文書。米国では目論見書（Prospectus）と同義で使われることもある。

➡目論見書

ハイテク株　[High Tech Stock]

コンピュータ技術や先進エレクトロニクス分野の企業の株式。

配当　[Dividend]

企業の税引き後利益のうち株主に分配される部分。取締役会で提案された配当の額と支払い時期を株主が株主総会で承認する。普通株式の所有者に対して自動的に支払われるものでも、保証されたものでもない。配当は現金と株式のいずれかの形態を取る。

配当落ち　[Ex-Dividend]

配当を受け取る権利が行使された後の株式のこと。

➡配当付き

配当基準日　[Record Date]

株主として配当の支払いを受けるために登録上の株の所有者になっておく必要のある期日のこと。取締役会によって指定される。

➡Ex、配当落ち

配当支払い日　[Pay Date]

株主に対する配当の支払い日。

配当性向　[Payout Ratio]

純利益のうち配当として支払われる部分の比率。

配当付き　[Cum Dividend]

宣言された配当を受け取る権利が付随した株式。

➡配当落ち、株式

配当倍率（配当カバー）　[Dividend Cover]

企業の配当や金利支払い、またはその両方がどの程度利益に見合っているか、あるいは超過しているかを示す比率。倍数で表示される。倍数が大きくなるほど企業に対する市場の評価は高まる。

配当見送り　[Passing the Dividend]

配当の支払いが見送られること。資金不足など多様な理由によるが、企業が業績回復の途上である場合にも起こり得る。

配当利回り　[Dividend Yield]

株式投資から得られる収益の指標として広く用いられる。株価に対する年間配

当の比率で、12カ月の期間中に株式分割が実施された場合はその配当への影響が調整される。将来的な投資に向けて内部留保を行った企業の配当利回りは低くなる。

➡配当

配当割引モデル［DDM］

普通株式の適正価値は、将来的に予測されるキャッシュ・フローの（ディスカウント済みの）現在価値の合計であるとする考え方に基づく。債券の評価方法との比較が最も容易な株式評価モデルで、予想される株式配当が適切な比率でディスカウントされている。DDMはDividend Discount Modelの略。

➡配当

バイナリー・オプション［Binary Option］

オプションの一種で、満了日を含むオプションの権利行使期間内に原資産が定められた価格に達すれば決められた額の支払いが行われるもの。オール・オア・ナッシング・オプション（All-or-Nothing Option）、デジタル・オプション（Digital Option）、ワン・タッチ・オプション（One-Touch Option）などともいう。

バイノミアル・モデル（二項分布モデル）［Binomial Model］

アメリカン・スタイルのオプションの価格を算出する際に利用される価格評価モデルで、コックス、ロス、ルービンシュタイン、シャープらによって提唱された。

➡オプション

ハイパー・インフレーション［Hyperinflation］

経済を崩壊させる危機をはらむ、急激なインフレ。

ハイパーリンク［Hyperlink］

文書やウェブサイトに埋め込まれたリンクのことで、別の文書やウェブサイトへの移動を可能にする。

売買一任勘定［Discretionary Account］

口座の保有者である顧客から裁量権を委任されたブローカーあるいは金融機関が、顧客の代理として資産を運用することを完全にまたは一定の枠内で任されること。

売買記録［Book］

個別または複数の金融商品についてのトレーダーの売買を記録したもの。

➡マッチド・ブック、アンマッチド・ブック

売買高加重平均株価［VWAP］

約定値の算出方法のひとつで、機関取引やトレーダーのパフォーマンス効率を測るベンチマークでもある。特定の1日に取引された特定の証券の総価値を、その売買高で割ったもの。計算方法は多様で、全市場のデータを利用する場合と主たる市場のみのデータを利用する場合がある。また、再提出その他の訂正の影響を調整する場合と調整しない場合がある。ダイナミック・タイム・アンド・セールズ（Dynamic Time and Sales）ともいう。VWAPはVolume-Weighted Average Priceの略。

売買単位

① ［Even Lot］

公式な取引所価格で取引される商品の売買単位。

② ［Round Lot Trade］

ある市場で証券や商品が最も一般的に取引される売買規模を指す。

売買停止（取引の一時停止）［Suspension］

重要な発表などを前に企業が自主的に、または該当する株式取引所の指示に基づいて株式の取引を一時的に停止すること。取引所は上場基準の違反など様々な理由で長期的な、または恒久的な取引の停止を指示することもある。

端株取引［Odd Lot Trade］

証券や商品の売買注文で、市場で売買される標準的な売買単位よりも大きいか小さいもの。現在の市場価値とは異なる価格で取引されることがある。

破産［Bankruptcy］

支払い不能に陥った企業や個人の資産を清算するための法的手続き。

➡支払い不能、支払い能力

パススルー証券［Pass-Through Certificate］

モーゲージ・ローンをまとめたプールに対する共有持ち分を表象する証券。ベースとなるプールから生じた支払い分はモーゲージ・ローンのサービサー（債権回収業者）によってパススルー証券保有者に移転（Pass Through）される。

派生商品，デリバティブ［Derivatives］

先物、オプション、スワップなどのデリバティブ商品は現物資産を原資産としており、その価値の一部を現物資産の価値に負っている。だが、実際にはデリバティブが現物市場に影響を与える場合も多く、先物やオプション契約の中にはベースとなる現物資産の出来高を上回るものもある。デリバティブは投資商品を扱う取引所や店頭（OTC）で取引される。

➡キャップ、カラー、フロア、先物、オプション、スワップ

パターン［Patterns］

価格を示したチャート上に形成される様々な形のこと。このようなパターンはテクニカル分析で相場の反転、トレンドの継続、トレンドの強弱などを判断する際に用いられる。

➡テクニカル分析

バタフライ・スプレッド［Butterfly Spread］

オプションの取引手法で、アット・ザ・マネーの状態にあるストラドル（Straddle）の売りと、アウト・オブ・ザ・マネーのストラングル（Strangle）の買いを同時に行うこと。原資産の値動きが安定していれば潜在的な利益につながり、値動きが大きくなってもリスクは限定される。

➡アット・ザ・マネー、アウト・オブ・ザ・マネー、オプション、ストラドル、ストラングル

ハッカー［Hacker］

本来は高レベルのコンピュータ・ユーザーを指す用語。現在では無許可でコンピュータ・システムに侵入して、なんらかの被害を及ぼそうとする人間を指す。

八

バックアップ・ファシリティ ［**Back-up Facility**］

一般的にはコマーシャル・ペーパーの発行者が売れ残った分の資金調達難に陥った場合に備えて、流動性を提供するために銀行が設定する信用枠をいう。

バック・オフィス ［**Back Office**］

金融機関の部署のひとつで、取引後の受渡し、決済などの処理を担当する部署のこと。

➡フロント・オフィス、ミドル・オフィス

バック・ツー・バック・ローン ［**Back-to-back Loans**］

特定の通貨建ての融資と並行して、別の通貨建てでも融資を行うこと。為替リスクや規制を回避するために利用される。パラレル・ローン（Parallel Loans）ともいう。

バックプライシング ［**Backpricing**］

金属市場の価格設定方法のひとつ。長期契約を結んだ消費者の側に、契約の一部についてロンドン金属取引所の清算値を基に価格を設定するオプションが付与されること。

➡LME

バック・マンス ［**Back Month**］

現在売買されている先物またはオプション契約で、満期日までの残存期間が最も長いもの。

➡先物、オプション

パックマン・ディフェンス ［**Pac Man Defence**］

会社乗っ取りに対抗するために米国で利用される戦略のひとつで、標的となった企業が逆に買い手企業を買収しようというもの。人気ビデオ・ゲームの名前に由来する。

発行価格 ［**Issue Price**］

証券の売り出し価格。額面またはパー、ディスカウント、プレミアムのいずれかの価格で販売される。

発行市場（起債市場）［**Primary Markets**］

証券の新規発行が実施される市場。その後の売買はすべて流通市場（Secondary Market）で行われる。

➡流通市場

発行済み株式資本 ［**Issued Capital/Share Capital**］

すでに株主に対して発行された、あるいは割り当てられた株式資本。企業が定款で発行を認められた株式資本額の上限は授権株式資本という。

発行登録（一括事前登録制度）［**Shelf Registration**］

新規発行を事前に登録しておく米国の制度。発行文書をあらかじめ準備しておくことによって発行を迅速化する。

発行日取引 ［**W/I**］

証券発行が公式に発表された直後からグレー・マーケットと呼ばれる市場で開始される取引。商品の受け渡しは実際の発行後に行われる。この期間は金利が発生しない。Free to Tradeともいう。W/IはWhen Issuedの略。

パッシブ運用［Passive Management］

特定の市場やセクターの構成を再現して、それらと利益やリスク性向を同じにすることに主眼を置いた投資戦略。

➡ファンドのアクティブ運用

パナマックス［Panamax］

パナマ運河の航行を許可された船舶。通常は積載量が65,000英重量トン以下の艦船を指す。

バブル［Bubble］

資産価値が極端に吊り上げられた結果、大規模な相場の反転または価格の崩壊が予想される状態。

払込み資本［Paid Up Capital］

企業が額面価格での支払いをすでに受けた株式を指す。企業がまだ支払いを受けていない株式は償還可能資本という。

パラレル・ローン［Parallel Loans］

➡バック・ツー・バック・ローン

バリア・オプション［Barrier Option］

オプションの一種で、原資産の価格が事前に設定された「バリア」と呼ばれる水準に達した時点で権利が発生または消滅するもの。トリガー（Trigger）、ノックアウト（Knockout）いずれかのオプションに分類される。

➡オプション

パリ・オプション取引所［MONEP］

株式・指数オプションを専門に扱う取引所で、パリを本拠とする。MONEPはMarché des Options Négociables de Parisの略。【www.onep.fr】

パリ銀行間出し手金利［PIBOR］

銀行間で短期資金を貸し出す際の金利。PIBORはParis Interbank Offered Rateの略。

パリ・クラブ、主要債権国会議［Paris Club］

公的債務の返済繰延べなどについて再交渉するために、債権者である西側政府が特別に開催する会合。

➡ロンドン・クラブ

パリ国際先物取引所［MATIF］

フランスの金融先物市場。MATIFはMarché à Terme International de Franceの略。【www.matif.fr】

パリ・パス［Pari Passu］

パリ・パス条項付きで発行された証券は同じクラスの既発証券と同じ順位を持つ。均等に、同順位でという意味。

バルーン・ローン［Balloon Loan］

融資の返済が毎月の定期的な利息の支払いと、満期の際の高額の支払い（Balloon、風船）とで構成される融資。

バレル［Barrels］

石油業界で用いられる液体の質量を表す単位で、1バレルは42米ガロン、35イ

ンペリアル・ガロン（英ガロン）。

バンカー重油 ［Bunker Fuel］
船舶で使用される重油やディーゼル油。

バンク・リターン ［Bank Return］
中央銀行が毎週または毎月発行する財務状況についての報告書。

反循環株 ［Counter-Cyclical Stock］
株価が景気の好転や悪化と逆行した動きを示す銘柄。景気循環に関わりなく、需要が比較的安定した生活必需品を生産する企業の株式などがその典型例で、食品小売業などが含まれる。
➡循環、循環株

ハンセン指数 ［HIS］
Hang Seng Index（HIS）の略。香港証券取引所（HKSE）のベンチマークとなる株価指数。HKSEの売買高の70％を占める優良33銘柄によって構成されている。【www.hangseng.com】

反対売買 ［Round Turn］
互いに相殺し合うよう、同一市場で2つの証券や契約の一方を購入して他方を売却すること。

反トラスト法 ［Anti-Trust Laws］
自由な取引の制限やビジネスの独占状態を防止するための米国の連邦法。

販売手数料 ［Load］
ファンドのコスト分として購入または売却の際に徴収される手数料。

ヒーティングオイル ［Heating Oil］
➡軽油

非加重／加重指数 ［Unweighted/Weighted Indices］
株価指数は加重・非加重の2種類の方法で算出される。非加重指数は単純平均である。加重指数では市場価格や時価総額の基づく比重で加重されるため、特定の銘柄が他よりも大きな比重を占める。

引当金 ［Provisions］
長期債務として賃借対照表に記載されるもの。
➡資産

引受幹事団 ［Management Group］
証券の発行にあたって、主幹事会社と緊密に連携して販売や価格を調整する金融機関の集合体。

引受業務 ［Underwriting］
新規発行に対する需要が不足して売れ残りが生じた場合に、引受会社が手数料と引き換えに特定数量を発行価格で購入すること。

引受シンジケート団（シ団）［Syndicate］
債券の発行に責任を持つ金融機関の集団のこと。シンジケート団は債券発行

のリスクを共有し、総額を扱いやすい額に小分けする目的で組まれる。

非競争入札 [Non-competitive Bid Auction]

購入金額だけを記入し、利回りや価格を記入しない方式。投資家は競争入札で決定された平均落札利回りで購入する。このような入札方法は小規模の投資家にも参加機会を与えるものである。ただし、非競争入札のほうが優先的に扱われ完全に割り当てられるので、競争入札の参加者が購入できる割当量を減らしてしまうこともある。

非公式予想（ウィスパーナンバー）[Whispe Estimates]

有名な優良企業に関する非公式の収益予想のこと。一般的に非公式予想の数字は、業績評価会社によって集計・発表されたコンセンサス予想よりも高くなる。企業収益が公表されたコンセンサス予想と一致しても、非公式予想の数字に達しなかった場合は株が売られることが多い。

➡コンセンサス予想

ビジネス・リスク [Business Risk]

企業が売上や予想収益を実現できないリスク。

比重（ウエート）[Weighting]

指数や経済指標を構成する要素のそれぞれに与えられた比重または重要度。

ヒストリカル・ボラティリティ [Historical Volatility]

過去の価格や利回り動向に基づいてボラティリティを計算した数値。

➡ボラティリティ

非仲介（ディスインターメディエーション）[Disintermediation]

借り手や投資家が銀行その他の金融仲介業者の手を経ずに、直接証券の発行や購入を行うこと。

ビッグ・ボード [Big Board]

ニューヨーク証券取引所の通称。

➡NYSE

ピット [Pit]

特定の金融商品や商品を専門に取引する場を指す。独立した空間として立会い場の一角に設けられることが多い。

➡公開セリ売買

ヒット件数 [Hits]

インターネット利用者がウェブ上の特定のページを訪れるたびにヒット（Hit）が記録される。

ビッド [Bid]

マーケット・メーカーが提示する証券や金融商品の買い値のこと。

ピップ [Pip]

値動きはPips（ピップ）やPoints（ポイント）単位で表される。通常、ピップはポイントと同義で使用されるが、1ポイントの10分の1を示す場合もある。

➡ポイント

非鉄金属 [Base Metals]

貴金属や下級金属を除く主要な産業用非鉄金属で、代表的なものに銅、鉛、

錫、亜鉛、アルミニウム、ニッケルがある。

非登録私募証券 [Letter Stock]

私募発行された米国の株式で、SECに登録されていないもの。このような株式
は簡単には譲渡できない。

➡SEC

一株当たり純資産 [BVPS]

重要な財務指標で、株主資本から無形固定資産を差し引いて算出する。株価は
一株当たり純資産に影響されることも多い。一般的に株主資本利益率が高い企
業はそれが低い企業よりも取引される際のBVPSの倍数が大きくなる。BVPSは
Book Value Per Shareの略。

一株当たり利益 [EPS]

普通株一株当たりの株主帰属利益（純利益）。EPSはEarnings Per Shareの略。

➡P/E Ratio

避難先通貨 [Safe Haven Currency]

米ドルやスイスフランなど主要な取引通貨は、政情不安などの際に資金を安全
な場所に移すことを望む投資家やファンド・マネジャーによって利用される。

非農業部門雇用者数 [Payrolls]

非農業部門雇用者数（Non-Farm Payrolls）を指す金融市場の通称。米国経済の
主要な指標となっている。より一般的には、従業員の給与に関する雇用主側の
財務記録のこと。

標準物 [Notional Bonds]

債券先物の対象となる架空の銘柄で、表面利率や償還期限などの条件が定めら
れた標準的な債券。

標準偏差 [Standard Deviation]

①統計学的な手法で、複数の値の中で個別の値が中間値や平均値と比較してどの
程度の違いを示すかを計測するもの。リスク要因を判断する手段として利用さ
れる。

②Volatility

➡ボラティリティ

表面利率 [Coupon]

債券に支払われる金利を、額面価格に対するパーセンテージで示したもの。確
定クーポン付き債券の場合は年に1回または2回の利払いが行われる。また、債
権の券面に付いている、保有者が利払いを受ける権利を表象する切り離し可能
な証書部分を表す用語でもある。クーポン、利札。

➡普通社債、無記名株式・無記名式

比率分析（レシオ分析）[Ratio Analysis]

企業の将来的な業績を予測すること。企業の財務データを対象に3種類の比率
（収益性、流動性、貸借対照表に関連した比率を指す）について検討する。

非流動的 [Illiquid]

買い手や売り手が不足した状態にある市場や金融商品を「非流動的（流動性に
欠ける）」と表現する。流動性の低い商品は適正な価格を得るのが困難なこと

を意味する。「流動性が高い」の反対。
➡流動性

比例配分型減債基金（プロラタ減債基金）[Pro Rata Sinking Fund]
既発証券が定時償還される際に、すべての投資家が同等の割合で償還を受ける
減債基金のこと。一般的に記名証券にしか適用されない。
➡買入基金、減債基金

ビロー・ザ・ライン [Below the Line]
企業の損益計算書の中で、他の項目の下に別建てで記載されている例外的項目
を指す。
➡特別項目

ファイン・オンス [Fine Ounce]
純金のトロイ・オンスを指し、別記がなければ1000分の995の純度と認められ
るもの。

ファシリティ・フィー [Facility Fee]
融資をアレンジしてもらうために借り手が貸し手に支払う金額。

ファニー・メイ（米連邦住宅抵当金庫）[Fannie Mae]
米連邦政府が支援する株式会社で、主に、モーゲージの債権者からモーゲージ
を購入してモーゲージ市場に資金を提供する。購入したモーゲージは投資ポー
トフォリオまたはプールにまとめられてFNMA会員のために保有される。モー
ゲージ購入資金は民間投資家向けに債券を発行することで調達する。Fannie
MaeはFederal National Mortgage Association（FNMA）の略。【www.
fanniemae.com】

ファンダメンタルズ分析（基礎要因分析）[Fundamental Analysis]
価格動向を予測する手法のひとつで、企業の業績や、経済、政治、ビジネス環
境などの実体的要因に関する調査に基づくもの。テクニカル分析と違い、ファ
ンダメンタルズ分析では過去の事象ではなく今後の展開に焦点を当てる。ファ
ンダメンタルズ分析を行うアナリストは需要と供給、経済統計、政府の政策、
企業の財務会計などの要因を基に予測を行う。
➡定量分析、テクニカル分析

ファンド（信託資金）[Fund]
ファンド・マネジャーに託されたまとまった額の資金。ファンド・マネジャー
は幅広い投資条件に基づいて資金運用を行う。

ファンドのアクティブ運用 [Active Fund Management]
ファンドを構成する証券が明確な方針やリサーチに基づいて選択され、その全
体的な構成がミクロなレベルでの投資判断を反映していることをアクティブな
手法での運用という。逆に、ファンドが特定の市場や指数に沿ったパフォーマ
ンスをあげることを目的とし、それを構成する証券もそれらの市場や指数の組
成を反映するように設定されていることをパッシブ運用（Passive

Management）という。

ファンドブリーフ債［Pfandbriefe］
モーゲージ・ローンや公共事業融資の資金調達目的として発行されるドイツの債券。特別に認可された銀行のみが発行し、個々の債券に対して完全に責任を負う。モーゲージ・ローンや公共部門への融資を担保に発行されるもの。ドイツの証券取引所で公式に値付けされ、発行者がマーケットメイクを行っている。

ファンド・マネジャー［Fund Manager］
自己資金で、あるいは他者の代理で資金の投資を担当する機関または個人。資金運用担当者。

フィクスト・フローティング債［Fixed/Floating Bonds］
満期までに固定金利と変動金利の両方で支払いが行われる債券。

フィックス（値決め）［Fix］
外国為替や商品の市場で公式価格が決定されるプロセス。多くの場合、毎日実施される。

フィボナッチ数列［Fibonacci Numbers］
13世紀のイタリアの数学者レオナルド・フィボナッチが発見した数列で、2つの連続した数の和が次に上位にくる数値に等しい。最初の4つの数の後は、どの数もその上位の数に対する比が0.618に接近する。テクニカル分析で、パーセンテージ表示リトレースメントから目標値を判断する目的で利用される。
➡テクニカル分析

フィラデルフィア証券取引所［PHLX］
米国の株式取引所で、通貨デリバティブも扱う。PHLXはPhiladelphia Stock Exchangeの略。【www.phlx.com】

フェイリャー・スウィング［Failure Swing］
テクニカル分析の用語で、特にRSIに関連したもの。トップ・フェイリャー・スウィングは相場が上昇傾向にありRSIが70を越えているときに、次のピークが前回のピークを下回ることを指す。同様に、ボトム・フェイリャー・スウィングは相場が下落傾向にありRSIが30以下のときに、次のピークが前回のピークを上回ること。
➡テクニカル分析

フェッド・ファンド［Fed Funds］
米国の商業銀行が連邦準備銀行に預けている支払準備高のこと。この資金は義務付けられている所要準備高を満たしていない他の銀行に貸し出し可能で、その際の金利をフェッド・ファンド・レート（FFレート、Fed Funds Rate）という。FFレートは公定歩合と並ぶ米国の主要金利である。
➡連邦準備制度

フォールン・エンジェル（堕天使）［Fallen Angels］
発行当初は投資適格レベルを越えていたものの、その後信用度が低下した債券のこと。

フォレックス［Forex］
外国為替市場を指す用語として広く使われている。

➡FX

フォレックス・クラブ［Forex Club］

ACI傘下の外国為替ディーラー団体で構成された各国組織の総称。各国の組織はACIの憲章や細則の範囲内で独立した権限を持つ。

➡ACI

フォワード契約、先渡し契約［Forwards］

将来、事前に設定された価格で金融資産を購入あるいは売却するという合意。先物とは違い、フォワード契約は取引所ではなく店頭（OTC）で取引される。

➡先物、OTC

フォワード市場［Forward Market］

スポット以外の期日に受け渡しと決済が行われる市場。通常は、フォワード市場の中で最も流動性が高い外国為替のフォワード市場を指すことが多い。

➡フォワード契約

付加価値付きの無償新株発行（スクリップ配当）［Enhanced Scrip Dividend］

株主に配当として付与される新株のことで、配当より市場価値が高い。通常は即時売却が可能。

不可抗力（フォースマジュール）［Force Majeure］

契約書に書き込まれる条項のひとつで、地震、台風、あるいは深刻な労働争議などコントロールの範囲外の突発的な事象が発生した場合に、契約の主体を契約上の責務から免除する。

複合オプション［Compound Option］

オプションの一種で、事前に指定された期日に指定された価格でオプションを購入または売却する権利を保有者に付与するオプション。最初のオプションが行使された後は原資産だったオプションが通常のオプションの働きを持つ。

➡オプション

複合スワップ［Cocktail Swap］

数種類のスワップの組み合わせ。大規模な融資案件のリスクを分散するために組み込まれるもの。カクテル・スワップ。

複利［Compound Interest］

元金に再投資された利息分を加えたものに付く利息。1年複利の場合は金利計算が年に1回しか行われないことを意味する。

複利計算［Compounding］

利息が元金に再投資されることによって、投資証券の価値が時間の経過とともに高まること。

➡複利

負債自己資本比率［Debt/Equity Ratio］

企業の債務が株主資本に対してどのくらいあるかを示す比率。長期債務を株主資本で割って算出する。

ブタン［Butane］

液化石油ガス（LPG）の一種。

普通株 ［Common Stock, Ordinary Share Capital］

有限会社に対する出資者（株主の）所有権を表すもの。株主には取締役会が決定した配当を受け取る権利がある。企業が解散した場合は、残余資産・利益を請求する権利を保有する。また、通常は所有する1株につき1票の議決権を持ち、企業の経営陣を選出・承認する。普通株には継続的な流動性が確保され、投資家間の所有権の移転も容易なことから、証券の種類のうち最も広く取引されている。米国ではコモン・ストック（Common Stock）という。

➡優先株

普通株資本金 ［Ordinary Capital］

企業の資本金のうち上位債務や債権者に対する支払いが済んだ後の残余利益や資産の残高。

普通社債 ［Bullet Bond］

これといった特別な権利が付随しないため、ストレート・ボンド（Straight Bond）、フィクスト・ボンド（Fixed Bond）ともいう。確定利子が支払われ、満期に全額が償還される。通常は年1回の利払いが行われる。

➡債券、満期

ブック・ビルディング方式 ［Book Building］

証券の新規発行にあたって、どの価格帯にどれぐらいの需要があるかを検証するために主幹事証券会社が実施する手続き。証券の発行価格と流通市場での取引開始時の価格との間に大きな差が生じて応募不足に陥るのを回避するために行われる。

ブックマーク ［Bookmark］

インターネットの検索ツールであるブラウザーに含まれる機能で、ウェブ上の任意のページに電子的な印をつけることで、再度アクセスする際の手間を省く。お気に入り（Favourite）とも呼ぶ。

ブッシェル ［Bushel］

容量の計測単位。英国では8インペリアル・ガロンまたは36.4リットル分のトウモロコシ、果実、液体などに該当する。米国では35.3リットルに該当する。一単位のブッシェルの重さは商品ごとに異なる。

プッタブル・ボンド、償還請求権付き債券 ［Puttable］

満期以前の決められた期日に債券を発行者に売り戻す権利が付加されているものを「プッタブル」な債券または「償還請求権付き」債券という。買い戻し価格は額面、額面以上、額面以下のいずれでもよく、発行時に明記される。

➡コーラブル・ボンド

プット・オプション ［Put］

オプションの一種で、保有者に対して一定期間内に決められた価格で原資産を売却する権利を付与するもの。売り手は原資産を購入する義務を負う。売付選択権。

➡コール・オプション

プット・コール・パリティ ［Put Call Parity］

原資産、行使価格、満期日が同じヨーロピアン・オプションのプットとコール

215

の関係を指す。

➡オプション

プット・コール比率 ［Put/Call Ratio］

市場で取引されているオプションのプットとコールの比率。相場の地合いを示す指標のひとつ。

物々交換 ［Counter Trade］

金銭の支払いを伴わない品物の交換。Barter（バーター）取引ともいう。

負の投資 ［Disinvestment］

工場設備や機械などの資本財を処分したり、買い替えを控えることによって設備投資を削減すること。

部分償還（減価償却）［Amortization］

元本や債務を定期的に償還すること。買い入れや減債基金を通じて行う。また、固定資産の減価償却を指すこともある。Accretionの反対。

➡減価償却、減耗償却

プライス・チャネル ［Price Channel］

テクニカル分析の用語。ある値があらかじめ設定された乖離限度の価格帯（プライス・チャネル）を越えて動くことにより、買いや売りのシグナルと判断される。チャネル・チャートは単純移動平均の両側に描かれる2つの帯によって構成される。チャネルは出来高チャートにも応用し、買われ過ぎ・売られ過ぎの指標として利用できる。

➡移動平均、テクニカル分析

プライス・ドリブン ［Price Driven］

マーケット・メーカーが提示する呼び値によって価格が形成される取引のこと。価格駆動方式、クオート・ドリブン（Quote Driven）ともいう。

➡オーダー・ドリブン

プライス・ボリューム・インデックス ［Price Volume Index］

テクニカル分析の指標のひとつ。基本的には売買高加重RSIを指し、市場における資金の流出入の勢いを計測するもの。

➡移動平均、RSI、テクニカル分析

プライマリー・ディーラー ［Primary Dealer］

政府発行証券の発行市場で取引することを中央銀行によって認可されたディーラーのこと。通常、国債の起債市場のプライマリー・ディーラーには競争入札にあたって流通市場でマーケット・メーカーの役割を果たしたり、相場環境や展開について中央銀行に緊密な情報提供を行うなど重要な貢献が求められる。プライマリー・ディストリビューター（Primary Distributors）、ジョバーズ（Jobbers）、フランスではSVTなどの名称も使われる。

➡発行市場

プライム・レート（最優遇貸出金利）［Prime Rate］

銀行が優良顧客に対して適用する貸出金利のこと。

ブラウザー ［Browser］

インターネット上でウェブサイトを閲覧したり、アプリケーションを利用する

ことを可能にするソフトウェア。

プラザ合意 ［Plaza Agreement］
1985年にG5諸国間で交わされた、米ドル高是正のための協調介入に関する合意。

プラチナ・シェア ［Platinum Share］
ゴールデン・シェア（黄金株）と類似のもの。親会社が管財人、財産管理人、または清算人の管理下に置かれることが予想される場合に活用するのがひとつの方法である。プラチナ・シェアは経営が比較的安定した子会社の存続を確保するのに利用することができる。

ブラック・ショールズ・モデル ［Black & Scholes Model］
ヨーロピアン・オプションに広く利用されるオプションの価格評価モデルで、1973年にフィッシャー・ブラックとマイロン・ショールズによって提唱された。
➡オプション

フラッグとペナント ［Flags/Pennants］
テクニカル分析の用語で、相場の行き過ぎた上昇や下落の後に起こる一時停止を示す値動きのパターン。相場はしばらく狭いレンジにとどまった後、再び基本トレンドの方向へ動き出す。テクニカル分析の中でも最も信頼のおける保ち合いパターンで、トレンドの反転が起こることは稀である。
➡テクニカル分析

プラッツ ［Platt's］
石油市場のデータとニュースの提供に特化した、石油価格を配信する国際的な報道機関。スタンダード・アンド・プアーズ・インフォメーション・グループの子会社。【www.platts.com】

フラット ［Flat］
価格が上がりも下がりもしないこと。横ばいともいう。また、デフォルトした債券など経過利子抜きで取引される債券を指す。

フランクフルト銀行間取引金利 ［FIBOR］
フランクフルト金融市場で銀行同士が資金を貸し借りする際に適用される金利。FIBORは融資や変動利付き債の金利設定、また特定の金利デリバティブ商品の現金決済価格を計算する上で重要な指標となる。FIBORはFrankfurt Interbank Offered Rateの略。

フラン圏 ［Franc Zone］
仏フランに通貨を連動させ、外貨準備のほとんどを仏フランで保有する複数の新興経済国によって構成される経済圏。メンバーにはブルキナファソ、カメルーン、コートジボアール、ニジェール、ニューカレドニアそして仏領ポリネシアが含まれる。

フランス国立統計経済研究所 ［INSEE］
経済指標を集計して発表するフランスの政府機関。INSEEはInstitut National de la Statistique et des Etudes Economiques（French National Statistics Institute）の略。【www.insee.fr】

フリー・デリバリー ［Free Delivery］
決済手段のひとつで、支払いが行われる前に証券の受け渡しが行われること。

振替決済［Book Entry］
証券の保有者を登録し、コンピュータ処理により現物を交付しない方式。文書化の手間やコストを減らし、所有権の移転に伴う手続きを簡素化することができる。

ブリッジ・ローン［Bridging］
ブリッジあるいはブリッジ・ローンは、中長期的な融資が受けられるまでの期間だけ短期的に供与されるつなぎ融資を指す。

不良債権［Bad Debt, Non-performing Loan］
金利の支払いと元本の返済が滞っている債権を指す。銀行はこのような債権を保有する場合、償却するか、将来的に償却を行うための貸倒引当金を計上することができる。

ブル（強気筋）［Bull］
価格が将来的に上昇すると見込んで、より高い価格で売却することを意図して金融商品を購入する市場参加者のこと。ベアの反対。
➡ベア

ブルドッグ債［Bulldog Bond］
ポンド建ての債券。外国の借り手が英国で発行するもの。
➡債券

ブル・マーケット・ノート［Bull Market Note］
変動利付き債で、逆イールドカーブ債とも呼ばれる。通常の変動利付き債は金利動向に連動してクーポンの高低が設定される。これに対してブル・マーケット・ノートの場合は、金利が下がれば高いクーポンを、上がれば低いクーポンが支払われる。

ブレイクアウト（突破）［Breakout］
テクニカル分析の用語で、価格が抵抗線（通常はそれまでの高値）を越えて上昇する、または支持線（通常はそれまでの安値）を越えて下落することを表す。通常、ブレイクアウトはトレンドラインやパターンが破られる際に発生する。
➡テクニカル分析

ブレイディ債［Brady Bonds］
発展途上国向けに、銀行シンジケート団が信用供与の形で主要欧州通貨建てで発行する債券。発展途上国の多くが1980年代の景気後退期に外貨不足に陥り、融資の返済義務を果たせなくなった。そこで債務者への信頼を取り戻すため、その債務の大部分が1989年に当時の米財務長官ニコラス・ブレイディが提唱した計画の一環として、米国財務省が保証する譲渡可能な債券と交換されることになった。

プレースメント（私募）［Placing］
新株の発行を私募形式で行う方法を指す。通常は一般投資家ではなく、機関投資家に対して直接行われる。
➡証券発行、IPO

プレーン・バニラ［Plain Vanilla］
特別な権利が付与されていない標準的な金融・デリバティブ商品を指す。

➡エキゾティック金融商品

プレシピューム（主幹事先取手数料）［Praecipuum］

証券発行の際に主幹事会社に支払われる幹事手数料の一部で、新規発行の元本総額を基に算出される。

フレディー・マック［Freddie Mac］

米国の複数の貯蓄機関が株式を所有する会社組織。貸し手から担保付き住宅ローンを購入し、それらをまとめたプールを担保に証券を発行して一般投資家に販売する。Federal Home Loan Mortgage Corporationの略。米連邦住宅貸付抵当公社。【www.freddiemac.com】

ブレトン・ウッズ協定［Bretton Woods］

1944年に、戦後の国際金融システムを構築するために米ニュー・ハンプシャー州ブレトン・ウッズで調印された協定。国際通貨基金（IMF）と世界銀行（World Bank）はこの協定から生まれた。このシステムは固定為替相場制度と危機に備えるための臨時資金調達制度を基盤としたものだった。1971年には米ドルが金との交換性を失ったため、協定の固定相場制という側面はその後の変動相場制に取って代わられた。

➡IMF、世界銀行

プレミアム［Premium］

一般的には通常価格より高い値段で取引されている状態を表す。資産やファンドの場合はその市場価格が額面価格より高い場合にプレミアム付きと表現される。資本市場では債券の販売時の価格が額面価格を上回った差額を指す。また、為替市場ではフォワード・レートがスポット・レートを上回る分を指す。ディスカウントの反対。

➡ディスカウント

ブレント原油［Brent］

ブレント原油は他の原油の価格を決定する際の基準となる。エネルギー市場にとどまらず、石油価格の一般的な指標として広く利用されている。フォワード市場で取引され、ロンドンの国際原油取引所（IPE）には、先物やオプションが上場されている。ブレントとニニアンのパイプラインから供給される原油をブレンドしたもの。硫黄分を含まない軽質の原油で、生産量という意味ではすでにピークを過ぎている。

➡デイテッド・ブレント、IPE、WTI

フロア［Floor］

金利デリバティブの一種で、金利の低下から守るために購入するデリバティブ。購入者はベースとなる金利のほうが低い場合には行使レートと金利の差額を現金で受け取る。通常の行使期間は2年から5年。このようなオプションは期間満了までに定期的な間隔（例えば6カ月おき）で行使できる。

➡キャップ

フロア・ブローカー［Floor Broker］

取引所の立会場で売買注文を受けつけて、スペシャリストやトレーダーに執行してもらうために伝達する。

➡取引所

ブローカー［Broker］

買い手や売り手の代理を務め、その対価として委託手数料を得る。専門的な
マーケット・メーカーのみを相手にするインター・ディーラー・ブローカー
と、機関投資家や個人顧客の代わりに売買を行う顧客ブローカーまたはエー
ジェンシー・ブローカーの2つに大きく分類することができる。

ブロードニング［Broadening］

テクニカル分析用語。水平な底辺を持つ三角形の形状をした価格フォーメー
ションで、トレンドラインが拡大するにしたがって三角形の底辺も拡大する。
価格の山や谷の振幅が大きくなり、市場は方向性を失っていると解釈される。

ブロードバンド通信［Broadband］

高周波・大容量のデータ通信手段。

プログラム売買（プログラム・トレーディング）［Programme-trading］

市場でのコンピュータを利用した取引手法で、経済の基礎的データではなく、売
買の流れや価格レベルに基づくもの。通常は株価指数の先物・オプションとその
原資産である株式との間に生じる裁定取引機会を活用することを目的とする。

ブロック取引［Block Trading］

機関投資家を売買の当事者とする大規模な証券取引のこと。

プロトコル［Protocol］

複数の機器の間でデータの伝達を行うための決められた方式。

プロラタ減債基金（比例配分型減債基金）［Pro Rata Sinking Fund］

既発証券が定時償還される際に、すべての投資家が同等の割合で償還を受ける
減債基金のこと。一般的に記名証券にしか適用されない。

➡買入資金、減債基金

フロント・エンド・フィー［Front-end Fees］

主幹事と準主幹事が融資を提供するにあたって、融資をアレンジする対価、お
よび金利の支払いや元本の返済など融資をサービシングする対価として事前に
受け取る手数料。

➡主幹事・引受主幹事

フロント・オフィス［Front Office］

金融機関の最前線に位置するディーリング部門とその支援部門を指す用語。

➡バック・オフィス、ミドル・オフィス

分割払い証券［Partly Paid］

株主や債券の所有者が、当初は新規発行の確定価格の一部しか支払わなくても
よい支払い方法で、残りは指定された将来の期日に決済される。

分散化［Diversification］

リスクを分散するため、相関性が比較的低い多様な投資対象でポートフォリオ
を構成すること。こうすることで利益を減少させることなくリスクを小さくす
ることが可能になる。

➡ポートフォリオ

ブンズ［Bunds］

ドイツ連邦政府が発行する債券で、満期が最長30年のもの。

➡債券

分離可能ワラント［Detachable Warrant］

債券の一部として発行されるが、その後分離され流通市場で別々のものとして取引される。ワラントの保有者には新株や債券を購入する権利が付与される。

➡ワラント

ヘアカット［Haircut］

証券の市場実勢価格と、当該証券がレポ取引で担保証券として利用される場合に付与される価格の差。

➡レポ取引

ベア（弱気筋）［Bear］

価格が将来的に下落すると見込んで、より安い価格で買い戻すことを意図して金融商品を売却する市場参加者のこと。ブルの反対。

➡ブル

平均値（中間値）［Mean］

一連の値の合計をその値の総数で割って算出する。Averageともいう。

平価（パリティ）［Parity］

等価である状態を指す。為替市場では、ある通貨の交換レートが公式な指標価値と同じであることを意味する。欧州為替相場メカニズム（ERM）では為替レートが中心レートと等価であることを指す。

➡ERM、FX

平価切上げ［Revaluation］

通貨の公式平価あるいは中心レートを正式に切上げること。平価切下げの反対。

➡平価切下げ

平価切下げ［Devaluation］

通貨の公定平価や基準レートを正式に引き下げること。平価切上げの反対。

➡平価切上げ

米国上院財政委員会［Senate Finance Committee］

税金やその他の財源法案に責任を負う米国上院議会の重要な委員会。

米国ストリート・メソッド［US Street Method］

財務省を除く米国の市場参加者によって用いられる標準的な最終利回りの計算方法。クーポンの支払い頻度に関わらず、利回りが年2回複利計算される。

米国石油協会［API］

米国石油産業の業界団体。米国内の石油消費量や在庫状況など、主要データを毎週提供している。APIはAmerican Petroleum Instituteの略。【www.api.org】

■ 米国農務省

米国農務省［USDA］

農業政策を施行する機関で、米国と世界の農業に関する予測や統計の主要な情報源となっている。USDAはUS Department of Agricultureの略。【www.usda.gov】

米国連邦住宅貸付抵当公社（フレディー・マック）［Freddie Mac］

米国の複数の貯蓄機関が株式を所有する会社組織。貸し手から担保付き住宅ローンを購入し、それらをまとめたプールを担保に証券を発行して一般投資家に販売する。Freddie MacはFederal Home Loan Mortgage Corporationの略。【www.freddiemac.com】

米国連邦住宅抵当金庫（ファニー・メイ）［Fannie Mae］

米国連邦政府が支援する株式会社で、主に、モーゲージの原債務者からモーゲージを購入してモーゲージ市場に資金を提供する。購入したモーゲージは投資ポートフォリオまたはプールにまとめられてFNMA会員のために保有される。モーゲージ購入資金は民間投資家向けに債券を発行することで調達する。Fannie MaeはFederal National Mortgage Association（FNMA）の略。【www.fanniemae.com】

米国連邦破産法第11条（チャプター・イレブン、任意破算）［Chapter 11］

米国連邦破産法の下では、債務者は債務の支払いが不可能になっても裁判所に命じられるまでは事業の所有者として経営権を保持し続ける。この取り決めによって、債務者と債権者はかなり柔軟に会社更生手続きをすすめることができる。
➡支払い不能

米国連邦破産法第7条（チャプター・セブン、非任意破算）［Chapter 7］

非任意破産について規定したもので、債権者が債務者の支払不能を宣言するよう裁判所に申し立てを行う。その結果、管財人としての全権を付与された裁判所の任命による代理人が、損失を防ぐために債務者の事業を運営する。
➡支払い不能

米州開発銀行［IADB］

Inter-American Development Bankの略。融資や技術供与を通じて発展途上国の経済的・社会的発展を援助する。【www.iadb.org】

米証券取引委員会［SEC］

証券業のすべての関連法の監督と行政をとりしきる米連邦監督機関。完全な情報公開の促進を主目的とする。SECはSecurities and Exchange Commissionの略。【www.sec.gov】

ペイダウン［Paydown］

米国債の借り換えの際に、満期が到来する債券の額面価格のほうが新発債より高い場合、その差額を指す。

ベーシス［Basis］

先物価格とベースとなる原資産の現物価格の差。ベーシスは通常、現物価格から期近の先物価格を差し引いた値として表される。現物価格と先物価格には高い相関性があるが、ベーシスは一定ではない。ベーシス取引は予想されるベーシスの変動を利用したもの。図22参照。

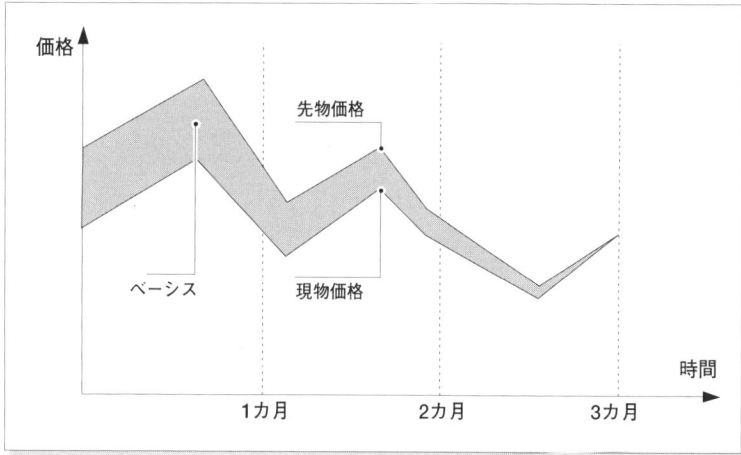

図22　ベーシス

　➡逆ザヤ、順ザヤ

ベーシス・ポイント［Basis Point］

1%（の利回り）の100分の1、0.01を指す。

ベーシス・リスク［Basis Risk］

満期までの間、先物価格と原資産の現物価格の価格差が変動するリスク。

　➡収れん

ベータ値［Beta］

個別の株式のリスクを市場全体が抱えるリスクとの関連でとらえた数値。株式のベータ値は、市場全体の収益が1%変化した場合の収益のボラティリティを計測したもの。ベータ値が高いほど、要求収益率は大きくなる。ベータ値が1を越える株式は、市場全体よりもリスクが高くなる傾向がある。ベータ値が1よりも小さい株式はリスクがより低い。ベータ値の高い株式は不動産や耐久消費財など循環株セクターに多く含まれる。また、資産防衛株とも呼ばれるベータ値の低い株式は、食品小売や電力・ガスなど非循環株セクターに多い。

ペーパー［Paper］

証券を指す俗語。

ペーパー・カンパニー［Shell Company］

株式取引所で価格は提示されるものの、営業活動していない企業のこと。あるいは価格提示のない休眠会社。

ペーパー・バレル［Paper Barrel］

短期的なヘッジや投機を目的として取引される石油貨物で、通常は物理的な受け渡しを伴わない。

　➡ヘッジ取引

ベガ［Vega］

ボラティリティの変化に応じたオプションの価値の変化率。

223

➡オプション

ヘッジ取引［Hedging］

リスクの最小化を目的に考案された取引手法や取引行動。通常のヘッジは、特定の市場または資産での取引を通じて、別の市場や資産に生じ得る損失を回避しようとするもの。例えば、企業が通貨オプションを購入することによって、為替のスポット・レートの変動によるビジネスへのリスクから身を守ろうとすることなどを指す。ヘッジ戦略を実行する主体をヘッジャー（Hedger）と呼ぶ。保険つなぎ。

ヘッジ・ファンド［Hedge Funds］

投機性の高い投資戦略を追及するファンドで、多くの場合借入資金で運用を行う。そのためバランスシートは高いレバレッジを示す。ヘッジ・ファンドの投資家は、通常はきわめて高いリターンの可能性にかけてリスクの大きい投資を行うことができるだけの資産を持つ個人、または資産のごく一部を投機性の高い投資で運用する大規模な機関投資家などである。

➡レバレッジ

ヘッド・アンド・ショルダーズ［Head and Shoulders］

テクニカル分析の用語で、相場の反転を示唆する主要パターンの中で最も信頼されているもの。三尊のこと。大きな戻し（Head、頭）と、それより小幅で必ずしも左右対称ではない戻し（Shoulders、両肩）で構成される。このパターンの両肩の付け根を結んで首（ネックライン）の線を引き、終値がその線を確実に下回ることで反転が確認される。これが逆さになったパターンをInverse Head and Shoulders（逆三尊）という。

➡テクニカル分析

ベッド・アンド・ブレクファスト取引［Bed and Breakfast Deal］

課税年度が終了する直前に保有株式を売却し、翌朝には買い戻すこと。株主は納税に際してキャピタル・ロスまたはゲイン（売買損益）を確定できると同時に、株価の上昇が見込める際には株式の再購入が可能となる。

ベル・アンド・ウィッスル［Bells and Whistles］

投資家を勧誘したり発行コストを下げるため、またはその両方の目的のために有価証券に組み込まれる追加的な権利のこと。

ヘルシュタット・リスク［Herstatt Risk］

海外の顧客やカウンターパーティと取引する際に、カウンターパーティが支払い不能に陥ることで元本が回収できなくなるリスク。クロス・カレンシー・セトルメント・リスク（Cross Currency Settlement Risk）ともいうが、1974年に破綻したドイツの銀行、バンクハウス・ヘルシュタットにちなんでヘルシュタット・リスクと呼ぶことが多い。

変化率［ROC］

テクニカル分析の指標で、最新の終値を特定期間の価格と比較した比率。5日ごとの変化率オシレーターの場合は、最新の終値を5日前の終値で割ったものに100をかけて計算する。100の線が中間点またはゼロ線となる。ROCはRate of Changeの略。

➡️オシレーター、テクニカル分析

ベンチャー・キャピタル ［Venture Capital］

成長の初期段階にあると判断される小規模な企業に投資する際の資金。資金は
個人投資家や機関投資家によって提供される。

変動為替相場 ［Floating Exchange Rates］

通貨間に固定平価が存在せず、相場が需要と供給に応じて変動すること。

変動金利 ［Variable Rate］

定期的に変更される利率で、通常は標準的な市場レートが基準となる。

変動償還債 ［Variable Redemption Bond］

償還時の価値がドル・円レートや米国30年債、株価指数、金価格のパフォーマ
ンスなどの変数に連動する債券。「ブル」と「ベア」の部分またはトランシュ
に分離した形で発行されることが多い。

変動証拠金 ［Variation Margin］

ある取引について、委託証拠金率を維持するために、清算機関や証券会社が日次
ベースで徴収する追加証拠金のこと。取引契約に生じた現状での利益や損失を反
映したもの。毎日の終値を基準にすべてのポジションを値洗いして算出する。
➡️委託証拠金、時価評価、値洗い

変動率 ［Volatility］

➡️ボラティリティ

変動利付き債券 ［Floating Rate Bond］

固定金利ではなく変動金利が支払われる債券のこと。

ベンチマーク（指標、標準）［Benchmark］

比較のための基準。通常、ベンチマークの証券は、最近発行され、かつ高い流
動性を有する。指標銘柄。

ホ

ポイズン・ピル ［Poison Pill］

敵対的買収に対する防衛手段として、標的となった企業が取る行動。例えば高
利回りの債券を発行したり、買収が成功した場合は株式を大幅なディスカウン
トで購入できる権利を株主に付与したり、企業年金基金に巨額の長期的コミッ
トメントを負う約束をしたりすること。毒薬条項。

ポイント ［Point］

値動きはPoint（ポイント）単位で表される。
➡️ピップ

ポイント・アンド・フィギュア・チャート ［Point and Figure Chart］

時間や出来高に関係なく純粋に価格変動だけを示した価格チャート。価格の上
昇を「X」のコラムに、下落を「O」のコラムに表したもの。コラムは随時、前
のコラムの右側に追加されていく。ポイント・アンド・フィギュア・チャート
は手書きのため、あまり広く利用されていない。
➡️テクニカル分析

貿易外取引［Invisibles］

有形の商品や製品の貿易と対照を成すサービス分野の国際取引。経常収支の一部を構成し、輸送、旅行、保険、金融などのサービスによって生じる資金を含む。

貿易加重平均［Trade Weighted］

実効為替レートの算出方法。具体的には、為替レートに貿易相手国・地域の貿易量を加重平均することで導く方法。

貿易収支［Balance of Trade］

一国の製品の輸出入の収支。

貿易障壁［Trade Barrier］

国家間の商品やサービスの自由な行き来を制限する人為的な障壁。関税、補助金、輸出入枠の割り当て、為替規制など。

暴落［Crash］

景気や資産価値が危険なほど急激に低下すること。

ボー［Baud］

モデムの伝送速度を表す単位。

ポータル［Portal］

Web Portalの略。情報提供にとどまらず、検索エンジンや電子商取引などの機能も提供するウェブサイト。

ポートフォリオ［Portfolio］

投資家が保有する様々な金融商品の集合体のこと。運用資産。

ポートフォリオの超過収益［Excess Portfolio Returns］

ポートフォリオの収益のうち、米財務省短期証券の利回りなどの無リスク金利のレベルを上回る分。

→ポートフォリオ

ポートフォリオ・マネジャー［Portfolio Manager］

投資家に代わって投資ポートフォリオを運用すべく任命されたアドバイザーで、投資判断についての全権を与えられていることが多い。そのような場合、一任勘定で運用する、という。

簿価［Book Price］

企業の貸借対照表に記載された購入当初の資産価値。帳簿価格。

簿外金融［Off Balance Sheet］

企業が締結する権利義務関係のうち帳簿に記載する必要のないもの。例えばリースやプロジェクト・ファイナンスなど。銀行などの場合は、スワップやオプションの取引や信用状などが含まれる。

→L/C、信用状、オプション、スワップ

北米自由貿易協定［NAFTA］

米国、カナダ、メキシコ間の自由な貿易を目指した協定。NAFTAはNorth American Free Trade Agreementの略。【www.nafta-sec-alena.org】

保険計理人［Actuary］

リスク計算に用いられる統計学や数学的手法の専門家で、一般的には保険に関わるリスクやプレミアムを主要分野として扱う。

ホ

保護主義 [Protectionism]

国内産業を安価な海外製品との競争から保護するために、輸入品に関税をかけること。輸入制限や輸出補助金、また非関税措置として環境関連の規制などの形をとる。

ポジション [Position]

特定の金融商品の持ち高で、買いと売りの残高のこと。建て玉、持ち高。

➡ショート、ロング、フラット

ポジション解消 [Unwinding a Position]

ロングかショートのポジションを、反対売買することで解消あるいは逆転させた結果、ポジションを「Square（スクエア）」または「Flat（フラット）」にすること。手仕舞い。

ポジション限度額 [Position Limit]

個人のディーラー、ディーラーのグループ、またはディーリングルーム全体が保有することを許可されているポジションの上限額。

ポジションの保持 [Position Keeping]

ディーラーがポジションを保持すること。

ポジションをとる [Taking a Position]

ロングかショートのポジションを取るために買いや売りを行うこと。

ポジティブ・キャリー [Positive Carry]

ポジションの調達コストが運用収益を下回っている状態。

保全管財人 [Receiver]

債権者の任命を受けて破産状態または支払い不能に陥った企業の資産を管理する人物。

➡破産、支払い不能

ホットストック [Hot Stock]

価格が急激に上昇したり下落したりする株式。

ボトム・アップ方式 [Bottom Up]

投資戦略として多様なセクターにバランスよく配分するより、個別銘柄の選択に頼る手法。ボトム・アップのアプローチを採用するファンドは、景気や市場の全体的なトレンドよりも個別の企業の運用実績や経営内容に注目する。トップ・ダウン型投資の反対。

➡トップ・ダウン型投資

ボトム・ライン [Bottom Line]

最終的な損益のこと。企業の損益計算書の中で、収入と費用がすべて計上された後の利益や損失の額が一番下の行に記載されることに起因する用語。当期損益。

ボラティリティ [Volatility]

一定の期間内に株価や金利などの価値が示す変動性を測るもの。ボラティリティが高い場合は価値の激変を意味し、通常は相場の不確定性が高いことに起因する。収益機会も増加するので、トレーダーには歓迎される。ボラティリティが低い場合は価値の変化が最小限にとどまることを意味し、例えば情報がすでに相場に織り込まれていることを意味する。安定したリターンを確保する

ことが可能なので、専門的な投資家が恩恵を受けることになる。金融市場ではヒストリカル・ボラティリティとインプライド・ボラティリティとを区別してとらえる。ヒストリカル・ボラティリティは過去の価格や利回り動向に基づいてボラティリティを計算したもので、インプライド・ボラティリティ（予想変動率）はオプションの価格から将来の変動率を予想したもの。

ボラティリティ・インデックス ［Volatility Index］

テクニカル分析で用いられる。トレンドを追跡する際の分析手法で、一定期間ごとの平均的な価格動向を計測するもの。

➡テクニカル分析

ボラティリティ分析 ［Volatility Analysis］

市場価格の変化率を予想すること。

ホリゾンタル・スプレッド ［Horizontal Spread］

オプション取引手法のひとつ。ボラティリティの変化を見込んで、行使価格が同じで行使期間満了日が異なる契約を売買すること。カレンダー・スプレッド（Calendar Spread）とも呼ぶ。

➡オプション

ボリンジャー・バンド ［Bollinger Bands］

テクニカル分析で用いられる。終値の移動平均線の上下に描き込まれる線で表す。ボラティリティに連動して幅が狭まったり広まったりするもので、相場が落ち着いているときには狭く、乱高下するときには広くなる。バンド（Bands）の幅が狭まるときは新たなトレンドの開始を示すことが多く、終値がこのバンドから外れることでそれが確認される。どんな価格チャートにも応用できるが、バー・チャートに使われるのが一般的である。

➡バー・チャート、テクニカル分析

ホワイト・ナイト（白騎士）［White Knight］

企業が敵対的買収から身を守るための友好的な買い手候補のこと。

➡ポイズン・ピル、パックマン・ディフェンス

本質的価値 ［Intrinsic Value］

イン・ザ・マネーの状態にあるオプション契約には本質的価値があるとされる。原資産のフォワード市場での価格とオプションの行使価格との差を基に計算する。

➡イン・ザ・マネー、オプション

ボンド・ウォッシング ［Bond Washing］

利付き証券を売却してクーポンの支払いが終わってから買い戻すことによって、金利収入をキャピタル・ゲインに転換すること。キャピタル・ゲインに対する課税率が低い場合には有効な手段となる。

マーケット・イフ・タッチド注文［MIT］

相場が特定の価格に達した場合に売買を執行することを指示する注文。MITは Market If Touchedの略。

マーケット・メーカー［Market Maker］

個別のまたは複数の証券について、買い値や売り値を提示していつでも取引に応じる個人または会社のこと。通常、マーケット・メーカーは自らが値付けを行う証券を保有している。

マーストリヒト条約［Maastricht Treaty］

1991年12月に当時の欧州共同体（EC）の12カ国の間で交わされた条約で、域内の経済・金融統合に向けたスケジュールや条件を設定した。この条約によってECに代わる集合体として新たな政治・社会的な権限を付与された欧州連合（EU）が創設された。欧州連合条約（Treaty on European Union）としても知られる。

➡EMU、EU

マイナー通貨［Exotic］

外国為替市場では、新興経済国の通貨を指す。

マイン［Mine］

ディーラー用語。カウンターパーティが提示した売り値での取引に同意したことを意味する。購入額を示さなければ有効ではない。購入の意図を確認するもの。

マクロ経済学［Macro-economics］

経済成長率、インフレ率、失業率といった総合的な経済動向の研究。

➡経済指標

摩擦的失業［Frictional Unemployment］

労働者が新しい仕事を探すまでに一定の時間がかかることが原因となる失業で、変動期の経済状況下では不可避な現象ともいえる。

➡失業

マジョリティ・ルール［Majority Rule］

テクニカル分析で用いられる指標で、特定期間内の証券上昇した期間の割合を計算したもの。トレンドを把握する手段として、また買われ過ぎや売られ過ぎの指標として利用される。

➡テクニカル分析

マタドール債［Matador Bond］

ペセタ建ての債券。スペイン国内で外国の借り手が発行するもの。

マッチド・ブック［Matched Book］

銀行やトレーダーの帳簿上で債務と資産の満期日が一致していること。また、資金の調達が投資から得られる金利収入と等価であることを指す。

窓口割引［Discount Window］

中央銀行が「最終の貸し手」として商業銀行に貸付けを実施する際の融資手段。商業銀行側にこのような融資を受ける権利があるわけではなく、あくまでも中央銀行側の判断で公定歩合による融資が提供される。

マネー・サプライ（通貨供給量）

➡中央銀行

マネー・サプライ（通貨供給量）[Money Supply]

ある経済に存在する通貨の総供給量。定義は多様だが、広義と狭義の2つに大きく分類される。

マネー・センター・バンク [Money Centre Bank]

一般の消費者ではなく、政府や組織や他の銀行を相手に資金の貸し借りを行う大手銀行のこと。

マネーバック・オプション [Moneyback Option]

行使期間満了の時点で元のプレミアムが払い戻されるオプション契約。
➡オプション

マネー・フロー指数 [Money Flow Index]

テクニカル分析で用いられる指標。市場への資金の流出入を計測する加重平均相対力指数。

➡テクニカル分析、相対強度指数

マネー・マーケット [Money Markets]

短期の金融資産の売買が行われる市場。短期金融市場。短期金融市場では、残存期間が12カ月以下の債務証券が取引される。

マネー・マーケット利回り [Money Market Yield]

証券の利回りを短期金融市場のディカウント・コンベンションに基づいて表したもの。通常はベーシス・ポイントで表示される。

マネー・ロンダリング（資金洗浄）[Laundering]

発覚を避けるために、秘密のルートあるいは複数の金融取引を通じて資金の移動を行うこと。オフショア口座が利用されることが多い。

マネジメント・バイアウト [MBO]

企業の経営陣が自社株式の一部または全部を購入して、独立した法人にすること。経営陣は取引の主体としての役割を担うが、通常は資金のすべてを拠出するわけではない。MBOはManagement Buyoutの略。

マネタリズム [Monetarism]

金融政策、特にインフレ対策の主要な武器として、マネー・サプライの厳格な管理を提唱する理論。

マルチ・オプション・ファシリティ [MOFs]

借り手に多様な短期・長期商品を活用した資金調達手段を提供する。銀行からの借入金、コマーシャル・ペーパー、ユーロ・ノートなどが含まれる。多様な通貨による調達も可能にする。MOFsはMulti-Option Facilitiesの略。

マルチプライヤー・ボンド [Multiplier Bond]

クーポンを再投資することができる債券。借り手側は新たなキャッシュ・フローを得られる利点がある。バニー・ボンド（Bunny Bonds）とも呼ばれる。

満期 [Maturity]

証券の発行からその全額が返済されるまでの期間。大半の債券は固定された満期日を持つ。それを持たないものは永久債（Perpetuals）と呼ばれる。償還期間。

満期日 ［Expiry Date］

先物契約の受け渡しが行われる期日。オプション取引ではヨーロピアン・オプションの権利が行使される期日。

　➡先物、オプション

マンデート ［Mandate］

資金の借り手があらかじめ合意された条件の下で主幹事に融資や債券発行を実施する許可を与えること。委任、契約。

ミクロ経済学 ［Micro-economics］

個別企業や小規模な特定のグループまたはセクターの経済活動の研究。

　➡マクロ経済学

未決済建て玉 ［Open Position］

反対売買や手仕舞いをせずに残っている建て玉のこと。

未決済取引残高 ［Open Interest］

先物市場で反対売買や受け渡しが行われずに残っている未決済のポジション。個々の銘柄の流動性を示す。建て玉。

　➡先物

未実現損益 ［Unrealized Gain/Profit Loss］

ポジションを解消した時点で記録されることになる収益や損失のこと。

未実現利益 ［Paper Profit］

資産価値の増大によって生じた潜在的な利益のことで、実現されていないもの。

未上場株 ［Unlisted Stock］

株式市場に上場されず、立会い場でも取引されていない証券。

ミスマッチ ［Mismatch］

調達と運用の満期が異なること。また、帳簿上のショートとロングのポジションが見合わない場合。

　➡マッチド・ブック

ミスマッチ・ノート ［Mismatch Note］

クーポンの更改金利と基準金利の期間が異なる中期証券のこと。例えば6カ月物のLIBORを指標金利としながら、金利が月次ベースで更改される中期証券などを指す。

　➡LIBOR

ミドル・オフィス ［Middle Office］

組織の決済手続きの中でフロント・オフィスと最も緊密に連携する部署で、取引記録の入力やポジションについての現状報告を行う。

　➡フロント・オフィス、バック・オフィス

未払い権利 ［Nil Paid Rights］

株主割当増資の際、発行価格は一般的に既発証券の市場価格より低い価格に設定される。当該株式を市場価格を下回る価格で買えることから、株式割当通知

書（allotment letter）に市場価値が生じ、新株の払込期限までの間権利として
取引できる。

ミブテル株価指数［Mibtel］

イタリア株式市場の全銘柄によって構成されるベンチマーク指数。MIB30株価
指数はミラノ優良銘柄指数のこと。【www.mibtel.it】

見本等級（サンプル・グレード）［Sample Grade］

通常は先物契約の受け渡しの際に適格と認められる最低品質の商品を指す。

ミューチュアル・ファンド［Mutual Fund］

オープン・エンド型の投資信託、またはユニット・トラスト（Unit Trust）のこと。
複数の投資家の資金をまとめて、多様性に富んだ投資ポートフォリオを構築する。
最初の公募の後、継続的に発行証券の販売・償還が可能で、広く一般投資家から
募った資金を多様な証券に投資し、保有比率に応じた配当の支払いを実施する。
➡投資信託

民営化［Privatization］

国家が所有する企業を民間セクターに売却すること。

ムーディーズ社［Moody's Investors Service］

代表的な信用格付け会社。借り手の信用力に対するムーディーズ社の評価は、
広く資本市場の注目を集める。【www.moodys.com】

ムービング・ストライク・オプション［Moving Strike Option］

オプションの一種で、行使期間満了までの行使価格が単一ではなく時間ととも
に変化するもの。

無額面株式［No Par Value］

発行が授権された時点で額面価格が決められていない株式。

無記名株式・無記名式［Bearer Shares/ Bearer Forms］

有価証券のうち、登録機関の所有者原簿が存在せず、簡単な証明書のみで所有
権が付与されるもの。配当や利払いを受けるには、証明書のクーポンを提示す
る。通常、ユーロ債は無記名式で発行される。

無議決権株［Non-Voting Stock］

保有者が企業の決議事項に対して投票する権利を与えられていない株式。

無限責任［Unlimited Liability］

所有者が事業損失に無限の責任を負うこと。

無償交付［Capitalization Issue］

企業が資本準備金を永久資本に組み込む際に、株主に対して無償で新株を発行
すること。株主の保有比率に応じて割り当てられる。Bonus Issue、Scrip Issue
ともいう。
➡株式、株式配当

無担保債［Debenture Bond］

資産などの担保が付かない債券。債券の所有者は、担保付債権以外の債権に対

232

して一般的な債権者としての権利が付与される。

名目元本［Notional Principal］

金利スワップ、FRA、キャップ、フロアなどで、支払い金利の算定の根拠となる名目上の元本額のこと。

➡FRA、キャップ、スワップ、フロア

名目金利［Nominal Interest Rates］

インフレ率を差し引く前の金利。

➡実質金利

メートル法の1トン［Metric Ton］

2,204.6223ポンド、または1,000キログラムに該当する。

メザニン・ファイナンス［Mezzanine Finance］

優先債務よりも高い金利が支払われるものの、長期的な期待収益が株式よりも低いことから債券と株式の中間に位置する資金調達手段。投資家や貸し手に最も都合の良い方法で、大規模ファイナンス、特にマネジメント・バイアウトで利用される。

メジャー［Majors］

規模や歴史、また一定の総合力も兼ね備えることによって、石油業界で国際的に大きな地位を占める多国籍石油会社を指す。国際石油資本。

メルコスル［MERCOSUR］

中南米の貿易圏で、加盟国間の自由貿易と協調を推進するもの。アルゼンチン、ブラジル、パラグアイ、ウルグアイが設立時の加盟国。チリとボリビアが準加盟国として参加している。南米共同市場。MERCOSURはMercado Comun del Sur（Southern Common Market）の略。【www.mercosur.org】

モーゲージ証券担保債務証書［CMO］

モーゲージ担保証券の一種で、モーゲージ・プールからの支払いがひとつにまとめられ、そこから証券の保有者に対する元本や金利がクラスごとに支払われるもの。キャッシュ・フローの不確定性を解消するために開発された。満期が異なる多様なクラスの証券が発行され、モーゲージ・プールからの支払いは優先順位に従って証券の償還に充てられる。CMOはCollateralized Mortgage Obligationsの略。

➡証券化

モーゲージ担保証券［MBS］

複数のモーゲージ（不動産担保付きローン債権）をまとめてプールしたもの、またはパッケージ化したものを担保とする証券。担保となるモーゲージ・プールの毎月の元本や金利の支払い分が証券の保有者に移転される。抵当証書担保付き証券。MBSはMortgage-Backed Securityの略。

➡証券化

モーゲージ・プール ［Mortgage Pool］

複数のモーゲージ（不動産担保付きローン債権）をまとめてパッケージ化またはプールして、その持ち分を表象する証券を発行する。モーゲージは同じクラスの資産で、満期と金利が同じものにまとめられる。

➡証券化

モード ［Mode］

一連の値の中で頻発する値を指す。

目論見書 ［Prospectus］

株式や債券の新規発行に関する詳細な条件などが記載された、発行会社が提供する文書。

持株会社 ［Holding Company］

通常は、株式の過半数を保有して1社あるいは複数の子会社を支配する会社を指す。そのような支配関係はマーケティングや財務面などが対象で、投資にまでは及ばないことが多い。

持ち越し費用

① ［Carrying Charge］

キャリング・チャージ。商品市場の用語で、通常は保管料や保険料などの付帯費用を意味する。先物契約の受け渡しの場合はこれにサンプリング、検量、修理などの費用が加わる。また、保険料、保管料、金利コストが限月間の価格差に完全に反映されている先物市場を表すこともある。

➡先物

② ［Cost of Carry］

キャリングコスト。金融商品がもたらす金利収入と、その金融商品のポジションを維持するのにかかる資金調達コストとの差額。

➡ポジティブ・キャリー、ネガティブ・キャリー

持ち高（ポジション、建て玉）［Position］

特定の金融商品の持ち高で、買いと売りの残高のこと。

➡ショート、ロング、フラット

持ち分 ［Equity］

株主の企業に対する持ち分を示す。

モメンタム ［Momentum］

テクニカル分析で用いられるオシレーターの一種で、実際の価格水準ではなく変化率を計測したもの。モメンタム指標は商品の現在の価格と過去の一定期間の価格との差を表す。ゼロを基準とする線を中心に、プラスまたはマイナスの値が記入される。買われ過ぎまたは売られ過ぎ、エントリー（仕掛け）ラインまたはエグジット（手仕舞い）ラインを示唆するもの。

➡テクニカル分析

モラトリアム ［Moratorium］

借り手が抱える経済、財政、または金融上の事情から、元本や場合によっては金利支払いが中断または遅延されること。金利の支払いが実施されることが確認できれば、銀行は引き続きその債権を優良資産に分類できる。支払い停止。

ヤ

ヤード［Yard］

通貨を10億単位で売買することを意味する為替市場の用語。為替取引では円とリラを扱う際に利用される。フランス語のMilliard（10億）に由来する。

約定料（コミットメント・フィー）［Commitment Fee］

資金提供の確約を貸し手から得ていることに対して、借り手が貸し手に支払う料金。

約束手形［Promissory Note］

発行者によって融資の直接返済が約束された手形。証券とは分類が異なるもの。約束手形が支払い不能になった場合、借り手は返済を求める訴訟にすぐにでも直面することになる。

安値株式［Penny Stocks］

普通株のうち価値はほとんどないものの、投機的な妙味のある投資対象となる株式のこと。米国では1ドル以下、英国では1ポンド以下の株式を指す。

➡普通株

山／谷［Peaks/Troughs］

テクニカル分析の用語。山や反騰高値は上値抵抗線の水準を指すもので、売り圧力が買い圧力を上回って価格の上昇が下落に転じるレベルを示す。谷は下値支持線の水準を指し、買い圧力が売り圧力を上回って価格の下落が上昇に転じるレベルを示す。

➡テクニカル分析

闇経済［Black Market Economy］

脱税行為であるために公式な統計には表れない経済活動。

ヤンキー債［Yankee Bond］

海外の発行体によって米国内で発行されるドル建て債で、SECに登録されたもの。外債の一種。

ユ

ユアーズ［Yours］

ディーラーが使う言葉。カウンターパーティが提示した価格での取引に応じることを意味する。同時に金額を示す必要がある。売却行為を確認するもの。

有限責任［Limited Liability］

事業の所有者が負担すべき損失額が、その投資資本額に限定されること。

融資条件［Conditionality］

国家がIMFからクレジット・トランシュの借り入れを行う際に提示される融資条件のこと。

➡IMF

優先株［Preference Share］

企業が普通株の配当支払いや企業清算について、その資産に対する優先権利を

保有者に与えるもの。通例ではこうした株式には議決権や新株引受権は付与されない。Preferred Shareともいう。

　→普通株

優先担保付き債務　[Senior Secured Debt]

デフォルトに際して最優先で返済が行われる担保付き債務。

優先無担保債務　[Senior Unsecured Debt]

デフォルトに際して他のすべての無担保債務や劣後債務に優先して返済が行われる無担保の債務。

優良銘柄（ブルー・チップ）[Blue-Chip Stock]

収益力や配当面で確固たる実績がある主要企業の株式の総称。株価も市場平均を上回ることが多い。採算株（Income Stock）ともいう。

　→株式

ユーレックス市場　[EUREX]

1998年、ドイツ金融先物取引所（DTB）とスイス・オプション金融先物取引所（SOFFEX）の合併によって誕生した。EUREXはEuropean Derivatives Exchangeの略。【www.eurexchange.com】

　→DTB、SOFFEX

ユーロ　[Euro]

1999年にEMUの第三段階に参加したユーロ圏（Euroland）11カ国によって導入された欧州統一通貨。ユーロはエキュ（Ecu）に取って代わった。

　→Ecu、EMU、ユーロ圏

ユーロMTN　[EMTN]

ユーロ市場で発行されるミディアム・ターム・ノートのこと。EMTNはEuropean Medium-Term Notesの略。

　→MTN

ユーロSTOXX株価指数　[Euro STOXX]

ダウ・ジョーンズ社のユーロSTOXX 50の略。欧州16株式市場を網羅するダウ・ジョーンズ社の200以上の指数のひとつ。欧州の株式市場のベンチマークとして利用される。欧州の優良銘柄によって構成された指数。【www.dowjones.com/corp/index_directory.htm】

ユーロカレンシー　[Eurocurrency]

発行国外で預金として保有されている通貨を指す。ユーロカレンシーの中で最も広範に使用されているのがユーロダラーである。

ユーロクリア　[Euroclear]

1968年に設立されたブリュッセルを本拠とする国際的な清算・決済機関。電子化された振替決済システムを通じて証券や資金の清算・決済、借り入れ・貸し付けを提供する。モルガン・ギャランティ・トラスト社によって運営されている。【www.euroclear.com】

　→CEDEL

ユーロクレジット（ユーロ貸付け）[Eurocredits/Euroloans]

通常は3年から10年満期の大型の信用供与で、国際的な銀行団が結成され提供

するもの。貸し手は銀行やその他の金融会社にほぼ限られ、私募形式では供与されない。金利は銀行間取引金利にマージンを上乗せして計算され、通常は3カ月か6カ月ごとに調整される。融資のための資金はユーロ預金市場から引き出される。

➡ユーロ預金

ユーロ圏（ユーロランド）［Euroland］

EMUの第三段階に参加してユーロを通貨として導入したEU圏内の国々を指す。ユーロランドまたはユーロ圏（Eurozone）は、オーストリア、ベルギー、フィンランド、フランス、ドイツ、アイルランド、イタリア、ルクセンブルグ、オランダ、ポルトガル、スペイン、ギリシャの12カ国で構成される。

➡EU、EMU

ユーロ債［Eurobond］

特定の通貨建てで、その通貨の国内市場以外で発行される債券。源泉課税の対象とならず、どこの国の行政権にも属さない。ユーロ債市場の中心地はロンドンである。ユーロ建て債券（Euro-denominated Bonds）との混同に注意。

ユーロ市場［Euromarkets］

ユーロ債、ユーロ貸付け、ユーロ預金などの取引を行う国際的な資本市場の総称。

➡ユーロ債、ユーロクレジット、ユーロ預金

ユーロスタット［Eurostat］

欧州連合（EU）の統計局。実際にデータを集計するシステムはイントラスタット（Intrastat）という。【www.europa.eu.int/comm/eurostat/】

➡EU

ユーロトップ100指数・300指数［Eurotop 100/300］

FTSEインターナショナル社の汎欧州株価指数。ユーロトップ300指数は欧州の大規模企業300社で構成され、欧州の株式市場のベンチマークとして広く利用されている。また、ユーロトップ100指数は最も取引が活発な時価総額の大きい企業100社で構成されている。【www.ftse.com】

ユーロ預金（ユーロデポジット）［Eurodeposits］

銀行間市場で取引される固定金利預金。ユーロ預金には、翌日物から1年満期のものまである。

➡ユーロクレジット

輸出港本船渡し価格［FOB］

価格がFOBで表示される場合は商品と船積みのコストは含むが、輸入港での貨物運賃は含まないことを指す。FOBは海運用語でFree On Boardの略。

輸出振興計画［Export Enhancement Programme］

米国産品を国際市場価格で海外顧客に販売する際に補助金が受けられる米国の制度。国際価格と、輸出業者が産品購入のために支払う国際価格よりも高い国内価格との差額は、商品金融公社（Commodity Credit Corporation）が提供する商品の形で、または現金で、米農務省が負担する。

237

輸出枠（輸出割当）[Export Quota]

国際商品協定に基づいて設定された割り当てで、特定産品の輸出国によって容認された輸出制限。また、産業用その他の商品の貿易を管理する政府間で交わされる2国間・多国間の合意のこと。

油糧種子 [Oils]

国際的な商品・穀物取引における主要な商品。代表的なものにパームと大豆の油がある。

要求収益率 [Required Return]

ある投資対象に魅力があるかどうかを判断する際に投資家が用いる収益率を指す。

ヨーロピアン・オプション [European Option]

権利行使期間の満了日にのみ行使できるオプション。
➡アメリカン・オプション、オプション

ヨーロピアン・オプション取引所 [EOE]

オランダのオプション取引市場で、株式オプションを専門に扱う。EOEはEuropean Options Exchangeの略。【www.wex.nl】
➡オプション

預金準備率（支払準備率）[Reserve Requirements]

預金受け入れ機関がその法的義務として自行の金庫または中央銀行の口座に準備しておかなければならない預金の一定の割合を指す。支払準備のレベルが上がったり下がったりすればマネー・サプライに影響が出る。支払準備率が引き下げられれば銀行は貸し出しを増やすことができ、逆に引き上げられれば貸し出しを抑制せざるを得なくなる。Minimum Reserve Requirements（ミニマム・リザーブ・リクワイヤメンツ）、Registered Reserves（レジスタード・リザーブズ）、Reserve Ratio（リザーブ・レシオ）と呼ばれることもある。

翌日払い貸付け [O/N Funds]

商業銀行が中央銀行に対する支払い準備義務を満たすためにインターバンク市場で実施するオーバーナイトの資金取引を指す。

翌日返済 [O/N]

スワップや預金の取引で起算日の翌日が満期日であること。オーバーナイト取引のスワップ価格はその短期間の金利差によって決定される。O/NはOvernightの略。

予算 [Budget]

将来の特定の期間を対象に、政府や企業の収入や支出の見積もりを勘定項目ごとに示したもの。

余剰金 [Surplus]

収入や収益が支出を上回る際の差額。赤字（Deficit）の反対。

与信限度枠（信用枠）［Credit Line］

銀行が、設定した上限額までの貸出しを期限付きで実施する際の取り決め。このような借り入れの上限を与信限度額という。

与信リスク（信用リスク、クレジット・リスク）［Credit Risk］

与信先が返済不能に陥ったり清算されたりするリスク。Counterparty Risk（カウンターパーティ・リスク）ともいう。

予想（予測）［Forecast］

価格動向、企業収益、経済指標などを含む各種データに関するアナリストの予測を指す一般的な用語。

予想変動率［Implied Volatility］

オプション価格から推定されるボラティリティを指す。既知のオプション価格に基づいて価格変動の範囲に関する市場の予測を計測したもの。変動の方向までは示されない。ボラティリティは年率で示される。

➡ボラティリティ

翌々日返済（トム・ネクスト）［T/N］

スワップ取引や預金取引で、起算日の翌営業日（スポット）が受け渡し日であることを指す。T/Nスワップ・レートは短期間の金利差により決定される。T/NはTomorrow/Next、Tom/Nextの略。

弱気相場［Bear Market］

価格が長期間にわたって下落し続けている相場を指す。上げ相場、強気相場（Bull Market）の反対。

➡上げ相場、強気相場

ヨ

ラ

ラダー・オプション［Ladder Option］

オプション契約の一種。対象資産の市場価格が当初設定された行使価格に達した場合やそれを越えた場合に、さらに有利なレベルに行使価格を変更できるもの。

➡オプション

ラムダ［Lambda］

オプションのレバレッジを表すもの。原資産の価格変化率とオプションのプレミアムの変化率の関係を示したもの。

➡オプション

ランキング［Ranking］

借り手がデフォルトした場合に特定の債権が他の貸し手の優先債権に対してどう位置付けられるかを示すもの。上位債務の場合、貸し手が資金を回収する必要があるときには優先度が高くなるため、借り手にとって発行条件は緩やかなものになる。劣後債務の場合は債券の優先度が低くランキングされるため、借り手はより有利な条件を貸し手に提示しなければならない。

リ

リアルタイム・データ［Real-time Data］

過去のデータと対照を成す時価を意味する用語。

リーズ・アンド・ラグス［Leads and Lags］

貿易活動から生じる支払いや受取りを早めたり、遅らせたりすること。為替レートの先行きに関する予測に応じて実施される。通貨の下落が予想される場合には、輸出業者は支払いを遅らせ、輸入業者は支払いを早める。

利益剰余金（留保利益、社内留保）［Retained Earnings］

企業が得た収益のうち配当として支払われない部分を指す。一般的にはビジネスに再投資される。留保利益は株主資本の重要な部分を占める。

➡準備金、積立金

利益の再投資［Ploughed Back］

配分されることなく企業に再投資される収入のこと。

利益分配［Distributed Profits］

配当金の支払いという形で株主に利益が分配されること。

利食い［Profit-Taking］

既存のポジションを解消して利益を実現すること。

リスク［Risk］

投資や事業に損失が発生したり期待された収益が上がらない不確実性を指す。その際の確率は計量可能なものである。リスクには様々な種類のものがあり、ベーシス・リスク（Basis Risk）、カントリー・リスク（Country Risk）またはソブリン・リスク（Sovereign Risk）、信用リスク（Credit Risk）、通貨リ

スク（Currency Risk）、経済リスク（Economic Risk）、インフレ・リスク
（Inflation Risk）、流動性リスク（Liquidity Risk）、市場リスク（Market
Risk）またはシステマティック・リスク（Systematic Risk）、政治的リスク
（Political Risk）、決済リスク（Settlement Risk）、システミック・リスク
（Systemic Risk）、為替リスク（Translation Risk）が含まれる。

リスクと収益の関係［Risk-Return Relationship］
リスクとリターンの関係のこと。投資家はより大きなリターンを得るために、
より大きなリスクを負わなければならない。

リスク・マネジメント、リスク管理［Risk Management］
ミドル・オフィスが受け持つ機能で、ディーリング・ルームから決済までの間
に位置するもの。すべてのポジションを少なくとも日次ベースで評価換えし
て、それらのポジションに潜在する将来的な損失を予測すること。
➡ミドル・オフィス、時価評価

リスケジュール［Rescheduling］
新たな返済計画の条件に従って借り手が元本の返済を延期すること。債務の返
済繰り延べ。金利は引き続き支払われるが、その際に金利は上げられることも
下げられることもある。
➡借り換え、リファイナンス

リセッション［Recession］
➡景気後退

利息起算日［Dated Date］
新規発行された債券に利子が発生する期日で、多くの場合は発行日を指す。

利付き証券［Interest Bearing］
元本に対して一定の金利の支払いが行われる金融商品。通常は満期時に一括し
て、あるいは満期までに数回にわたって実施される。クーポン付きともいう。

リッチ・チープ分析［Rich Cheap Analysis］
流通市場で取引されている同種の証券と比較して、証券の価格が割高（Rich）
か割安（Cheap）かを分析すること。標準偏差を用いて計測する。新規発行証
券の場合は市場のその他の証券と比べて安価な時に「割安」と判断される。
➡割安、標準偏差

リトレースメント［Retracement］
パーセント表示のリトレースメントはテクニカル分析で目標価格を判断する際
に利用される。相場は通常、例えば33%、50%、67%といった予測可能な比率
で以前の動きを再現する。ダウ理論によれば33%と67%はそれぞれ最小、最大
のリトレースメントを指す。ギャン理論では50%のリトレースメントが最も重
要とされる。また、フィボナッチ数列ではこれらの数字を厳密にもとめて61.8
%、38%、50%のリトレースメントを算出している。
➡ダウ理論、テクニカル分析

リバーサル［Risk Reversal］
オプション戦略の一種で、プットを買って行使価格が異なるコールを売る、あ
るいはその逆を行うこと。オプションの販売で得たプレミアムを使ってオプ

ションを購入する際に支払うプレミアムの一部または全部をまかなうこと。シリンダー（Cylinder）、ブレーク・フォワード（Break Forward）、レンジ・フォワード（Range Forward）ともいう。

➡オプション

リバーサル・デー ［Reversal Day］

テクニカル分析の用語。重要なリバーサル・デーはチャート上の主要な転換点を示すものだが、価格がこれまでのトレンドと反対方向に大幅に動くまでは確認されたことにならない。トップ・リバーサル・デー（Top Reversal Day）は上昇トレンドの中で新高値をつけた後、取引が前日よりも低い終値で引けた時点と定義される。同様にボトム・リバーサル・デー（Bottom Reversal Day）は新安値をつけた後、前日よりも高い終値で引けた時点を指す。また、アイランド・リバーサル（Island Reversal）は上向きのギャップが形成された後、数日間は狭い価格レンジでの取引となり、さらにその後に下方への突破が生じることをいう。その結果、価格動向は孤島のような形となりトレンドに反転が起きたことを示唆する。

➡ギャップ、テクニカル分析

リバース・テークオーバー ［Reverse Takeover］

企業が自社より規模の大きい会社を買収したり、非上場会社が取引所に上場された会社を買収すること。

利払い・税金・償却前利益 ［EBITDA］

金利、税金、有形・無形固定資産の減価償却費を差し引く前の利益を指す。EBITDAはEarnings Before Interest, Taxes, Depreciation and Amortizationの略。

リファイナンス ［Refinancing］

新たな債券発行や融資により調達した資金で既存の債権や融資を返済すること。2つの融資の債権者が実質的に同じ場合、技術的にはリスケジュールといってもよい。

➡借り換え、リスケジュール

利札（表面利率、クーポン）［Coupon］

債券に支払われる金利を、額面価格に対するパーセンテージで示したもの。確定クーポン付き債券の場合は年に1回または2回の利払いが行われる。また、債権の券面に付いている、保有者が利払いを受ける権利を表象する切り離し可能な証書部分を表す用語でもある。

➡普通社債、無記名株式・無記名式

リポーティング・ディーラー ［Reporting Dealer］

米国のプライマリー・ディーラーは、まず連邦準備銀行にポジションや出来高を報告するリポーティング・ディーラーの地位を得る必要がある。

利回り ［Yield］

投資のリターンをパーセンテージで表したもの。通常は年率で示される。

利回り曲線（イールド・カーブ）［Yield Curve］

信用リスクと発行通貨が同じで、満期が異なる債券や他の金融商品の利回りをグラフ上に表したもの。利回り曲線には様々なものがあり、国債指標銘柄の利

リ

回り曲線、デポジット・カーブ、スワップ・カーブ、クレジット・カーブなどがある。指標銘柄の利回り曲線は流動性、発行量、価格入手可能性、または回転率などを含む条件を充たす証券によって構成される。このような証券は他の発行証券を比較する上で市場標準となる。利回り曲線はいつでも急変する可能性がある。例えば、中央銀行関係者のちょっとしたコメントがインフレの上昇を予想させ、長期債の価格が短期債の価格を上回る下落を演じることもある。順イールド（右肩上がりの曲線）の場合は、長期金利が短期金利より上昇するにつれ、急勾配（steepen）になる。利回り曲線の形状には、順イールド（Normal）、フラット（Flat）、逆イールド（Inverted）、ハンプト・カーブ（Humped、コブ状）の4つの基本的な種類がある。

➡満期

流通市場 ［Secondary Market］

発行市場が機能するための流動性を提供する。発行された証券が売買される市場のこと。

➡発行市場

流動比率

流動資産を流動負債で割ったもの。流動資産は現金や現金同等物、売掛金、在庫によって構成され、流動負債は短期債務と買掛金を合計したもの。

流動比率は会社の短期債務の支払い能力の尺度である。数値は通常、0.5〜2.0の範囲に納まるが、この流動性比率の解釈には注意を要する。比率が高い場合は、会社が現金資産を持ち過ぎている、顧客に多額の貸し付けがある、営業に大量の在庫を必要とする、といういずれの可能性もあり得る。また、比率が低くても会社がリスクの高い債務者であるとは限らない。この会社の属する業界が現金決済を常識とする業界（例えばレストラン業界では売掛勘定が極めて少ないか、まったくないのが普通である）や、営業に在庫をあまり必要としない業界（ほとんどのサービス・セクターの会社が該当する）、あるいは顧客からの支払いに時間がかかる業界（建設業界など）かもしれないからである。

公式：流動資産／流動負債

例：

ロイター社の1999年度の年次報告書からのデータ（単位：百万ポンド）：

流動資産	1,447
手許現金	119
短期投資	490
売掛勘定	834
株式	4
流動負債	1,679

流動比率：1,447／1,679＝0.86

流動資産 ［Current Assets］

企業資産のうち現金化が容易なもの。流通株式、仕掛品、銀行預金残高、市場性のある有価証券などが含まれる。米国では現金、米国債、売掛金、1年以内に支払い期限が到来する各種受取金、そして在庫と定義される。

流動性 ［Liquid］

市場や商品に、価格に歪みを生じさせることなく需給の急激な変化を吸収できるだけの買い手や売り手が存在する場合、流動性に厚みがあると表現される。Illiquidの反対。

➡非流動的

流動性マージン ［Liquidity Margin］

契約の履行意思を示すもの。レポ取引では、資金の出し手が、借り手から貸した金額よりも多めに証券を受け取るなどして、こうしたマージンを要求するケースが多い。

流動性リスク ［Liquidity Risk］

ディーラーが希望するタイミングでポジションを解消したり、構築したりできないリスク。

流動比率 ［Current Ratio］

企業の流動負債に対する流動資産の比率を計測したもの。企業の短期債務の支払い能力の目安となり、比率が高いほど企業の資金流動性も高いことを意味する。

流動負債 ［Current Liabilities］

仕入れ先、銀行への未払い金、税金、未払い配当金など、企業が抱える短期的な契約義務を指す。

➡資産

ル

累積投票 ［Cumulative Method］

株主総会で承認を要する複数の取締役を選任する際、議決権を分散しても、1人にすべてを投票してもよいとする方法。

➡普通株

累積優先株 ［Cumulative Preferred Stock］

優先株の一種で、普通株の所有者よりも先に未払いの配当を受ける権利を付与するもの。

➡普通株

ルーブル合意 ［Louvre Accord］

プラザ合意後の米ドルの長期的な下落を受けて、1987年にG5諸国とカナダの蔵相の間で合意を見た通貨安定策。

ルックバック／フォワード・オプション ［Lookback/Forward Option］

オプションの一種で、過去にさかのぼって行使価格を再設定する権利を保有者に付与するもの。コール・オプションの場合はルックバック期間内に原資産が

達した最安値に、プット・オプションの場合は最高値に再設定される。
➡オプション

レ

例外的項目 [Exceptional Item]

通常業務の範囲内で発生した項目ではあるが、その額が大きいこと。損益計算
書には別建てで記載される。
➡特別項目

レクタングル [Rectangle]

テクニカル分析のパターンの一種で、価格が2本の平行するトレンドラインの
間を横ばいに推移してトレンドの一時停止を意味する。レクタングルは主要ト
レンドの調整期を表し、一般的にはそのトレンドが持つ方向性を維持する形で
収束する。取引レンジ（Trading Range）、もみ合い圏（Congestion Area）と
もいう。
➡テクニカル分析

レシオ分析（比率分析）[Ratio Analysis]

企業の将来的な業績を予測すること。企業の会計報告を対象に3種類の比率（収
益性、流動性、貸借対照表に関連した比率を指す）について検討する。

劣後債 [Subordinated Debt]

元本の返済にあたって、より上位の債務に続く順位に位置する債務のこと。

レッド・ブック [Red Book]

英国の政府予算に付随する年次報告書。政府が発行するもので、公表済みの政
策に関する詳細情報が記載されている。

レッド・ヘリング [Red Herring]

米国の用語で、新規発行に際してその証券に対する市場の購入意欲の度合いを
調べるための仮目論見書のこと。発行価格、利益・配当予想などの主要数値が
書き込まれていないもの。この仮の文書に基づいて売買が行われることはな
く、米国ではその旨を文書の表紙に赤い文字で注意書きとして明示することが
法で義務付けられていることから、「レッド・ヘリング（赤ニシン）目論見
書」と呼ばれる。

レバレッジ（比率）[Leverage, Gearing]

企業が保有する債務に対する株主資本の比率。企業の債務支払い能力を表す。
株主資本に対する債務の比率が高いほどレバレッジ比率は高くなる。高いレバ
レッジ比率を示す企業はビジネスの浮き沈みに影響を受けやすいことから、株
主にとってよりリスクが高いことを意味する。ギヤリング比率、負債比率とも
いう。デリバティブ市場では、オプションや先物契約の購入に要した現金の額
を原資産の価値と比較した数値を指す。
➡デリバティブ

レバレッジド・バイアウト（LBO）[Leveraged Buyout]

企業買収のための資金調達手段として、標的となる企業の資産を担保（レバ

レッジ）として利用すること。買収者は買い取った企業のキャッシュ・フローから、またはその資産を売却して、融資の返済に充てる。

レポ取引（買い戻し条件付き取引）[Repurchase Agreement]

証券を売却する際に、将来の特定の期日にあらかじめ取り決めた価格でカウンターパーティから証券を買い戻す約束を交わすこと。レポ取引によってトレーダーは証券の空売りが可能になり、証券の所有者は証券を貸し出すことで追加収入を得ることができる。この取引過程では、カウンターパーティ側が実質的な資金の借り手となるため、証券の所有者に金利を支払う。この金利をレポ金利という。リバース・レポ（Reverse Repo）は逆の状態を指し、カウンターパーティ側が資金の貸し手となる。中央銀行の中には、レポ取引を短期金融市場での操作の一部に採用しているものもある。

レポ・レート [Repo Rate]

レポ取引の際のレート。

→レポ取引

煉獄地獄債 [Purgatory and Hell Bond]

天国地獄債のバリエーション。償還時の受取額が債券の発行通貨とは別の通貨の満期時点でのスポット・レートに連動する。

→天国地獄債

連結貸借対照表 [Consolidated Balance Sheet]

企業とその子会社の財務状況を示した報告書。Consolidated Account（連結勘定）ともいう。

→貸借対照表

連邦エネルギー規制委員会 [FERC]

米国エネルギー省内の政府機関。州間天然ガス・パイプラインやガスの価格に関わる規制を担当する。FERCはFederal Energy Regulatory Commissionの略。【www.ferc.fed.us/】

連邦公開市場委員会 [FOMC]

12人のメンバーによって構成される米国連邦準備理事会の政策決定委員会。米国の公定金利や金融政策を決定する。FOMCはFederal Open Market Committeeの略。【www.federalreserve.gov/FOMC/】

連邦準備制度 [Federal Reserve System]

米国の中央銀行制度。連邦準備理事会、12の連邦準備銀行、そして各行の全加盟銀行によって構成される。連邦準備銀行はアトランタ、ボストン、シカゴ、クリーブランド、ダラス、カンザス・シティ、ミネアポリス、ニューヨーク、フィラデルフィア、リッチモンド、サンフランシスコ、セイントルイスの各市に置かれている。【www.federalreserve.gov】

→連邦準備理事会、連邦公開市場委員会

連邦準備理事会 [Federal Reserve Board]

Federal Reserve System（連邦準備制度）の運営主体。米国の金融政策を統括し、銀行業界を監督する。理事は14年の任期を務めるが、各大統領の人事権を尊重するために議長の任期は4年となっている。理事会の政府決定機関である

連邦公開市場委員会（FOMC）が米国の金利政策を決定する。

➡連邦準備制度、連邦公開市場委員会

連邦預金保険公社［FDIC］

会員銀行に預けられた預金に対して一定額まで保証を与える米国の連邦機関。銀行間の合併を支援したり破綻を回避するためにも働く。FDICはFederal Deposit Insurance Corporationの略。【www.fdic.gov】

ロイズ［Lloyd's］

ロンドンを本拠とする保険市場。資本金は「ネーム（Name）」と呼ばれる会員によって提供されている。

労働市場［Labour Market］

職を求める労働者と職を提供する雇用者によって構成される市場。

ローカルズ［Locals］

先物やオプションの取引所で、自己勘定で取引する個人のトレーダー。

ローソク足チャート［Candlestick Chart］

テクニカル分析で広く利用されるチャートの一種。バー・チャート同様、ローソク足によって始値、高値、安値、終値といった価格情報を把握することができる。始値と終値はローソクの実体を示す太い箱の両端として表示される。本体の上方または下方から突き出たカゲといわれる線が高値と安値を表す。始値が終値よりも高い場合はローソクの実体が黒塗りか色つきで表される。反対に、終値が始値よりも高い場合はローソクは白抜きか白塗り、または陰影のない状態で表される。図23参照。

➡テクニカル分析、バー・チャート

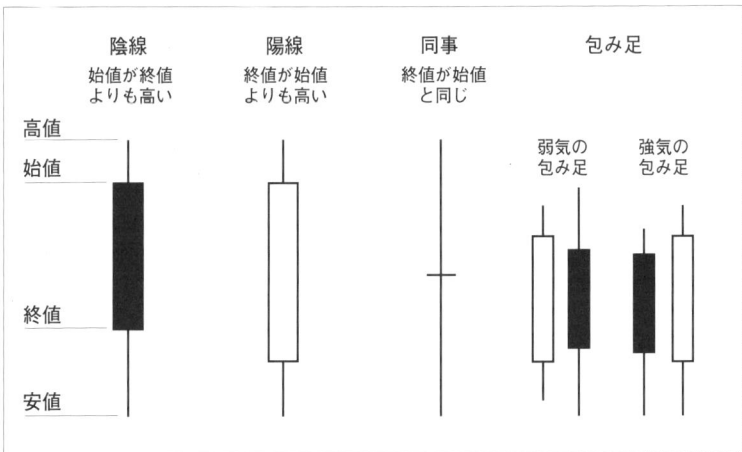

図23　ローソク足チャート

247

ローリング決済 [Rolling Settlement]
固定された決済日ではなく、取引日から一定の日数後に決済を行うこと。

ロールオーバー期日 [Rollover Date]
変動利付証券のクーポンの利払日（すなわち、次のクーポンの利子の計算が開始される日）。
→FRN

ロールオーバー・ローン [Rollover]
融資を期日ごとに、その時点の実勢の借入金利で借換えること。

ロコ [Loco]
→現場渡し

ロス・リミット [Loss Limit]
ディーラーが保有するポジションに許された損失の上限額。それを越えた場合は、損切りやポジションの解消・減額が求められる。

ロング（買い持ち）[Long]
価格の上昇を見込んで、ピークに達したところで売却する意図で資産を購入する投資家を「ロング」の状態にあるという。ショート、売り持ちの反対。
→ショート、売り持ち

ロング・ヘッジ [Long Hedge]
現物市場での価格上昇に対する安全策として先物やオプション契約を購入すること。ショート・ヘッジの反対。
→ヘッジ取引

ロング・ポジション（買い持ちポジション）[Long Position]
価格上昇を見込んだ資産の購入、または購入が売却を上回る状態にあるポジションを指す。ロング・ポジションは、対応する金額での売却を行うことで解消できる。
→ショート・ポジション、売り持ちポジション

ロング・ボンド [Long Bond]
30年物の米国債の俗称。

ロンドン貴金属市場協会 [LBMA]
貴金属を取引するトレーダーの業界団体。LBMAはLondon Bullion Market Associationの略。【www.lbma.org】

ロンドン銀行間出し手金利（ライボー）[LIBOR]
銀行間で短期資金を貸し出す際の金利。LIBORは、融資や変動利付き債の金利を決める際の基準金利。LIBORはLondon Interbank Offered Rateの略。

ロンドン銀行間取り手金利（ライビッド）[LIBID]
銀行が互いに預金を受け入れる際の金利。LIBIDはLondon Interbank Bid Rateの略。

ロンドン金属取引所 [LME]
金属先物・オプション取引における欧州の代表的な市場。LMEは世界的な金属需給の動向を示す基準となっており、そこで決定される公式価格は生産者と消費者が長期契約を結ぶ際に利用される。LMEはLondon Metal Exchangeの略。

【www.lme.co.uk】

ロンドン・クラブ ［London Club］

返済問題を抱える債務国との交渉を行う商業銀行の非公式グループ。

→パリ・クラブ

ロンドン国際金融先物取引所 ［LIFFE］

短期金利先物商品を扱う欧州の代表的な市場。ロンドン商品取引所（LCE）と
ロンドン流通オプション取引所（London Trading Options Market）がLIFFEと
合併したことで、ソフト・コモディティの先物・オプション取引と、株式オプ
ションも扱うようになった。LIFFEはLondon International Financial Futures
and Options Exchangeの略。 【www.liffe.com】

ロンドン商品取引所 ［LCE］

ソフト・コモディティの先物・オプションを扱う欧州の代表的な取引市場。
1996年にロンドン国際金融先物取引所（LIFFE）と合併した。LCEはLondon
Commodity Exchangeの略。

→LIFFE

ワ

ワールド・ワイド・ウェブ［WWW］

World Wide Webの略。インターネットのインフラを提供する世界的規模のサーバー・システム。

ワイド・オープン［Wide Opening］

買い値と売り値の間に極めて大きなスプレッドがある状態を指す。

ワラント［Warrant］

証券に付随する金融商品の一種で、固有の行使期限と行使価格を持ったもの。あらかじめ決められた価格で一定の期間（年）内に、あるいは無期限で、普通株式を購入する権利が投資家に付与される。通常、その際の行使株価は発行時の市場価格よりも高く設定される。譲渡は自由で、ワラントのみを取引することができる。

割高［Overvalued］

ある証券や通貨が経済のファンダメンタル要因に基づいた価格よりも高い値で取引されていることを指す。割安の反対。
➡割安

割引商社、ディスカウント・ハウス［Discount House］

英国で用いられる金融機関の用語で、イングランド銀行と銀行システムの間の資金の流れを仲介する役割を果たしている。

割引収益［Discounted Flow］

投資を計画している案件の比較価値を評価する方法。案件の純現在価値から期待されるキャッシュ・フローを割り引いて算出する。企業価値の評価や株式の評価方法の構成要素として一般的に採用されている。

割引適格手形［Eligible Bills］

中央銀行の割引窓口で資金と交換することが認められる手形のこと。
➡為替手形

割引利回り［Discount Yield］

額面以下で売り出される割引債の利回り。

割安

①［Cheap］

証券の価格が割高（Rich）か、割安（Cheap）かは、流通市場で現在取引されている類似証券との比較で判断される。計測には標準偏差を使用する。新規発行証券の場合は市場全体と比較して安価な時にチープであると表現される。
➡リッチ・チープ分析、標準偏差

②［Undervalued］

証券や通貨が、基礎的な要因に照らして、本来の価格よりも安値で取引されていること。割高の反対。
➡割高

③［Discount］

ディスカウント。一般的にある商品がその正規の値段より安く取引されている

ことを指す。資産やファンドがディスカウントされている場合は、市場価格を下回る価格で取引されていることを意味する。短期金融市場では金融手形を額面価格よりも低い価格で購入すること。外国為替市場ではフォワード・レートがスポット・レートを下回る差額を指す。先物市場では直先逆転現象（Backwardation）と表現される。プレミアムの反対。

➡逆ザヤ、プレミアム

索 引

[C]

[N]

[P]

271

275

索　引

[メモ]

[メモ]

[メモ]

[メモ]

[メモ]

ロイター最新金融用語辞典

2002年8月25日　初版第1刷発行

- ■編者 .... ロイター（Reuters Limited）
- ■監訳者 .... ロイター・ジャパン株式会社
- ■発行人 .... 三輪 幸男
- ■発行所 .... 株式会社ピアソン・エデュケーション
  〒160-0023　東京都新宿区西新宿8-14-24　西新宿ＫＦビル101
  出版営業部　電話　（03）3365-9005
  　　　　　　http://www.pearsoned.co.jp/
  編集部　電話　（03）3365-9006
  　　　　　FAX　（03）3365-9009
- ■DTP .... 株式会社アビック
- ■印刷＋製本 .... 田中製本印刷株式会社